"十四五"国家重点出版物出版规划项目

转型时代的中国财经战略论丛

新时代文学经典教育研究

Research on the Education of Literary Classics in the New Era

高永红　著

中国财经出版传媒集团

经济科学出版社
Economic Science Press

图书在版编目（CIP）数据

新时代文学经典教育研究/高永红著 . —北京：
经济科学出版社，2021.9
（转型时代的中国财经战略论丛）
ISBN 978 - 7 - 5218 - 2910 - 5

Ⅰ.①新…　Ⅱ.①高…　Ⅲ.文学 - 教育研究　Ⅳ.
①I - 42

中国版本图书馆 CIP 数据核字（2021）第 198465 号

责任编辑：李一心
责任校对：刘　昕
责任印制：范　艳

新时代文学经典教育研究

高永红　著

经济科学出版社出版、发行　新华书店经销
社址：北京市海淀区阜成路甲 28 号　邮编：100142
总编部电话：010 - 88191217　发行部电话：010 - 88191522
网址：www. esp. com. cn
电子邮箱：esp@ esp. com. cn
天猫网店：经济科学出版社旗舰店
网址：http：//jjkxcbs. tmall. com
北京季蜂印刷有限公司印装
710 × 1000　16 开　17.5 印张　280000 字
2021 年 12 月第 1 版　2021 年 12 月第 1 次印刷
ISBN 978 - 7 - 5218 - 2910 - 5　定价：72.00 元
（图书出现印装问题，本社负责调换。电话：010 - 88191510）
（版权所有　侵权必究　打击盗版　举报热线：010 - 88191661
QQ：2242791300　营销中心电话：010 - 88191537
电子邮箱：dbts@ esp. com. cn）

总　序

　　《转型时代的中国财经战略论丛》是山东财经大学与经济科学出版社合作推出的"十三五"系列学术著作，现继续合作推出"十四五"系列学术专著，是"'十四五'国家重点出版物出版规划项目"。

　　山东财经大学自 2016 年开始资助该系列学术专著的出版，至今已有 5 年的时间。"十三五"期间共资助出版了 99 部学术著作。这些专著的选题绝大部分是经济学、管理学范畴内的，推动了我校应用经济学和理论经济学等经济学学科门类和工商管理、管理科学与工程、公共管理等管理学学科门类的发展，提升了我校经管学科的竞争力。同时，也有法学、艺术学、文学、教育学、理学等的选题，推动了我校科学研究事业进一步繁荣发展。

　　山东财经大学是财政部、教育部、山东省共建高校，2011 年由原山东经济学院和原山东财政学院合并筹建，2012 年正式揭牌成立。学校现有专任教师 1688 人，其中教授 260 人、副教授 638 人。专任教师中具有博士学位的 962 人。入选青年长江学者 1 人、国家"万人计划"等国家级人才 11 人、全国五一劳动奖章获得者 1 人，"泰山学者"工程等省级人才 28 人，入选教育部教学指导委员会委员 8 人、全国优秀教师 16 人、省级教学名师 20 人。学校围绕建设全国一流财经特色名校的战略目标，以稳规模、优结构、提质量、强特色为主线，不断深化改革创新，整体学科实力跻身全国财经高校前列，经管学科竞争力居省属高校领先地位。学校拥有一级学科博士点 4 个，一级学科硕士点 11 个，硕士专业学位类别 20 个，博士后科研流动站 1 个。在全国第四轮学科评估中，应用经济学、工商管理获 B＋，管理科学与工程、公共管理获 B－，B＋以上学科数位居省属高校前三甲，学科实力进入全国财经高校前十。工程学进入 ESI 学科排名前 1%。"十三五"期间，我校聚焦内涵式发展，全面实施了科研强校战略，取得了一定成绩。获批国家级课题项目 172 项，教育部及其他省部级课题项目 361 项，承担各级各类横向课题 282 项；教师共发表高水平学术论文 2800 余篇，出版著作 242 部。同时，新增了山东省重点实验室、省重点新型智库和研究基地等科研平台。学校的发展为教师从事科学研究提供了广阔的平台，创造了更加良好的学术生态。

"十四五"时期是我国由全面建成小康社会向基本实现社会主义现代化迈进的关键时期，也是我校进入合校以来第二个十年的跃升发展期。2022 年也将迎来建校 70 周年暨合并建校 10 周年。作为"十四五"国家重点出版物出版规划项目，《转型时代的中国财经战略论丛》将继续坚持以马克思列宁主义、毛泽东思想、邓小平理论、"三个代表"重要思想、科学发展观、习近平新时代中国特色社会主义思想为指导，结合《中共中央关于制定国民经济和社会发展第十四个五年规划和二〇三五年远景目标的建议》以及党的十九届六中全会精神，将国家"十四五"期间重大财经战略作为重点选题，积极开展基础研究和应用研究。

与"十三五"时期相比，"十四五"时期的《转型时代的中国财经战略论丛》将进一步体现鲜明的时代特征、问题导向和创新意识，着力推出反映我校学术前沿水平、体现相关领域高水准的创新性成果，更好地服务我校一流学科和高水平大学建设，展现我校财经特色名校工程建设成效。通过对广大教师进一步的出版资助，鼓励我校广大教师潜心治学，扎实研究，在基础研究上密切跟踪国内外学术发展和学科建设的前沿与动态，着力推进学科体系、学术体系和话语体系建设与创新；在应用研究上立足党和国家事业发展需要，聚焦经济社会发展中的全局性、战略性和前瞻性的重大理论与实践问题，力求提出一些具有现实性、针对性和较强参考价值的思路和对策。

山东财经大学校长

2021 年 11 月 30 日

前　言

　　中国特色社会主义进入新时代，中国外语教育承担着推动人类命运共同体构建、培养能参与全球治理和担当民族复兴大任时代新人的使命。2018 年教育部颁布《普通高等学校本科专业类教学质量国家标准（外国语言文学类）》（以下简称《国标》），2020 年发布《普通高等学校本科外国语言文学类专业教学指南（英语类专业教学指南）》（以下简称《指南》），明确了高素质专业人才和复合型人才的培养目标和基于"素质·知识·能力"的培养规格。回归人文教育的学科本位是新时代外语人才培养的路径选择。中国高等教育的根本任务"立德树人"追求的是"人的全面发展"，这一理念就体现在人文教育中。经典阅读对于人文教育意义重大，文学经典教育可谓重要的教育力量。

　　本书抓住"培养什么人、如何培养人、为谁培养人"的问题，主要从新时代文学经典教育的价值和文学经典教育与学生能力培养的关系展开研究，重点为英语本科基础阶段的文学经典教育。首先基于文本分析，审视了文学经典的内在价值和文学经典阅读的新时代价值。文学经典具有崇高的审美、伦理和社会价值，文学经典教育是生命走向伟大和崇高的必由之路，是实现新时代价值塑造的正向力量，也是构建人类命运共同体的精神源泉。

　　基于布鲁姆文学经典阅读理论和艾布拉姆斯人文主义阅读理论，以及文本细读，本书研究了通过阅读文学经典培养学生批判性思维（思辨能力）、同理心、终身学习能力和文学欣赏能力的有效策略，并重点对部分经典小说进行了主题解读。本书认为阅读文学经典可以提高批判性思维，而且应将批判性阅读与批判性思维联系起来。通过探讨同理心及相关概念，本书阐述了通过阅读文学经典培养同理心的重要性，认为阅读文学经典不仅可以成为更好的人、更好的思考者,还可以使世界变得更加美好;并提出了联结课堂内外、读写相宜结合的有效实施策略。随着《指南》的颁布,终身学习能力正式纳入我国高等教育培养规格,本书分析了通过阅读文学经典培养终身学习能力的价值意蕴,然后提出了有效的教学方法,包括教师角色调整、阅读与思考结合、内化与外化统一。文学欣赏能力是学生应具备的重要能力之一,本书认为把握文本主题是实现提高学生文学欣赏能力目标的可选策略。

本书还探索了内在的个案研究。以经典小说《呼啸山庄》《儿子与情人》《金色笔记》为个案,本书研究了艾米莉·勃朗特的艺术创新、聂珍钊教授的文学伦理学批评方法和多丽丝·莱辛的和谐生态思想以及她对人类命运尤其是女性命运的关切。

本书对文学经典教育的研究是对人文教育研究的一个新尝试。本书研究建立在作者主持的山东省高校人文社科项目《新时代英语文学经典阅读的价值审视》的研究基础之上,吸收了作者主持完成的山东省社科项目《艾米莉·勃朗特的艺术创新研究》、山东省教育厅人文社科项目《文学伦理学批评视野中的〈儿子与情人〉研究》等部分研究成果,并对此进行了优化、完善和提升,根据教育部新颁发的《国标》和《指南》精神,本书对新时代文学经典教育进行了进一步深化和拓展研究。对人文教育的研究空间很大,研究前景也很广阔。这就需要学界同仁更广泛的关注和更深入的交流,通过共同努力,为实现中国教育现代化的远景目标增添新的活力,奠定更加坚实的基础。真诚感谢给予本书支持的所有人。限于自身水平,不当及错误在所难免,诚恳期盼专家同仁批评指正。

高永红

2021 年 6 月于济南

目　录

第1章 导　　论

1.1　研究背景及意义

1.1.1　研究背景

新时代是中国特色社会主义的新时代。习近平总书记提出的人类命运共同体理念和"一带一路"倡议，关注全球和人类共同命运，超越文化差异，是中华民族文化自信的集中展现。以人类命运共同体为理念引领新时代文化发展是高等教育的责任与使命，更是大学精神的最高境界。新时代是一个伟大的时代，伟大的时代必然需要伟大的作品。新的时代更需要我们以新的理念、新的姿态和更强的使命感去培养能担当民族复兴大任、参与全球治理的优秀人才。

根据 2018 年最新颁布的《普通高等学校本科专业类教学质量国家标准（外国语言文学类）》（以下简称《国标》），外语类专业旨在培养具有良好的综合素质、扎实的外语基本功和专业知识与能力，掌握相关专业知识，适应我国对外交流、国家与地方经济社会发展、各类涉外行业、外语教育与学术研究需要的各外语语种专业人才和复合型外语人才。《国标》为外国语言文学类专业的准入、建设和评估提供了基本原则和总体要求。

2020 年 4 月，教育部高等学校外国语言文学类专业教学指导委员会发布《普通高校本科外国语言文学类专业教学指南（英语类专业教学指南）》（以下简称《指南》）。《指南》是对《国标》的贯彻落实，为各专业创新发展提供了行动路线和解决方案。《指南》紧扣人才培养这个核心，突出提高人才培养质量这条主线，对英语类专业的培养目标、培养规格等方面提出了明确要求。

英语专业的培养目标非常明确。英语专业旨在培养具有良好素质、扎实的英语基本功、较强的跨专业能力、厚实的英语专业知识和必要的相关专业知识，能适用国家与地方经济建设和社会发展需要，熟练使用英语从事涉外行业、英语教育教学、学术研究等相关工作的英语专业人才和复合型英语人才。

英语专业的培养规格从素质、知识、能力三方面提出了具体要求，明确了教学方向。素质要求：本专业学生应具有正确的世界观、人生观和价值观，良好的道德品质，中国情怀与国际视野，社会责任感，人文与科学素养，合作精神，创新精神，以及学科基本素养。知识要求：本专业学生应掌握英语语言、文学和文化等基础知识，了解主要英语国家的历史、社会、政治、经济、文化等基本情况；熟悉中国语言文化知识，了解我国国情和国际发展动态；掌握本专业基础理论、基本方法和学术规范；掌握相关的人文社会科学和自然科学基础知识。能力要求：本专业学生应具有良好的英语语言运用能力、英语文学赏析能力、英汉口译能力和跨文化能力；具有良好的思辨能力、终身学习能力、信息技术应用能力、创新创业能力、实践能力和一定的研究能力；具有良好的汉语表达能力和一定的第二外语运用能力。

《指南》注重经典阅读，将经典阅读纳入英语类专业人才培养的整体规划。教育部高等学校外国语言文学类专业教学指导委员会英语专业教学指导分委员会，按难易程度制定了一份由 15 本进阶（预备）阅读书目、20 本必读书目和 30 本推荐书目组成的阅读书目。阅读书目的制定突出了倡导经典阅读、丰富专业内涵和彰显大学意义的三大宗旨。基于我国新时代发展背景、专业认识背景以及学生实际接受能力挑选出的这 65 本经典名著，分为语言文学类、历史哲学类、政治经济类、科学技术类和教育心理类五大版块。不同板块的分类为学生提供了多种选择，旨在最大限度满足英语专业本科学生的基本阅读需求。进阶书目是为了激发学生阅读兴趣，提高学生阅读能力，主要针对处于过渡阶段的英语专业的初始学习者；必读书目是对英语专业本科学生最低的阅读要求；而推荐书目则是为了学有余力的英语专业学生进行综合拓展阅读。

学生可以根据实际情况，循序渐进，选择适合自己的书进行阅读。

　　阅读书目选取的经典作品与《国标》和《指南》规定的人才培养目标和教学要求相一致。入选的经典书目，涵盖了不同的体裁，蕴涵着丰富的人文精神，尤其是必读书目的文学名著，都是世界文学文库中的不朽杰作，堪称经典中的经典，是学生成长过程中最有价值的阅读。它们不仅语言优美、规范，而且体现了人文学科的内涵要求，彰显了大学的精神气质和全人教育的宗旨。

　　教育部制定的进阶阅读书目、必读书目和推荐阅读书目，分别见表 1、表 2 和表 3。

表 1　　　　　　　　　　　进阶（预备）阅读书目

序号	书名	作者
1	*The Autobiography* 《富兰克林自传》	Benjamin Franklin ［美］本杰明·富兰克林
2	*Tales from Shakespeare* 《莎士比亚故事集》	Charles Lamb ［英］查尔斯·兰姆
3	*Alice's Adventures in Wonderland* 《爱丽丝漫游奇境记》	Lewis Carroll ［英］路易斯·卡罗尔
4	*The Time Machine* 《时间机器》	H. G. Wells ［英］赫伯特·乔治·威尔斯
5	*W. Somerset Maugham Collected Short Stories* 《毛姆短篇故事集》	William Somerset Maugham ［美］威廉·萨默塞特·毛姆
6	*The Call of the Wild* 《野性的呼唤》	Jack London ［美］杰克·伦敦
7	*The Turn of the Screw* 《螺丝在拧紧》	Henry James ［美］亨利·詹姆斯
8	*The Sketch Book* 《见闻札记》	Washington Irving ［美］华盛顿·欧文
9	*The Story of English* 《英语的故事》	Robert McCrum ［英］罗伯特·麦克拉姆
10	*Of Mice and Men* 《人鼠之间》	John Steinbeck ［美］约翰·斯坦贝克

续表

序号	书名	作者
11	*The Story of the Stone* 《红楼梦》	Cao Xueqin，tr. by David Hawkes & John Minford 曹雪芹著，〔英〕大卫·霍克斯、闵福德译
12	*The Analects* 《论语》	Confucius，tr. by Arthur Waley 孔子著，〔英〕亚瑟·威利译
13	*Chuang Tzu：Basic Writings* 《庄子选译》	Chuang Tzu，tr. by Burton Watson 庄子著，〔美〕伯顿·华兹生译
14	*A History of the English Language* 《英语史》	Albert C. Baugh & Thomas Cable 〔英〕艾伯特·C. 鲍、托马斯·凯布尔
15	*A Short History of Chinese Philosophy* 《中国哲学简史》	Feng Youlan 〔中〕冯友兰

表 2　　　　　　　　　　　　　**必读书目**

序号	书名	作者
1	*Francis Bacon：Selected Essays* 《培根散文选集》	Frances Bacon 〔英〕弗朗西斯·培根
2	*William Wordsworth：Selected Poems* 《华兹华斯诗选》	William Wordsworth 〔英〕威廉·华兹华斯
3	*The Merchant of Venice* 《威尼斯商人》	William Shakespeare 〔英〕威廉·莎士比亚
4	*Katherine Mansfield：Selected Stories* 《曼斯菲尔德短篇小说选》	Katherine Mansfield 〔英〕凯瑟琳·曼斯菲尔德
5	*Selected Readings of Emerson and Thoreau* 《爱默生与梭罗作品选》	Ralph Waldo Emerson & Henry David Thoreau 〔美〕R. W. 爱默生、H. D. 梭罗
6	*The Story of Philosophy* 《哲学的故事》	Will Durant 〔美〕威尔·杜兰
7	*A Tale of Two Cities* 《双城记》	Charles Dickens 〔英〕查尔斯·狄更斯
8	*Jane Eyre* 《简·爱》	Charlotte Brontë 〔英〕夏洛蒂·勃朗特

续表

序号	书名	作者
9	*The Adventures of Huckleberry Finn* 《哈克贝利·费恩历险记》	Mark Twain ［美］马克·吐温
10	*Pride and Prejudice* 《傲慢与偏见》	Jane Austen ［英］简·奥斯汀
11	*The Scarlet Letter* 《红字》	Nathaniel Hawthorne ［美］纳撒尼尔·霍桑
12	*Robinson Crusoe* 《鲁滨孙漂流记》	Daniel Defoe ［英］丹尼尔·笛福
13	*A Passage to India* 《印度之行》	Edward Morgan Forster ［英］E. M. 福斯特
14	*The Old Man and the Sea* 《老人与海》	Ernest Hemingway ［美］欧内斯特·海明威
15	*The Great Gatsby* 《了不起的盖茨比》	F. Scott Fitzgerald ［美］弗·司各特·菲茨杰拉德
16	*Dubliners* 《都柏林人》	James Joyce ［爱尔兰］詹姆斯·乔伊斯
17	*Heart of Darkness* 《黑暗的心》	Joseph Conrad ［英］约瑟夫·康拉德
18	*Lord of the Flies* 《蝇王》	William Golding ［英］威廉·戈尔丁
19	*Sister Carrie* 《嘉莉妹妹》	Theodore Dreiser ［美］西奥多·德莱塞
20	*Tess of the d'Urbervilles* 《德伯家的苔丝》	Thomas Hardy ［英］托马斯·哈代

表3　　　　　　　　　　推荐阅读书目

序号	书名	作者
1	*Animal Farms* 《动物农场》	George Orwell ［英］乔治·奥威尔
2	*Death of a Salesman* 《推销员之死》	Arthur Miller ［美］阿瑟·米勒

序号	书名	作者
3	*The French Lieutenant Woman* 《法国中尉的女人》	John Robert Fowles ［英］约翰·福尔斯
4	*Beloved* 《宠儿》	Toni Morrison ［美］托妮·莫里森
5	*Possession* 《占有》	A. S. Byatt ［英］A. S. 拜厄特
6	*Gulliver's Travels* 《格列佛游记》	Jonathan Swift ［英］乔纳森·斯威夫特
7	*Frankenstein* 《弗兰肯斯坦》	Mary Shelley ［英］玛丽·雪莱
8	*Vanity Fair* 《名利场》	William Makepeace Thackeray ［英］威廉·梅克比斯·萨克雷
9	*Sesame and Lilies* 《芝麻与百合：追求生活的艺术》	John Ruskin ［英］约翰·罗斯金
10	*The Complete Sherlock Holmes* 《夏洛克·福尔摩斯全集》	Arthur Conan Doyle ［英］阿瑟·柯南·道尔
11	*The Strange Case of Dr. Jekyll and Mr. Hyde* 《化身博士》	Robert Louis Stevenson ［英］罗伯特·路易斯·史蒂文森
12	*Mrs. Dalloway* 《达洛卫夫人》	Adeline Virginia Woolf ［英］艾德琳·弗吉尼亚·伍尔夫
13	*Sons and Lovers* 《儿子与情人》	D. H. Lawrence ［英］D. H. 劳伦斯
14	*In a Free State* 《自由国度》	Vidiadhar Surajprasad Naipaul ［英］V. S. 奈保尔
15	*Winesburg, Ohio* 《小城畸人》	Sherwood Anderson ［美］舍伍德·安德森
16	*Native Son* 《土生子》	Richard Wright ［美］理查德·赖特
17	*The Joy Luck Club* 《喜福会》	Amy Tan ［美］谭恩美

续表

序号	书名	作者
18	*Runaway* 《逃离》	Alice Munro ［加］艾丽丝·门罗
19	*Why Evolution Is True* 《为什么要相信达尔文》	Jerry A. Coyne ［美］杰里·A. 科因
20	*The Story of Mankind* 《人类的故事》	Hendrik Willem Van Loon ［美］亨德里克·威廉·房龙
21	*Silent Spring* 《寂静的春天》	Rachel Carson ［美］蕾切尔·卡逊
22	*Life on the Mississippi* 《密西西比河上的生活》	Mark Twain ［美］马克·吐温
23	*The Story of Britain：From the Romans to the Present* 《英国人的故事》	Rebecca Fraser ［英］丽贝卡·弗雷泽
24	*Culture and Anarchy* 《文化与无政府状态》	Matthew Arnold ［英］马修·阿诺德
25	*The Spirit of the Chinese People* 《中国人的精神》	Hung – Ming Ku 辜鸿铭
26	*The Death of the Heart* 《心之死》	Elizabeth Bowen ［英］伊丽莎白·鲍恩
27	*The Seven Sisters* 《七姐妹》	Lucinda Riley ［爱尔兰］露辛达·莱利
28	*Madame Bovary* 《包法利夫人》	Gustave Flaubert tr. by Eleanor Marx Aveling ［法］居斯塔夫·福楼拜著，［英］爱琳娜·马克思译
29	*A Winter in the Hills* 《山中寒冬》	John B. Wain ［英］约翰·韦恩
30	*The Idea of a University* 《大学的理念》	John Henry Newman ［英］约翰·亨利·纽曼

习近平总书记指出，"教育是国之大计、党之大计"①，"高校立身之本在于立德树人"②。教育部明确提出，本科教育应放在人才培养的核心地位、教育教学的基础地位、新时代教育发展的前沿地位。在加快推进教育现代化的新征程中，能否培养出能担当民族复兴大任的时代新人是界定"双一流"的重要标准。文学经典折射的是人世间最基本的永恒命题，是人类情感的最佳表征，文学经典教育可谓新时代重要的教育力量。在此背景下对文学经典教育展开研究无疑具有很强的现实意义。

1.1.2 研究意义

1. 理论意义

（1）深化阅读理论。本书抓住"培养什么人、如何培养人、为谁培养人"的问题，基于哈罗德·布鲁姆文学经典阅读理论和艾布拉姆斯人文主义阅读理论，从新时代文学经典教育的价值和文学经典教育与学生能力培养的关系展开研究，是对现有阅读理论的深化和开拓。

（2）丰富人文教育理论。中国高等教育的根本任务"立德树人"追求的是"人的全面发展"，这一理念就体现在人文教育中，而文学经典阅读更能体现人文教育特色。本书将进一步开阔探索人文教育的思路，丰富人文教育的理论。

（3）为经典重估提供新的依据。每一次时代变迁必然伴随经典重估，经典重估与国民教育事关国家崛起和民族复兴、文明交流与互鉴。本书将为经典重估提供重要的理论上的依据。

2. 实践意义

（1）有助于学生新时代的价值塑造和素养提升。新时代优秀人才培养的重要内容就包括正确世界观、价值观、人生观和良好道德品质等素质的培养。文学经典教育研究有利于塑造学生正确的人生价值观，提升学生的人文素养。

---

① 新华社：《习近平出席全国教育大会并发表重要讲话》，载于《中国政府网》2018 年 9 月 10 日。http：//www. gov. cn/xinwen/2018 – 09/10/content_5320835. htm。

② 习近平：《习近平谈治国理政：第二卷》，外文出版社 2017 年版，第 377 页。

（2）有助于学生的专业能力培养。文学经典教育研究不仅有助于培养学生的文学赏析能力、思辨能力和终身学习能力，而且有助于提升英语专业学生的读与写等专业技能，从而为最终培养创新型国家所需要的创造能力奠定基础。

（3）满足新时代对外语高等教育人才培养的期待。新时代的人才培养目标是高素质专业人才和复合型人才，对文学经典教育的研究在一定程度上可满足新时代对外语人才培养的期待。经典作品的作者都是心怀大志的人，其作品都是建立在对于人性中最为持久的因素的理解之上。毋庸赘言，阅读伟大心灵留下的伟大著作必然会给生命增添难以置信的力量，置身于山巅，视野必然宽广。

1.2　国内外研究现状

1.2.1　西方文学经典教育研究

西方文学经典教育可追溯到古希腊由亚里士多德（Aristotle）提出的自由教育。自由教育是以人的理性的自由发展和德性的完善为最高目标的教育。亚里士多德说，没有智慧，不可能成为真正的好人，没有道德美德，也不可能成为真正的智者。只有正确的理性和正确的欲望结合在一起，才能产生真正的美德行为。他认为，人的教育应当以充分发展人的理性为根本目的，自由教育表现为以德行为标准的公民教育理念，至善就是一个人的幸福所在，在于人对于自己德行的培养（郭强，2012）。他的自由教育思想为后来西方经典通识教育提供了理论和实践的基础。

英国自由教育的推崇者首推英国著名教育家、文学家、语言家和神学家约翰·亨利·纽曼（John Henry Newman）。纽曼在其教育力作《大学的理念》中把文学定义为语言与思想的和谐统一。纽曼提出大学教育的目标主要在于"心灵的扩展和启明"。纽曼认为，文学是用个性的语言表达具有普遍性的主观真理，对于个人、民族和全人类具有重要意义。伟大的文学所表现的个人思想和情感能够代表一个民族乃至人性中共有的思想和情感。同时，伟大的文学还能塑造民族语言，用统一的理念引导大众，塑造国民性格。各民族的文学在丰富本民族语言的同时，还通过表达人类共有的思想和情感，使得民族间、社会不同阶层间的交流成为可能（牟芳芳，2010）。他说，"如果通过文字，可以揭示内心的秘密，减轻灵魂的痛苦，驱散隐藏的悲伤，传达同情，传授忠告，记录经验，使智慧永存；如果由伟大的作家把众人凝聚成一个整体，塑造民族品格，使一个民族发声，使过去和未来、东方和西方相互交流；总之，如果这些人就是人类大家庭的代言人和预言家，那么就决不能轻视文学或忽视文学的研究"（约翰·亨利·纽曼，2012：262）。

美国教育家罗伯特·梅纳德·哈钦斯（Robert Maynard Hutchins）是继承纽曼大学理想主义思想并加以推广到通识教育中的代表人物。哈钦斯毕业于耶鲁大学。1929 年，30 岁的他成为芝加哥大学校长。哈钦斯是第 54 卷《西方世界伟大著作》（*Great Books of the Western World*）（1952）的主编，并在 1961 年至 1977 年与莫提默·J. 艾德勒（Mortimer J. Adler）共同编辑了年度刊物《今日伟大思想》（*The Great Ideas Today*）。作为伟大的教育家和思想家，哈钦斯是永恒主义思想的集大成者。永恒主义强调读书，倡导读书是与名著作者交流的最好的方法，具有理智训练的价值。哈钦斯于 19 世纪 30 年代在芝加哥大学进行教育改革，推行经典名著教育。1946 年他和艾德勒等人倡导了一场以阅读名著、名著讨论为主要学习模式的"西方名著阅读运动"，掀起了名著学习高潮。

1994 年，美国著名文学理论家和批评家哈罗德·布鲁姆（Harold Bloom）出版《西方正典：伟大作家和不朽作品》一书引起了震动。他通过对以莎士比亚为中心的 26 位西方经典作家的解读，揭示了文学经典的内在奥秘，并走上了捍卫经典之路。在 2000 年出版的《如何读，为什么读》中，布鲁姆进一步阐述了阅读经典的目的和方法，为我们提供了阅读伟大作品的理由。

1.2.2 我国文学经典教育研究

近年来，文学经典教育作为实施人文教育的重要内容和途径受到我国教育界的关注。从 20 世纪 90 年代开始，随着对人文精神的大讨论，我国高等教育界出现了开展人文教育的热潮，顾明远、张岂之、季羡林、杨叔子、顾秉林、胡文仲等著名学者纷纷参与，达成了加强大学生人文素质、人文教育的共识和行动纲领。学者们强调，我国高等教育的现状需要加强人文科学教育，因为科技发展和道德进步是辩证统一的（顾明远，1995）；认为人文教育是民族之基、人才之础（杨叔子，2000），我们不仅应培养学生正确的世界观和人生观，树立学生正确的政治方向，还要从情感上、意志上培养和陶冶学生，使他们有丰富的情感、充实的精神生活，人文教育的作用主要表现在人的精神方面，对人的精神塑造有重大意义（顾明远，1995；张岂之，2000），而且人文教育、人文文化、人文素质深刻影响着人的思维方式与思维水平（杨叔子，2000）。

与此同时，外语界有识之士也纷纷发声，呼吁英语专业的人才培养应该兼顾国家与社会的长远发展和当前发展需要，兼顾学生个人的近期就业需要和终身发展需要，在英语技能课程的教材选用和课文讲解中融入人文知识的拓展，在人文知识课程的教学中融入英语听说读写译的训练，使人文教育与英语教育融为一体（胡文仲和孙有中，2006）。专家们进一步强调，英语教育本质上是人文教育，不能把英语仅仅视为一项技能，而忽视其人文社会科学的学科内涵，应通过文学经典阅读，使学生形成宽阔而又深邃的视野、充满理性智慧而又不失人伦情感的生命立场，清醒地了解自我责任而又能推己及人地关怀生命（蒋洪新，2019）。

我国对文学经典教育的研究是在 21 世纪开始繁荣起来的，范围主要包括文学经典教育、文学教育、价值研究和经典阐释等。杨启华（2012）认为文学经典教育发挥着保存和传承民族文化、传递社会主流价值观的重要作用，文学经典教育不仅是文学教育，更是价值观教育。就教育领域而言，经典的基本价值在于对学生的教育意义，即对学生的心灵、思想成长所具有的正面影响；左其福和钟雯杰（2018）也认为，文学经典教育就是以文学经典为媒介培养人、塑造人的活动，其核心是审美。不仅如此，人们也加入新时代文学经典教育价值的探讨，并从实现中华民族伟大复兴、维护国家文化安全、培育大学人文精神、构建中国特色社会主义精神文明等高站位，讨论了加强文学经典教育的价值意蕴（田刚健，2016；莫立民，2016）。

　　我国关于经典的研究浩若繁星，研究的主要领域可分为经典阅读、阅读推广、图书馆阅读、国学经典、阅读方法、经典重估等。根据中国知网，仅经典阅读方面的研究文章就多达3000多篇。对经典阅读的研究，主要涉及：（1）经典阅读的目的及其意义（朱自清，2002；刘梦溪，2004）；（2）经典阅读的方法（朱自清，2002；叶圣陶，2020）；（3）经典阅读的价值（聂珍钊，2013；梁晓萍，2014）；（4）经典阅读的人文教育（徐贲，2015；顾悦，2016）；（5）经典阅读与高校英语专业建设（蒋洪新，2019；邓颖玲，2013；仲伟合，2015）；（6）经典重估（陈众议，2016；郭英剑，2020）等。

　　综上所述，现有国内外研究为本研究奠定了扎实的理论和实践基础。然而，由于时代的快速发展，现有研究还存在着不足：首先，以往涉及性的论述尚存在其历史的局限性，还应加大对问题讨论的范围和深度，比如：文学经典教育的新时代价值何在？有什么现实意义？文学经典阅读与教育功能的契合度在哪里？如何实施？其次，对英语专业基础阶段文学经典教育方法这一环节的研究也相对缺乏。鉴于此，本书拟理论结合实践，对文学经典教育的问题进行深入探讨，以期在理论上深化对人文阅读的认识，在实践上对文学经典阅读的策略进行拓展探索，从而对人文教育的实施提供有效的借鉴。

1.3　研究方法与主要内容

1.3.1　研究方法

1. 文献研究法

　　系统梳理国内外相关文学经典阅读以及人文教育视域下经典文学阅读的研究文献，厘清本书研究的问题所在，形成本书研究的目的和意义。通过文献阅读梳理本书研究的理论基础，为文学经典阅读价值研究以及阅读方法和策略研究提供理论和方法上的指导。

2. 文本细读法

通过对文学经典的文本分析，对英语文学经典教育的价值，尤其是新时代的价值进行审视。同时，基于文学经典作品的文本细读，研究批判性思维能力（思辨能力）、同理心能力、文学欣赏能力以及终身学习能力的培养策略。

3. 主题阅读法

根据《指南》指定的阅读书目，对部分英语文学经典文本的主题进行分析解读，挖掘出文本不能为普通阅读所把握的深层主旨意义。

4. 个案研究法

通过内在的个案研究，以《呼啸山庄》《儿子与情人》《金色笔记》为个案，研究艾米莉·勃朗特的艺术创新、聂珍钊教授的文学伦理学批评理论和莱辛在作品中表达的和谐生态思想，为探究文学领域的新问题提供新路径。

1.3.2　研究的主要内容

本书的内容共包括 8 章，各章内容如下：

第 1 章，导论。本章首先分析了研究的背景、研究的理论意义和实践意义；对与本书相关的国内外研究文献进行综述，提出现有研究存在的不足和本书的研究方向；然后介绍了本书的研究方法和主要内容以及研究的难点与创新。

第 2 章，新时代文学经典阅读的理论基础。本章主要研究了哈罗德·布鲁姆文学经典阅读理论和艾布拉姆斯人文主义阅读理论。布鲁姆在 1994 年的《西方正典：伟大作家和不朽作品》中，以莎士比亚和但丁为经典的中心和次中心，建构了一套全新的西方文学经典谱系，进而在《如何读，为什么读》中提出了面向普通读者的经典阅读理论。他认为经典是真正的记忆艺术，是文化思考的真正基础，阅读经典是为了直面孤独的自我，为了增强自我，最终目的是为了去面对伟大。艾布拉姆斯在他的著作《镜与灯：浪漫主义文论及批评传统》中提出了文学四要素理论，认为作品、艺术家、世界和欣赏者这四个要素相互依存、相互渗透和相互作用。他提出的人文主义阅读策略——开放式阅读的三个原则：主题调适、充分体验和完整阅读对于经典阅读具有重要的启示作用。

第3章，新时代文学经典教育的价值审视。本章审视了文学经典的内在价值和文学经典阅读的新时代价值。文学经典具有崇高的内在价值，其审美价值、伦理价值和社会价值尤显凸出。文学经典教育在新时代彰显出不可替代的人文价值：文学经典教育是生命走向伟大和崇高的必由之路，是实现新时代价值塑造的正向力量，是构建人类命运共同体的精神源泉。文学经典是重要的教育力量，在英语本科基础阶段进行文学经典教育，对于培养创新人才意义重大。

第4章，文学经典教育与批判性思维培养。本章基于对批判性思维的概念、特质、标准和价值的分析，探讨了通过阅读文学经典来提高批判性思维（思辨能力）的路径。本章提出阅读文学经典可以提高批判性思维，应将批判性阅读与批判性思维联系起来。提高批判性阅读可采取各种具体技巧和策略，如提取文本的主旨、阅读特定信息、理解文本组织、检查理解、推断、连接观点等。提高批判性思维可通过教师提出的问题来练习，教师为学生分配阅读任务，学生自主选择阅读。任务的共同点是寻求学生的分析、评价、判断，以及他们对作品的个人反应。教师鼓励各种不同的解释，鼓励学生进行批判性思考。

第5章，文学经典教育与同理心培养。本章首先探讨了同理心及相关概念，包括同理心与同情心、同理心与心智理论的区别，然后论述了文学经典教育的价值与同理心培养的策略。阅读文学经典对于培养爱心和同理心至关重要：阅读文学经典不仅可以成为更好的人、更好的思考者，还可以使世界变得更加美好。有效的实施策略包括联结课堂内外扩展生命张力、读写相宜结合增强心智力量。文学经典教育与同理心培养关联密切，文学经典教育是提高同理心的重要力量。

第6章，文学经典教育与终身学习能力培养。本章分析了通过文学经典阅读培养终身学习能力的三重价值意蕴和新时代价值，然后提出了有效的教学方法和策略，包括教师角色调整、阅读与思考结合、内化与外化统一。培养终身学习能力，教师角色不仅是学生学习的引导者和学生发展的促进者，更重要的是要向赋予学生终身自主发展能力的中介者转移。此外，做到阅读与思考结合、内化与外化统一才能升华终身学习所需的思维能力。

第 7 章，把握文学经典主题提高文学欣赏能力。本章首先论述了文学欣赏能力的内涵及重要性，然后重点对《阅读书目》部分必读书目的主题进行了解读，最后对另外十部经典作品进行了主题解读，同时附有《英国卫报》最新百佳小说目录。其目的在于帮助学生更好地把握文本的精髓所在，提高欣赏能力，也为课外阅读和研究提供参照。

第 8 章，个案研究。分别是《艾米莉·勃朗特艺术创新个案研究——论〈呼啸山庄〉》《文学伦理学批评个案研究：〈儿子与情人〉》《走向生命的和谐——〈金色笔记〉个案研究》。本章以经典小说《呼啸山庄》《儿子与情人》《金色笔记》为个案，研究了艾米莉·勃朗特的艺术创新、聂珍钊教授的文学伦理学批评理论和多丽丝·莱辛的和谐生态思想以及对人类命运尤其是女性命运的关注。

1.4　研究的难点与创新

15

1.4.1　研究的难点

1. 本书研究的难点之一在于最新研究文献的获取

人类进入新时代，世界格局包括世界教育格局发生了巨大变化，世界百年未有之大变局需要中国参与和担当。新的时代需要新的教育形式、新的教育理念来应对全球学习格局。对文学经典教育在新的时代焕发出的新的价值研究尚不够深入和全面，相关研究资料的获取渠道也较为狭窄。

2. 本书研究的难点之二在于教学策略的选择

当今，随着技术革命日新月异、强大而无所不在的人工智能快速发展，教育的理念也在不断变革，教学策略也需要随着变革的发展而发展，我们的教学目标、教学内容和教学方法都需要不断进行创造性地丰富。

1.4.2 研究的创新点

1. 新时代感强

本书契合新时代提出的"人类命运共同体理念"、新时代外语高等教育人才培养目标以及最新颁布的《国标》和《指南》，具有很强的时代性。

2. 研究对象新

本书聚焦英语专业文学经典教育，尤其是本科基础阶段的文学经典阅读，重点关注新时代经典阅读的价值，特别是文学经典阅读的人文教育功能，以及经典阅读的策略，包括提高学生的批判性思维（思辨能力）、同理心、终身学习能力和文学欣赏能力，具有一定的前瞻性和创新性。

3. 研究方法新

本书以布鲁姆文学经典阅读理论和艾布拉姆斯人文主义阅读理论为理论基础，通过经典文学文本分析、主题阅读和内在的个案研究来审视经典阅读的价值，探索文学经典教育的途径，是对现有文学经典阅读研究的重要补充，将为研究英语专业经典文学教学提供重要理论依据。

第 2 章　新时代文学经典阅读的理论基础

2.1　布鲁姆文学经典阅读理论

2.1.1　布鲁姆文学经典观

美国文学评论家哈罗德·布鲁姆（1930～2019），以其对文学史和文学创作的创新性解释而闻名。布鲁姆于 1930 年出生于纽约，1951 年从康奈尔大学毕业，师从著名评论家 M. H. 艾布拉姆斯（M. H. Abrams）。1955 年起在耶鲁大学、纽约大学和哈佛大学等知名高校任教，2019 年 10 月在纽黑文去世。布鲁姆的早期著作《雪莱的神话创造》（1959）、《先知派诗人：浪漫主义英语诗歌解读》（1961 年修订版和 1971 年扩大版）和《塔里敲钟人：浪漫派传统研究》（1971）都是对浪漫主义诗人及其作品的创造性研究，但后来过时了。他研究了浪漫主义传统，从 18 世纪开始一直到它对 20 世纪晚期的 A. R. 阿门斯（A. R. Ammons）和艾伦·金斯伯格（Allen Ginsberg）等诗人的影响，并以其独特而富有挑战性的观点迅速成名。

随着《叶芝》（1970）的出版，布鲁姆开始扩展他的批评理论，在《影响的焦虑》（1973）和《误读之图》（1975）中，他将自己最具独创性的理论之一系统化：诗歌源于诗人故意误读影响他们的作品。《想象的群体》（1976）和接下来十年的其他一些作品发展并阐明了这一主题。

也许布鲁姆最大的遗产是他对诗歌和其他类型文学的热情，这一点反映在他最著名的著作《西方正典：伟大作家和不朽作品》中。该著作拒绝了 20 世纪后期学术界流行的多元文化主义。他曾经说过,多元文化主义意味着充满怨恨的人做出的平庸之作。在 1995 年的一次采访中,布鲁姆对西方世界的伟大作家进行了反思,他说:

> 我们必须读莎士比亚,我们必须研究莎士比亚。我们必须研究但丁。我们必须读乔叟。我们要读塞万提斯的作品。我们必须读圣经,至少是钦定版圣经。我们必须阅读某些作者的作品。我敢说,它们提供了一种知识,一种精神价值,与有组织的宗教或制度信仰的历史无关。它们以各种方式提醒我们,它们不仅告诉我们一些我们已经忘记的事情,还告诉我们一些没有它们我们不可能知道的事情,它们改变我们的思想。它们使我们的思想更强大,它们使我们更有活力。

在《西方正典》中,布鲁姆通过对 26 位西方作家及其经典作品的分析和经典作家思想的阐释,以宏大的视角将文本、理论和宗教融为一体,重新审视西方正典,探索西方文学传统。他反对文学批评中的意识形态;他哀叹智力和审美标准的丧失。布鲁姆坚持"美学的自主",将莎士比亚置于西方经典的中心,建构了一套全新的西方文学经典谱系。莎士比亚已经成为他之前和之后所有作家的试金石,无论是剧作家、诗人还是讲故事的人。布鲁姆认为,在人物塑造方面,莎士比亚可以说是前无古人,也没有一个他之后的人不受他的影响。弥尔顿、塞缪尔·约翰逊、歌德、易卜生、乔伊斯和贝克特都受惠于他;而但丁、华兹华斯、奥斯汀、狄更斯、惠特曼、狄金森、普鲁斯特,以及现代西班牙和葡萄牙作家博尔赫斯、聂鲁达和佩索阿,都是经典写作诞生于独创性与传统融合的绝妙例证。

在《西方正典》中,布鲁姆提出一系列关于文学经典的标准和要求。首先,他最推崇的经典标准是"原创性"。他认为"任何一部要与传统做必胜的竞赛并加入经典的作品首先应该具有原创魅力"。"原创性"是一部作品的生命力所在———一切强有力的文学原创性都具有经典性。原创性的美学力量源于作者的"焦虑的预期",因为"美学产生于文本之间的冲突"。强有力的作品本身就是那种焦虑。没有文学影响的过程,即一种令人烦恼并难以理解的过程,就不会有感染力强烈的经典作品出现。原创性正在成为个人事业、自给自足及竞争等词汇的文学同义语。莎士比亚至高无上的美学地位举世公认,其真正原因在于莎氏怪异的美学力量不见容于任何意识形态说教，不管你是谁和身在何处，他总是在观念上和意象上超过你。而且要透入经典需要审美的力量，这种审美的力量主要是一种混合力：娴熟的形象语言、原创性、认知能力、知识以及丰富的词汇。正是这种无处不在的诗学影响困扰了一代又一代的作家，迫使他们以原创性对抗原创性，但也同时成就了他们，使他们在和经典作家竞争中获得一席之地。

其次，他认为经典的标准是"陌生性"。布鲁姆认为，这些伟大作家及伟大作品成为经典的原因在于陌生性。这种陌生性是一种无法同化的原创性，一种我们完全认同而不再视为异端的原创性。《西方正典》以此为标准挑选 26 位作家作为西方文学经典的典范：一部文学作品能够赢得经典地位的原创性标志是某种陌生性。经典的陌生性并不依赖大胆创新带来的冲击而存在，但任何一部要加入经典的作品首先应该具有原创魅力。当你第一次读一本经典时，你面对的是一个陌生人，你会产生一种怪异的惊讶，而不是一种期待的满足，这是一种无法同化的陌生性。经典作品必须拥有这种超然性，那种让读者在熟悉的环境中感到陌生的紧张感。由此，布鲁姆把陌生性作为原创性的具体体现和载体，并以此作为检验西方主要作家的试金石。

另一个衡量经典的标准是直接以莎士比亚作品为尺度。"莎士比亚就是西方经典。"这就是布鲁姆关于经典的理解。布鲁姆强调莎士比亚和但丁是经典的中心，他们在认知的敏锐、语言的活力和创造的才情上都超过所有其他西方作者。没有一个作家在语言的丰富性上能够与莎氏相比。莎氏最高的原创性体现在人物表现上，其独特的伟大在于对人物和个性及其变化多端的表现能力。他的这种巧妙地呈现想象性人物既一致又各异的逼真声音的能力，源自其文学创作中前所未有的最丰富现实感受。莎士比亚的创造力是无与伦比的，其独特的力量在于他的悲剧主人公消解了戏剧和自然之间的界限。布鲁姆认为，"莎士比亚成为西方经典的中心至少部分是因为哈姆雷特是经典的中心。那种自由反思的内省意识仍是所有西方形象中最精粹的，没有它就没有西方经典"。另外，莎翁不仅是经典，而且也是经典的标准。莎士比亚对于世界文学是一种四下弥漫又不可限制的精神。莎士比亚具有自然本身的那种恢宏。没有莎士比亚就没有经典，没有莎士比亚，我们就无法认知自我。在布鲁姆看来，"莎士比亚是世俗的经典，或者甚至是世俗的圣经，是衡量前人或者后辈作品是否成为经典的标准"。这就是说，经典是一种后辈作家与莎翁的竞争。经典不仅产生于竞争，而且本身就是一场持续的竞争。这场竞争的部分胜利会产生文学的力量。莎翁通过自己的创作为后辈作家设定经典的标准，即"认知敏锐，语言活力和创新能力"。也就是说，任何想让自己成为经典的后辈作家必须把莎士比亚作为竞争对手，努力去否定他、超越他。

布鲁姆以崇高的勇气和惊人的学识向我们表明为什么经典作家能够逃脱那足以湮没人类一切成果的时间之遗忘而幸存。通过从多维角度对26位西方经典作家及其经典作品、经典人物的深入解析，布鲁姆清理出了一个连贯而紧密的经典谱系，重新激活了西方经典的概念，使经典在新的时代、新的历史和社会文化语境下再次熠熠生辉，使人类史上的惊世之作再度进入我们的视野。

2.1.2 布鲁姆文学经典阅读理论

布鲁姆在其著作《西方正典》中提出了文学经典观，2000年他又出版《如何读，为什么读》，提出了面向普通读者的经典阅读理论。

布鲁姆在《如何读，为什么读》中强调了文学的重要性和阅读的重要性。布鲁姆认为，阅读的艺术和激情作为我们事业的基础，深深地依赖那些从小就爱好读书的人。我们的教育应更有选择性，要挑选那少数有能力变得高度个性化的读者和作者。认知不能离开记忆而前行，经典是真正的记忆艺术，是文化思考的真正基础。

针对"为什么读"，他认为，阅读是为了直面孤独的自我，为了克服对生命有限的恐惧感，为了增强自我、了解自我的真正利益。他认为，自我在寻求自由和孤独时最终只是为了一个目的去阅读：去面对伟大。这种面对难以遮蔽加入伟大行列的欲望，正是我们称为崇高的审美体验的基础，即超越极限的渴求。人生有涯，生命终有竟时，我们不能让以各种社会正义的名义写出的劣作充斥我们短暂的一生。阅读即为了自我完善，为了拯救自己，只有变成自己，才会有益于别人，最终会成为别人的启迪。一切经典都属精英之作，经典可以教导我们如何在自省时听到自我，如何接受自我及他人的内在变化。

布鲁姆认为审美是文学经典的本质特征。文学是善的一种形式，它们不仅具有高贵品质，也具有净化作用。只有审美的力量才能透入经典，美学引我们上升。阅读经典时，应摆脱政治、社会、道德的影响，纯粹体验文学经典带来的审美愉悦，亦即为了自己内在精神价值而读。获得审美力量能让我们知道如何对自己说话和怎样承受自己，从而从经典中获得智慧，在生命中保持警惕。在他看来，人生需要文学甚于文学需要人生。正如他所说："为什么读？因为你仅能够亲密地认识非常少的几个人，也许你根本就没有认识他们。在读了《魔山》之后，你彻底地认识汉斯·卡斯托尔普，而他是非常值得认识的。"由此，他揭示了文学与人生在最深层意义上的关系。

不能让人重读的作品算不上经典。首次阅读一篇伟大的小说时，有一种纯粹的乐趣，当再次重读时，那是一种不同和更好的经验。你将获得解放，进入以前看不到的视角，重读的乐趣也会比你初读时的体验更多样和更富于启迪。你知道将发生什么事，但对如何发生和为什么发生却可能会有越来越新的领悟。也许，在某种程度上，在第二次阅读时，你变成了你所看到的。阅读经典不止会扩大生命，更重要的是会获得超越世俗的崇高感。布鲁姆强调，透入经典需要审美的力量，要带着爱、带着希望、带着感情中最深刻的元素去读。阅读时，需要抛弃傲慢和恐惧，向我们阅读的东西敞开怀抱，放松权力意志，使我们的注意力具备一种接受力。而且，只有深入而不间断的阅读才能增强我们的精神，最终铸就独特的自我。

布鲁姆这位西方传统中最有天赋的批评家、批评界的巨人、经典的经典读者，以其对文学的热忱、丰富的学识、对经典的坚守，为我们正本清源，梳理了西方不朽的作品，为人类重建精神桃花源，使人类心灵有所寄托、有所归依。

2.2　艾布拉姆斯人文主义阅读理论

2.2.1　艾布拉姆斯人文主义阅读理论内涵

迈耶·霍华德·艾布拉姆斯（Meyer Howard Abrams，1912～2015）

是美国著名文学评论家，他通过开创性的分析彻底改变了英国文学中浪漫主义时期的研究。他还担任过《诺顿英国文学选》前七版的总编辑（1962年至2000年）。

艾布拉姆斯在大学期间写了他的第一本书《天堂之奶：鸦片幻觉对德昆西、克拉布、弗朗西斯·汤普森以及柯勒律治作品的影响》（1934）。1953年他的第二部作品《镜与灯：浪漫主义文论及批评传统》的出版，使他跻身浪漫主义文学学者的前列。

该书的书名代表了艾布拉姆斯分别用来描述18世纪和19世纪英国文学中的两个隐喻：前者是对外界现实的冷静理智的反映，后者是艺术家们对内心和外部世界的启示。他的《自然的超自然主义》（1971）探索了更广泛的浪漫主义情感，包括它的宗教意义和对现代文学的影响。艾布拉姆斯关于浪漫题材的更多评论文章被收集在《应和之风》（1984）里。

从他的《文学与信仰》（1958）、《文学理论探索》（1972）到《文学术语汇编》（1957），艾布拉姆斯始终关注文学理论与批评的分析。他写的《镜与灯：浪漫主义文论及批评传统》的导论一章，对审视文学作品的四种批评"取向"产生了影响：模仿说，认为艺术品是模仿世界和人类生活的；实用说，以对观众产生的影响来看待艺术作品；表现说，主要把艺术品和它们的生产者联系起来；客观说，它着眼于艺术品本身各部分之间的关系。

艾布拉姆斯在20世纪70年代参与了围绕文学解构主义和人文主义批评的辩论，他在《以文行事》（1989）一书中收集了一些关于这些和相关主题的文章。2013年他被授予国家人文奖章。

在《镜与灯》中，艾布拉姆斯提出了文学四要素理论：第一个要素是作品；第二个要素是艺术家；第三个要素是世界；第四个要素是欣赏者。这样，文学活动便由作品、作者、世界和读者四个要素构成。

在这四大要素中，始终占据中心地位的无疑是作品。作为显示世界的"镜"和表现主观世界的"灯"，作品既是作家本质力量对象化的显现，又是读者接受的对象。作者是文学生产的主体，他不单是写作作品的人，更是以自己对世界的独特审美体验通过作品传达给读者的主体。无论是现实主义作品还是浪漫主义作品，甚至现代主义作品或者后现代主义作品，都无法脱离对世界的反映，世界既可能是想象丰富的直觉世界，也可能是常识世界或科学世界。作品为读者而写，或至少会引起他们的关注，读者的参与形成了对"作品"的"二次创作"，一部未经读者阅读欣赏的作品只能算是一个由语言符号编织起来的"文本"，只有经过读者的阅读和解释，它的意义建构才能得到完成。

文学活动四要素不是彼此孤立或静止存在的，而是相互依存、相互渗透、相互作用的。它是围绕着作品这个中心，作者与世界、读者之间建立起来的一种话语伙伴关系，一个有机的活动系统。

艾布拉姆斯人文主义阅读理论充分尊重作为主体的人在阅读中的地位和作用，寻求读者与作品之间的一种深层次对话，在阅读逐步深入的过程中呼唤想象的介入，从而获得一种特殊的审美快感，获得精神境界的提升。艾布拉姆斯认为，横亘于作者与读者之间的作品，应成为彼此之间寻求对话的中介。读者想要实现对作品的解读，应具备一定的文化水平、生活阅历及艺术鉴赏能力和审美情趣，同时要对他所处的社会历史环境等外部条件有清晰的认识。

艾布拉姆斯认为，一部优秀的作品是集作者数年心血的结晶，是作者思想、阅历和研究成果的集中体现，是作者想送给读者的心爱之物。因此，作者是希望读者通过阅读其作品进入作品虚构的世界之中，并与它进行交流的。读者进行阅读获得的一种特殊审美快感也是人类满足自身审美的需要。读者对作品的反映是各式各样的，但不是任性而为的。他们的反应都建立在具体作品之上，所获得的意义都是从作品的解读中得到的。

艾布拉姆斯坚守人文精神，他认为只有经过对自己道德、认知、想象之流意识的激烈转化，人类才可能在新的更好的世界中实现新的更好的生活。他相信，通过思想和心灵的革命，人类可以达成与自身的合一，能与他人共处，与已经被人性化因而让人能感到自如的自然和解。艾布拉姆斯始终强调，文学作品属于人、为了人、关于人。他对人文主义真理的守望，是对人性的一种尊重、关怀和信任。

2.2.2　艾布拉姆斯人文主义阅读策略

艾布拉姆斯很重视阅读活动。他认为读者本人有着对文本能动的甚至创造性的解释权，而一部作品只有经过读者的阅读和解释，才能得到意义建构。针对激进的阅读理论，艾布拉姆斯提出了更为开放的人文主义阅读策略。开放式阅读主要有三个原则：主题调适、充分体验和完整阅读。

艾布拉姆斯提出的开放式阅读的第一个原则即主题调适。他认为："作为人的主体的读者，在阅读活动中，决不能在阅读之前因为种种原因就预设了作品'必当是'要表现某个主题，更不能将这种预设带到阅读中去"（张祺明，2016：33）。也就是说，读者要抱着一种开放、宽容的心态投入阅读中去，在逐步深入阅读的过程中，经过反复阅读思考，不断地梳理和调整已获得的认识和理解，对作品的主题进行不断地修整、调适，达到对文本主题的一个相对准确的理解。

艾布拉姆斯提出的开放式阅读的第二个原则是充分体验。他认为在阅读活动中，阅读者应带着一种短暂的想象性认同投入阅读过程中。"阅读主体经历了阅读视野对文本了解的不断建立、调整过程，通过调入自己的想象力与文本创造的世界进行充分的对话与互动，读者通过不断深入的阅读活动既能够了解文本意义，获得特殊的审美感受，又能在其中重新认识自我、审视自我、定位自我，做到对阅读作品充分地体验"（张祺明，2016：34）。

艾布拉姆斯提出的开放式阅读的第三个原则为完整阅读。艾布拉姆斯认为，在阅读活动中，阅读主体可能会受到各方面的干扰而使阅读活动受到影响，达不到对文本的完整阅读，从而对文本的理解出现偏差或误解。"只要我们能寻到一个突破口，以一个合适的批评视角去阅读，读者都能够得到对文本的一个完整理解"（张祺明，2016：37）。因此，对于要读的作品，读者"要从头到尾都加以考虑，而且要乐于欣赏"（艾布拉姆斯，2010：294），进而通过自身努力与坚持从作品中得到一个有机的完整世界。

艾布拉姆斯阅读策略的三个方面——主题调适、充分体验和完整阅读是三位一体的，它们之间是相互联系、不可分割的。艾布拉姆斯人文主义阅读策略对于经典阅读有重要的启示作用。

第3章 新时代文学经典教育的价值审视

3.1 文学经典的内在价值

何为经典？正如哈罗德·布鲁姆所说，经典就是精英之作。文学经典具有强有力的文学原创性，其创造的人物形象、叙事结构、语言风格都是独一无二的。它们文辞优雅崇高，想象力独特，兼具美学尊严和竞争性特征，是真正的记忆艺术、文化思考的基础，其产生的影响是广泛而深刻的。"不能让人重读的作品算不上经典"布鲁姆说，也正如意大利小说家伊塔洛·卡尔维诺（Italo Calvino）所言，经典作品是能让人重读，而每次重读都像初读一样带来发现的书；是从不会耗尽向读者的诉说，对读者构成宝贵经验的书。它们含有特殊的力量，即便本身被忘记，也会把种子留在喜爱它们的人身上。没有读过伟大的书，怎能称得上受过教育？要成为一个真正意义上的人，又怎能离开文学经典作品的阅读？文学经典作品的阅读是人生最有价值的阅读。文学经典价值崇高，魅力恒久。

3.1.1 审美价值

审美是文学经典的本质特征，只有审美的力量才能透入经典。雅典古典主义者卡苏斯·朗吉弩斯（Casius Longinus）告诉我们："一部作品只有在能博得一切时代中一切人的喜爱时，才算得真正崇高。"文学经典历经世代流传俨然具备了崇高的品质，我们从中体会的是思想、情感以及表现手段的高超、深刻和精妙，我们面对的是伟大的思想、灵魂和力量，是狂飙闪电似的感染力。我们的心灵会被作者强大的精神气魄所控制，我们会为作品的崇高、庄严、雄伟等一切品质心醉神迷。阅读经典可以感受真正的美学力量。当我们抵达那难以抵达的文本内核，得到美学的润泽和启迪，我们会为之兴感怡悦，从而完美变得不那么遥远，我们的内在自我便随之成长。这便是经典阅读赋予我们的崇高审美体验。

阅读经典是一种高贵的生命交流。文学经典是人类写下的表达人类精神和人类情感的最优秀的作品，它们思想深刻、想象力丰富，润物无声地塑造与擢升着各民族活的灵魂。阅读这些抓住普遍永恒人性的作品，必然会给人以生命的灌注，产生强烈的情感共鸣，引起"审美的移情作用"。"移情作用"是审美活动最完美的阶段。当我们进入情感时，便进入了"想象的领域"，"我们把自己完全沉没到事物里去，并且也把事物沉没到自我里去：我们同高榆一起昂然挺立，同大风一起狂吼，和波浪一起拍打岸石"（朱光潜，1982）。我们的自我得以解放，我们的心灵得以扩大，从而达到物我同一的生命交流。

3.1.2　伦理价值

文学作品具有重要的不可替代的伦理价值。聂珍钊教授创立的文学伦理学批评认为，文学的基本功能是教诲，伦理价值是文学的核心价值。《儿子与情人》的主人公保罗是一个性意识混乱不堪"不完整的人"的形象。母爱的畸变使他产生情感扭曲，在观念上出现伦理混乱，失去真爱能力，处于迷惘的爱情困境之中。后来他伦理意识日渐强烈，杀死了母亲，这又使他走向了"伦理犯罪"的深渊，成了一个被遗弃的人，在生死困境之中苦苦挣扎。阅读这部小说，读者会为保罗的悲剧感到深深的哀怜，情感得到净化和升华，进而产生生命反思和伦理追问，情感转变为一种道德情感，从而从保罗的悲剧中得到教诲：生命的道德是不可改变和战胜的，灵与肉的和谐才是生命的本质，更加丰富和充实的人生在于我们对灵魂栖身的世界的尊重和对生命的敬畏。这便是文学的伦理价值。

文学经典蕴涵着不朽的道德力量和永恒的伦理价值。莎士比亚《哈姆雷特》中的"生存还是毁灭"已成为对人性的永恒之问。从文学伦理学角度来思考哈姆雷特的"To be，or not to be"，可以发现导致他悲剧的真正原因是他面临的伦理两难，即伦理悖论。伦理两难由两个道德命题构成，对它们各自单独做出道德判断，每一个选择都正确；但一旦在两者之间做出一项选择，都会导致另一项违背伦理。哈姆雷特面临的就是杀与不杀的一个两难选择：为亲父复仇是他的伦理责任与义务，而一旦复仇就会犯弑君弑父的伦理大罪。他无法选择，"深陷痛苦的伦理困境，最终导致悲剧发生"（聂珍钊，2013）。哈姆雷特对复仇在伦理上是否正义的思考，是这出悲剧蕴含的永恒伦理价值，正是这伦理价值使《哈姆雷特》成为经典中的经典。

3.1.3　社会价值

文以载道，"文艺的根本作用是载道"。作为意识形态的文艺作品，承载着塑造社会品格的重要功能。孔子认为人的教育"兴于诗，立于礼，成于乐。"孔子时代，《诗经》的经典地位已经确立，学习《诗经》能给人精神启发，使人产生美感，"兴于诗"彰显了文学塑造"品性"的作用。柏拉图在其《理想国》里亦强调，最好的教育是让具有大才美德的艺人巨匠，为年轻人开辟健康之路，使之从童年时就与优美理智融合为一。诚然，新时代我们实现中华民族伟大复兴的伟大事业更需要伟大精神的引领，正如习近平总书记在《在文艺工作座谈会上的讲话》中所深刻阐释的："没有先进文化的积极引领，没有人民精神世界的极大丰富，没有民族精神力量的不断增强，一个国家、一个民族不可能屹立于世界民族之林。"①

载道是文学经典所具有的最重要品质。"能成为经典的必定是社会关系复杂斗争中的幸存者"（哈罗德·布鲁姆，2005）。它们呼应着社会，呼应着时代，是社会生活中一股强有力的正能量。惠特曼的《大路之歌》是关于美国民主的启示，激励了美国成千上万的人，时至今日，世界仍聚集在他的《草叶集》周围。如果说惠特曼成功地改变了美国的声音形象，那么海明威则使"一个人可以被毁灭，但不能被打败！"

---

①　习近平：《在文艺工作座谈会上的讲话》，载于《新华网》2015 年 10 月 14 日。ht-tp：//www．xinhuanet．com//politics/2015－10/14/c_1116825558．htm。

成为一种不朽的人类声音。海明威的《老人与海》是一部挑战人类极限、充满着战斗精神的作品。它是一部寓言，是对人类坚忍不拔精神的证明，是对大无畏英雄气概的讴歌。圣地亚哥是生命英雄的象征，面对空旷无垠、凶险无比的大海，老人发出的这一倔强而决绝的声音，承载着的是人类的高贵与尊严。就连美国前总统肯尼迪也说："几乎没有哪个美国人比欧内斯特·海明威对美国人民的感情和态度产生过更大的影响。"经典的力量是丰厚持存的。

3.2　文学经典教育的新时代价值

人文主义教育观是联合国教科文组织（UNESCO）在新的时代对教育做出的高瞻远瞩的再思考。2015 年《反思教育：向"全球共同利益"的理念转变?》提出的 21 世纪人文主义教育观，立足"尊重生命和人格尊严，权利平等和社会正义，文化和社会多样性，以及建设我们共同的未来而实现团结和共担责任的意识"，强调着重培养学生的批判性思维、独立判断、解决问题以及信息和媒体素养，把知识和教育视作全球的共同利益。尊严、平等、正义、团结、责任等是人类共有的价值观，与我国新时代人才价值观培养的目标相融相济。文学经典蕴含着丰富的人文思想，阅读文学经典无疑是实现人文主义教育观的重要途径。文学经典在新的时代生发出新的意义，成为开垦灵魂、丰盈生命、升华境界的正能量，成为启迪心智、激发想象力、提高同理心文明的重要源泉。

3.2.1　文学经典教育是人类走向伟大和崇高的基础途径

阅读经典对人的唤醒具有独特的价值。读一本好书，就是和许多高尚的人谈话，走进经典，便是与古往今来伟大的灵魂邂逅。经典能让我们接触到许多人类历史上积累的"智慧"、深刻的哲理和睿智的感悟，获得具有极高的创造性的思想。智慧是一种普适性知识，还是一种体现人类共同认可的善和美德的知识。《小王子》告诉我们："本质的东西用眼是看不见的，只有用心才能看见。"小王子拥有人类最美好的品质：善良，纯真，无尽的好奇，还有创造性的天赋。和小王子在一起就是更好地了解自己，更深入地思考，用新的眼光看待世界，活在新的希望之中。智慧有助于我们认识人类世界的丰富性、生存意义和人生价值。"人类需要工作，但同样需要意义、理解和远见"。

经典具有伟大崇高的力量，沉浸在伟大作品里，长此以往便会受到潜移暗化，从而分享伟大。"世界的广阔性远远超出了我们有着各种精妙的反应和情感的波动的肉体感官之所能及。洞察力是具备控制力和指导力的先决条件"（怀海特，2012），而文学会赋予我们洞察力。乔治·艾略特的《米德尔马契》将美学和道德价值融于一体，是艾略特对道德想象所做的最细腻的分析。艾略特把公开的道德说教转化成一种审美的美德。主人公多萝西娅遭受了很多痛苦和屈辱，她寻找不到无论在智力上还是精神上都与她相匹配的人，但她仍然努力做一个好人，追求对道德的至善。没有一个人的内心可以强大到不受外界因素的巨大影响，但多萝西娅选择了与世无争，因为她相信"世上日益增加的善要部分地依赖于那些历史上的平凡举动"。文学经典是崇高的，正如亨利·詹姆斯所言："从那些书页中升腾起一种高尚的道德的芬芳；一种对正义、真理和光明的热爱；一种待人处事的博大宽宏；一种要为人类良心的暗昧之处高擎火炬的不懈努力。"经常目睹伟大崇高，便可激励行动，成就伟大。

3.2.2　文学经典教育是实现新时代价值塑造的正向力量

新时代我国高等教育的根本任务是立德树人，培养德智体美劳全面发展的社会主义建设者和接班人。我们提倡的社会主义核心价值观，是新时代生而为中国人的共同价值追求和独特精神支柱。文学经典以崇尚真善美、鞭挞假恶丑的正能量和感染力成为传播人文精神的重要载体。"文学经典具有高尚的精神品质与人文关怀，历久弥新的历史积淀性，广泛的认同感与文化影响力"（莫立民，2016）。阅读经典也是理解人生意义和自我修养的过程，"阅读经典将使人置身于无限蕴藏的本质之中"。文学大师的作品充满着对人类命运的道德关切，闪耀着超越时空的人性光辉。它们以丰富、深邃的品格改变着内在的生命，引领人们崇德向善，激发人们向真向美。真善美是文艺的永恒价值，也是社会主义核心价值观所追求的价值。

文学经典之美在于启迪思想、温润心灵和陶冶人生。"先天下之忧而忧，后天下之乐而乐"这是何等伟大的天下情怀！读"王师北定中原日，家祭无忘告乃翁"，谁人能不为陆游执着、深沉、热烈、真挚的爱国激情所感染？"慈母手中线，游子身上衣。临行密密缝，意恐迟迟归。谁言寸草心，报得三春晖。"多么伟大无私的母爱，赤子对慈母发自肺腑的爱与尊敬浓郁而醇美，可谓感人至深。读这样充满人性美的作品唤起的是一种强烈而深刻的感受：家国情怀，惊心动魄。习近平总书记在《在文艺工作座谈会上的讲话》中强调指出，"我国久传不息的名篇佳作都充满着对人民命运的悲悯、对人民悲欢的关切，以精湛的艺术彰显了深厚的人民情怀。"[1] 人是有感情的，阅读充满大美的作品，会使我们的灵魂得以开垦，生命得以丰盈。好的作品就像"蓝天上的阳光、春季里的清风"，在我们的灵魂中唤起一种宁静，一种敬畏，使生命更加鲜活，更加饱满。

3.2.3 文学经典教育是构建人类命运共同体的精神源泉

"人类命运共同体，顾名思义，就是每个民族、每个国家的前途命运都紧紧联系在一起，应该风雨同舟，荣辱与共，努力把我们生于斯、长于斯的这个星球建成一个和睦的大家庭，把世界各国人民对美好生活的向往变成现实"（习近平，2020：433）[2]。构建人类命运共同体"不但有利于世界各国建立和加强互通互联的伙伴关系，引导全球治理体系的有效变革，而且为反对霸权主义、强权政治，促进世界和平与发展，实现全球共同发展繁荣贡献了中国智慧、中国方案、中国力量"（谢新水等，2019）。人类命运共同体构建彰显了中国同理心。全球化为人类创造了前所未有的发展机遇，但同时也导致人类环境和自然环境一起恶化。人类越来越意识到我们赖以生存的星球是我们共同的家园："地球是人类唯一赖以生存的家园，珍爱和呵护地球是人类的唯一选择。"（习近平，2017）[3]。这是对所有人类、所有生命的全球同理心。构建人

---

① 习近平：《在文艺工作座谈会上的讲话》，载于《新华网》2015 年 10 月 14 日。http://www.xinhuanet.com//politics/2015 – 10/14/c_1116825558.htm。

② 习近平：《习近平谈治国理政：第三卷》，外文出版社 2020 年版，第 433 页。

③ 习近平：《习近平谈治国理政：第二卷》，外文出版社 2017 年版，第 538 页。

类命运共同体，同理心文明不能缺席，而阅读文学经典可以提高同理心。

　　同理心通常被定义为从其他角度看世界的能力。在当今相互依赖的社会中，同理心是与世界联系的一个日益重要的工具。具有同理心的人更能容忍他人的观点，更善于批判性思考，更能建设性地参与集体民主决策，更有能力在更深层次上与他人建立联系，参与共同体成员之间的互动交流。阅读文学小说能够提高同理心已得到科学证实。阅读小说可以提高人们察觉和理解他人情绪的能力，会激发人们对一个更美好世界的希望。在某些情况下，阅读小说时，我们会被另一个人的话语所触动或暗示，这些话语既能让我们跳出自我，又能让我们感受到自己和他人的人性。"移情作用不是道德，却是构成道德的重要因素"（玛莎·努斯鲍姆，2017：47）。虽然阅读文学经典不太可能改变我们的政治信念，但阅读文学经典引起的内部思考会告诉我们，为什么每个人都值得我们尊重。阅读查尔斯·狄更斯等作家的作品能增强我们理解他人情感的能力，阅读《杀死一只知更鸟》会扩大我们的想象力，使我们的道德和社会情感变得更为高尚，同样，阅读获诺贝尔文学奖的鲍勃·迪伦（Bob Dylan）的《答案在风中飘荡》也不可避免地会使人们产生共鸣，人们会和迪伦一起为人类命运高歌，一起对正义和良心追问：

　　　　一个人要走过多少路／才能称为真正的男子汉

　　　　一只白鸽要飞越过多少片大海／才能在沙滩上得到安眠

　　　　炮弹要多少次掠过天空／才能被永远禁止

　　当我们的视野面向整个人类，当我们把自己视作具有同样真实情感和有价值思想的人类，我们怎能否认他人的基本权利？怎能无端地去扩张人权？当我们生命中以同理心为重心，我们怎能去参战、杀戮、相残和谋杀？当我们生命中以同理心为重心，我们怎能没有尊严、平等、正义、团结和责任？同理心是增进人类福祉和可持续发展的基础，是建设一个持久和平、普遍安全、共同繁荣、清洁美丽新世界的精神保障。

　　每一部文学经典都蕴含着对人类命运的关切，都是一部探索和思考人类个体命运和整体命运的历史，文学经典为人们搭建起了沟通人类心灵的桥梁，文学经典阅读之于人文主义教育可谓价值巨大。置身于山巅，视野必然宽广！阅读伟大心灵留下的伟大著作必然会给生命增添难以置信的力量。教育只有立足尊重和尊严平等，培养具有创造力、能够以和平和谐方式与他人和自然共处共存的人，才能促进人类进步和保障人类福祉。人文教育事关中华民族伟大复兴、人类命运共同体构建的美好目标，事关整个星球、整个人类的未来。我们唯有高扬文学经典的崇高价值和审美理想，才能使文学经典教育真正成为促进正义、社会公平和全球团结的积极力量。

第 4 章　文学经典教育与
批判性思维培养

4.1　批判性思维国内外研究现状

自 20 世纪以来，美国教育界已将"批判性思维"作为热门话题开始关注。美国哲学家和教育家约翰·杜威（John Dewey）最先将批判性思维理解为"反省性思维"（reflective thinking）。批判性思维在 40 年代成为西方教育改革的主题。到了 70 年代，由于美国教育学家和心理学家对批判性思维的关注，在美国教育改革运动之中批判性思维成为焦点。国际公认的强调思维教学在教育中核心地位的运动先驱，美国纽约州立大学教授文森特·鲁吉罗（Vincent Ruggiero）在 1975 年出版《超越感觉：批判性思考指南》，对批判性推理进行了简明扼要、跨学科的介绍，激发学生质疑自己的假设，并通过分析与日常推理相关的最常见的问题来拓展他们的思考。理查德·保罗（Richard Paul）博士是前美国"批判性思维中心研究和专业发展主任"，也是前美国"全国卓越批判性思维委员会"主席，是国际公认的批判性思维权威。他出版了多部有关批判性思维的著作，包括《批判性思维与创造性思维》《如何通过思辨学好一门学科》《如何进行思辨性写作》《如何进行思辨性阅读》《批判性思维概念与方法手册》等，以及二百多篇文章，阐述批判性思维的培养。他认为批判性思维是一种教学方式，一种学习方式，一种思考者自我监控、自我评估立身处世的方法。到了 80 年代之后，美国教育界再次强调了批判性思维的重要性，并把它作为教育改革的核心。在《2000 年目标：美国教育法》的报告中，美国国会把学生的批判性思考问题、有效交流信息和解决问题的能力确定为国家教育的培养目标。可以看出，美国高等教育一直重视学生批判性思维能力的培养，并把培养学生的批判性思维为作为改革的主要目标。

进入 21 世纪，批判性思维培养得到了进一步重视和发展。英国利兹大学（University of Leeds）终身学习研究中心主任斯拉特·科特雷尔（Stella Cottrell）所著《批判性思维训练手册》，从"听说读写"四个方面，系统讲解了批判性思维的应用技巧。美国布鲁克·诺埃尔·摩尔（Brooke Noel Moore）教授等的《批判性思维：带你走出思维的误区》阐述了批判性思维、正确推理和合理论证的基本问题、观点、方法和技巧。本书运用通俗生动的语言，从批判性思维的重要性和必要性开始，就如何进行正确地思维和清晰地写作，到有效论证的规则、合理的演绎和归纳推理，再到道德、法律和美学的论证进行了详细阐述。2004 年美国布朗（M. Nell Browne）等出版《学会提问：批判性思维指南》，应用批判性思维领域的最新研究成果，列举大量实例，教授人们富有理性、逻辑性和批判性地提出、思考、判断和解决问题的方法。

国外许多学者也纷纷发表相关论文探讨批判性思维能力的培养，如：威尔逊（Kate Wilson，2016）认为，批判性阅读教学可以由不同的方式来实现，但培养学生的批判性倾向，尤其需要精致的支架来支持他们作为批判性意义创造者的发展。"精致的支架"是指建立一个具有挑战性的阅读环境，支持学生自己去理解意义，而不是把意义强加给他们。艾里特·萨松等（Irit Sasson et al.，2018）研究了评估创新项目对批判性思维和提问两种技能的影响，认为旨在发展高级思维技能的创新教学模式需要比传统教学模式更复杂的评估机制来确定其有效性。德克尔（Teun J. Dekker，2020）通过研究得出，促进批判性思维的关键因素是多学科的课程、以学生为中心的教学方法和多元化的学术社区。玛丽亚·何塞·贝萨尼利亚等（María José Bezanilla et al.，2019）分析了高校教师在教学中运用的最有效的批判性思维教学方法，分析了教师批判性思维的概念与教师发展批判性思维的方法之间的关系，认为教师使用的最有效的方法主要有三种：一是口头和书面的反思和论证；二是阅读、分析和综合资源；三是案例研究。总之，批判性思维能力是 21 世纪人们研究的热点。

国内有关英语学科"批判性思维"的文献最早发表于 1996 年，随后 20 年间英语学科批判性思维研究数量呈明显上升趋势。尤其是近 10 年，随着英语学科人文性定位被重视程度的提高，国内外语界学者越来越重视批判性思维的研究，研究成果急剧增长。研究方法为实证性研究和非实证性研究。实证研究，主要集中于量具构建和写作、阅读等方面。理论研究和实践探讨主要包括：思维品质；核心素养；批判性思维能力及其培养；教学（包括听、说、读、写及翻译）思辨能力的培养；批判性阅读；培养策略；教学模式；教材编写；以及综合类，即从外语教学角度综合探讨批判性思维能力培养。相关学者主要有李瑞芳、文秋芳、黄源深、秦秀白、孙有中、周燕、李莉文、阮全友等。

1996 年刘儒德在《论批判性思维的意义和内涵》一文中，在解释批判性思维定义的同时研究了批判性思维的内涵及其在教学中的意义，并且探讨了培养学生批判性思维的途径。1998 年黄源深教授指出，外语专业学生缺乏思辨能力，患有"思辨缺席证"，呼吁外语界对"思辨缺席"问题予以重视。随后，何其莘和殷桐生等教授（1999）提出我国外语教学强调通过模仿—记忆的方式训练学生的语言技能的教学模式，忽略了培养学生分析问题、解决问题的思维能力和创新能力。尽管在 2000 年我国《高等学校英语专业英语教学大纲》明确提出了加强英语专业学生思维能力的培养要求，但仍有学者，如胡文仲、孙有中（2008）等，批评英语专业学生批判性思维能力薄弱。

2009 年，文秋芳教授在《外语界》发表"构建我国外语类大学生思辨能力量具的理论框架"、2010 年在《外语教学与研究》发表"我国英语专业与其他文科类大学生思辨能力的对比研究"等文章，展开了针对我国外语类大学生批判性思维能力的量具构建研究。2010 年黄源深教授在《外语界》再次撰文《英语专业课程必须彻底改革——再谈"思辨缺席"》，提出了通过"阅读—讨论—写作"这一基本学习模式来提高学生的思辨能力。2011 年马应心出版《英语专业学生批判性思维培养研究》，阐述了批判性思维在西方尤其是美国的发展历史和相关理论，以及中国批判性思维的文化传统和相关研究，并分析了影响中国学生批判性思维发展的因素；同时构建了培养学生批判性思维的理论框架，指出英语阅读教学应选择激发学生兴趣和思考的内容，提出了有利于培养学生批判性思维的五步教学法。马伟林在《教育评论》2011 年第 3 期发表《英语专业学生批判性思维能力的培养》，提出在阅读讨论过程中培养发现问题的能力，培养基于事实的推理能力，培养观察分析事物的能力，培养运用语言学理论解决实际问题的能力。阮全友在《外语界》（2012 年第 1 期）发表"构建英语专业学生思辨能力培养的理论框架"，在回顾国内外思辨能力相关研究的基础上，尝试构建培养我国英语专业学生思辨能力的理论框架。有关提高学生批判性思维能力的研究不断深入。2015 年孙有中教授在《中国外语》发表《外语教育与思辨能力培养》，指出"思辨能力培养乃是高等教育的一个永恒命题，在当下中国高等教育以内涵式发展和质量提升为导向的新一轮教育改革中，其重要性更加凸显。"并在《外语教学与研究》（2019 年第 6 期）的"思辨英语教学原则"一文中提出了思辨英语教学的八项原则。国内思辨英语教学研究不断深化。

经济全球化以来，世界公民变成了地球村村民。地球村需要的是思想开明、沉着冷静，能够应对新建立的多元文化挑战的人，能认识、判断、探索、评价和评估"世界新秩序"，以沟通和调和存在差异的人，这就要求人们必须具有批判性思维能力。批判性思维是教育的普遍需要，是高等教育的核心。教育改革呼吁人们在教育过程中运用批判性思维和终身学习。对于有抱负的大学生来说，提高阅读和批判性阅读的能力是迫切的，阅读是所有大学学习的基础，批判性思维的能力和倾向对学生在高等教育中的成功至关重要。

4.2 批判性思维内涵

4.2.1 批判性思维的概念

1. 批判性思维定义

2020 年教育部颁布《普通高等学校本科外国语言文学类专业教学指南（英语类专业教学指南）》明确指出，英语专业学生应掌握思辨能力（批判性思维能力），即：勤学好问，尊重事实，理性判断，公正评价，敏于探究，持之以恒地追求真理；能对证据、概念、方法、标准、背景等要素进行阐述、分析、评价、推理与解释；能自觉反思和调节自己的思维过程。

理查德·保罗认为，批判性思维的概念可以用多种定义来表达，这取决于一个人的目的。评估批判性思维能力最有用的定义如下：批判性思维是为了改善思维而分析和评估思维的过程。批判性思维是以最基本的思维结构（思维要素）和最基本的思维标准（普遍的思维标准）为前提的。批判性思维创造性方面（思维的实际改进）的关键在于通过分析和有效评估来重构思维（理查德·保罗等，2016）。

理查德·保罗认为，批判性思维是一种对思维方式进行思考的艺术，它包括分析思维、评估思维和升华思维三个紧密联系、互相影响的阶段。进一步讲，批判性思维是一种无论思考什么内容，思考者都能通过分析、评估、重构自己的思维来提高自己的思维水平的思维模式。具体地说，批判性思维就是建立在良好判断基础之上，使用恰当的评估标准对事物的真实价值进行判断和思考的艺术。

斯拉特·科特雷尔认为，批判性思维是一个复杂的思考过程。在思考过程中涉及以下技巧和态度：辨别他人的立场、论辩和结论；评价其他观点的证据；公正地权衡反方的论辩和证据；能够读出言外之意，看穿表面现象，辨认虚假或者有失公正的假设；识别出一些增加说服力的技巧，比如虚假逻辑和说服技巧；以有结构、有逻辑、有见解的方式思考问题；能够根据有效的证据和合理的假设判断论辩是否成立、是否公正；整合信息形成自己新的立场；以一种结构清新、推理严密且有说服力的方式介绍一个观点。

总之，批判性思维能力是一种清晰而理性思考的能力，它包括反思能力和独立思考的能力。具备了这种能力的人可以理解观点之间的逻辑关系，识别、构建和评估论据，发现推理中的矛盾之处和常见错误，系统地解决问题，辨别观点的相关性和重要性，并且能够反思自己的信仰和价值观的理由。

2. 思维的组成

根据理查德·保罗的研究，思维由目的、问题、信息、概念、解释/推理、假设、结果/意义和观点八种要素组成，各要素相互关联。保罗认为，思考产生目的，提出问题，使用信息，利用概念，做出推论，做出假设，产生意义，体现观点。通过概念化，保罗阐明了这样一个事实：所有的推理，无论何种性质，都包含这些要素。而且，这些要素在头脑中是一个相互联系的思想系统，它们彼此相互影响。保罗的理论指出，所有的推理都包含八个要素，因此可以分为八个具体的部分来确定推理的全部逻辑。因为人类所有的推理都包含这八个要素，所以所有推理的产物（会话、文章、书籍、演讲、社论、视频节目等）都可以根据这八个要素进行分析。

4.2.2 批判性思维的特质

培养学生的批判性思维能力，最终目的是培养其思维特质。智力特征区分了一个熟练却诡辩的思考者和一个熟练而公正的思考者。要成为公正的思考者就必须拥有思维的谦逊、勇气、换位思考、正直性、坚毅、对推理的信心、自主性和公正性这些特质。

思维谦逊：我们的头脑并不倾向于知性的谦逊。相反，在任何特定时刻，它的自然状态是相信自己拥有真理，认为自己知道的比实际知道得更多。人类的头脑天生就是自我确认、自我保护的。它不会自然地去揭示其误解、曲解和无知。思维谦逊要求我们必须学会积极区分自己知道的和不知道的，清醒地认识到自己对未知知识的忽视程度。

思维勇气：具有思维的勇气意味着愿意挑战大众信念。思维勇气意味着需要面对和公正地处理各种意见、信仰和观点，即使你对此有负面情绪。人类在很多方面都是天生的墨守成规者。头脑不会自然地发展出智力勇气，而且，为不受欢迎的信念（尽管是合理的）挺身而出自然也不是一件舒服的事。相反，头脑的内在倾向是保护自己的信仰和符合群体标准。但是必须认识到，人们反复灌输的结论和信念有时可能是错误的或是误导的。具有思维的勇气，就是要不畏惧不遵从大众观点可能受到的社会严厉惩罚，做到公正地思考。

思维换位思考：具有批判性思维的学生能够站在他人的角度考虑与自己不同的观点，并以明智和有见地的方式表达这些观点。智力同理心（换位思考）意味着能够通过想象把自己放在别人的位置上，以便真正理解他们。但是我们的心灵并不是天生就能发展智力同理心的。相反，它倾向于用自己狭隘的观点去思考与自己相左的问题。思维换位思考需要练习，练习从他人的观点思考问题，特别是那些我们不赞同的观点。

思维正直：思维正直表现在用期望别人达到的相同标准来要求自己。人类并非天生就具有思维正直，相反他们对别人的要求往往高于对自己的要求。具有批判性思维的学生，会通过识别自己思想、语言和行为的不一致性来洞察自己。他们能够识别并诚实地承认自己思想和行动中的差异和不一致。他们认识到，心灵天生倾向于对他人的要求高于它强加给自己的标准。因此，具有批判性思维的学生会在自己的思想和行动中寻找智力上的伪善。他们有一种强烈的愿望，那就是诚实地生活。思维正直要求我们思想和行为一致，只有做到思想和行为一致，就能对自己的道德问题进行合理的推理，就不会为了自身利益而歪曲他人的观点。

思维坚毅：思维坚毅是指尽管智力任务中存在挫折，但仍能克服智力复杂性的一种倾向。具有批判性思维的学生，面对复杂任务和挫折时，拒绝放弃。思维坚毅不是头脑天生的，而且，要发展思维坚毅，必须愿意在处理问题时克服困惑、困难和挫折。具有批判性思维的学生，会通过解决复杂而富有挑战性的问题来培养智力力量和自信。他们能够深入地思考所学学科，会对困惑和未解决的问题进行长时间努力地思考，容忍复杂思维活动带来的痛苦和沮丧，并愈挫愈勇，从思考中获得更深刻的见解。

对推理的信心：善于批判性思考的学生认识到，良好的推理能力是过理性生活的关键，是创造一个更公平公正的世界的关键。推理信心基于这样的理念：从长远来看，个人的更高利益和全人类的利益可以通过最自由地发挥理性、通过鼓励人们得出自己的结论、通过尽可能地发展社会中每个人的理性能力得到最好的实现。批判性思考者认识到，心灵不会自然地使用智力标准来决定相信什么和拒绝什么，相反，它倾向于接受或拒绝基于以自我为中心或以社会为中心的标准的观点。要建立对推理的信心，人们必须了解人类头脑中的非理性倾向，并积极地努力减少它们。当一个人有了对推理的信心时，他就会按照合理的推理采取行动。合乎理性这一观点就成为人们一生最有价值的东西。

思维自主：思维自主是一个人学会为自己的思维和生活负责时而获得的一种品质。它与为了人生方向和掌控人生方向而依赖他人是相反的。批判性思考者认识到，思维自主是人类生活中难得的一种品质，大多数人不是自主思考,而是遵循群体信仰和行为。具有批判性思维的学生,会为了自己,决定相信什么和拒绝什么。他们会用合理适用的标准来评估自己的信念,用智力标准来思考。具有批判性思维的学生会对自己的思维、信仰和价值观负责。

思维公正:思维公正要求我们一视同仁地对待所有观点,而不考虑我们自己的感受或既得利益,或朋友、社区、国家或物种的感受或既得利益。它意味着坚持用智力标准而不考虑我们自身的优势或我们群体的优势。具有批判性思维的学生努力寻求平等地对待所有观点,努力做到公正。

批判性思维特质都是相互关联的,真正杰出的思考者并不是孤立思维特质的产物(Richard Paul et al.,2016)。

4.2.3　批判性思维的标准

要评价思维,我们必须理解和应用通用的智力标准。理性的人使用通用标准来判断推理。当学生们内化了这些标准并经常使用它们时,他们的思维就会变得更加清晰、准确、精确、相关、深刻、广泛和公正。根据理查德·保罗的观点,我们根据清晰性、准确性、精确性、相关性、深度、广度、逻辑性、重要性和公正性对思维进行评估。

清晰性。清晰性意味着表达的意思是可以理解的,清晰表达自己的观点是最基本的要求。如果我们想要或需要向他人传达某种意思,不清晰的语言会破坏或挫败这一目的。能够提升思维清晰性的问题包括:能否详细描述那个观点?可以给我一个图解吗?能用另外的表达方式表达那个观点吗?能举一个例子吗?

准确性。准确性指没有错误或扭曲,准确性意味着正确。一句话可能是清晰的,但不一定是准确的。批判性思考者能仔细地倾听陈述,并且对所听到的信息的真实性和准确性进行有根据的质疑。同样,他们质疑所阅读内容的准确程度。能够提升思维准确性的问题包括:那的确是真的吗?我们怎样检查那是不是准确的?我们怎样确定它的正确性?

精确性。精确性指精确到必要的细节水平。我们常常需要细节来实现我们的目标,不精确,或者不能提供细节,都会破坏目标。一个陈述可能会保证清晰度和准确度,但并非能做到精确。能够使思维更精确的问题包括你能更具体一些吗、你能给我更多的细节吗、您能讲得更详细一些吗。

相关性。相关性是指必须是与手头的事情相关的。某些信息（不管它有多么真实），如果与我们讨论的问题无关，如果不相关的信息进入我们的思维，就会使我们偏离真正需要的信息，并阻止我们回答手头的问题。相关性让我们的思维规范在正常轨道上。一个陈述可能是清晰、准确、精确的，但却不一定与争论的问题相关。能够使思维更具相关性的问题包括这个观点是如何对讨论的问题产生影响的、是如何与我们需要解决的问题相关的、是如何影响其他观点的。

深度。所谓深度是指包含着复杂性和多个相互关系。一个陈述可能是清晰、准确、精确、相关的，但很可能是表面的——缺乏深度的。当我们进入问题的内层时，我们需要深入思考，认识到问题的内在复杂性，并主动地处理这种复杂性。能够使思维更具深度的问题包括是什么因素使这一问题成为一个难题、这个问题的复杂性何在、我们需要处理这个问题中的哪些难点。

广度。广度指包含多重观点。一连串的论证可能是清晰、准确、精确、相关、有深度的，但却可能缺乏广度。当我们从不同的相关角度去思考一个问题时，我们就是在广义上思考问题。能够使思维更具广度的问题包括我们需要从另一个角度看待这个问题吗、需要考虑另外一个观点吗、是否存在另一种方式看待这个问题、从保守的（或其他的）角度看待这个问题会怎样。

逻辑性。逻辑性意味着这些部分在一起是有意义的，没有矛盾。通常我们会以一定的顺序和方式进行思考，当按这些顺序进行的思考能够相互支持并结合得有意义而没有矛盾时，这样的思维就是有逻辑的。相反，如果这些观点相互不支持，在某种意义上自相矛盾或根本没有意义，这样的思维就不具有逻辑性。能使思维更具逻辑性的问题包括所有这些结合起来有意义吗、起初的观点符合最后的论述吗、你所说的有据可循吗。

重要性。重要性是指专注重要的事情，而不是琐碎的事情。思考问题时，我们要能关注问题最重要（与问题相关）的信息，并且考虑最重要的观点或概念。但通常来讲，我们意识不到要关注问题中的重要信息。能够提升思维重要性的问题包括这是需要考虑的最重要问题吗、这

41

是需要聚焦的中心观点吗、这些因素中的哪些是最重要的。

公正性。公正性意味着观点是正当的，不是自私的，也不是片面的。确保公正性的问题包括我的判断是基于证据吗、有没有考虑其他可能的证据、这些假设合理吗、考虑到我的行为的意义，我的意图公正了吗、我是否移情地代表了别人的观点。

正是通过在思维中仔细运用这些智力标准，我们才能创造高质量的推理。没有这些标准，我们的思维很可能会偏离正规。我们的创造会缺乏方向，我们就不能区别高质量的推理和低质量的推理。简言之，创造性思维是以坚持智力标准为前提的（理查德·保罗，2013）。

4.2.4　批判性思维的价值

具备了批判性思维的人能够理解观点之间的逻辑联系，识别、构建和评估论点，能够发现推理中的不一致性和常见错误，能够系统地解决问题，能够识别观点的相关性和重要性，能够反思自己的信仰和价值观是否正确。批判性思维是教育界的普遍需求。它在所有学科的各个年级都是必要的，因为所有的学习都需要思考，而批判性思维的作用就是确保我们以最高水平的质量思考，无论我们推理什么内容，或解决什么问题。

批判性思维可以提高语言和表达能力。清晰而有系统地思维可以提高我们表达观点的方式。在学习如何分析课文的逻辑结构时，批判性思维也有助于提高理解能力。

批判性思维可以提高创造力。批判性思维是创造力的重要组成部分，因为我们需要批判性思维来评估和改进我们的创造性想法。想出一个解决问题的创造性解决方法是不够的，还必须确保新的观点是有用的，是与要完成的工作相关的。在评估、选择和修正新观点时，批判性思维起着关键作用。

批判性思维对自我反省极为重要。为了过有意义的生活并由此组织生活，我们需要证明并反省我们的价值观和决定。批判性思维便为这一自我评价过程提供了工具。我们应教导学生使用批判性思维概念作为进入任何思维系统、任何科目或学科的工具。我们应教授学生在自己的头脑中构建定义学科的概念，使学生能够用他们的思维掌握内容，成为熟练的学习者。

思维方式是一个人成功与否的决定性因素。一个人掌握的思维技巧越好，就越能承担复杂的任务，也越是可能取得成功。我们人类已进入一个加速变化的时代，这一切的变化都对人类的思维能力和应变能力提出了挑战。尤其是当今全球化时代，变化日益加速，联系日益复杂，批判性思维不仅对于个体的生存发展，而且对于人类文明整体的可持续发展，都彰显出前所未有的重要性。

4.3　通过阅读文学经典培养批判性思维

在我国，批判性思维能力的培养已得到长足发展，但不可否认的是，我们对在实践中如何有效熟练地教授批判性思维仍然知之甚少，目前"我们的外语教育与思辨能力培养相去甚远"（孙有中，2015）。"外语教育往往把语言的习得和知识的获取隔离开来"（孙有中，2011），以至于许多学生常常难以完成基本的阅读任务，比如识别信息、做出推论、检验论证等，从而难以有效内化和掌握文本重要观点并把新观点与思维中已有的观点联系起来，学生的批判性思维、复杂推理能力和写作技能仍然有待于提高。

在此，本部分提出，通过阅读文学经典来提高批判性思维。文学是批判性阅读教学的有力工具。文学为学生们提供了积极参与文本的机会，也是一个思考他人思想、价值观和伦理问题的机会。文学文本的阅读会涉及分析、评价和创造等高层次的思维，这对学习者使用批判性思维策略来解读文本提出了挑战，学习者会被鼓励去接受不同的观点和意见。这样，批判性推理的技巧和接受不同观点的道德倾向都会得到锻炼。而且通过阅读文学经典，学生还会学会主动阅读和深入阅读。

4.3.1　阅读文学经典提高批判性思维能力

文学具有让学生参与推理活动的潜力，正如艾布拉姆斯所言，作品的意义建构依赖于读者。1968 年法国作家、社会和文学评论家罗兰·巴特（Roland Barthes）发表《作者之死》宣称，文本概念的诞生宣告了作者的死亡，作者的死是为了读者的活。巴特认为，作者创造了文本，却不赋予文本最终的意义，实际上，他把解读文本奥秘的责任转嫁给了读者及其解读。可以补充的是，通过将解读文本的责任转移给读者，作者也在挑战读者的批判性思维能力，因为阅读的过程是需要解释和批判性思维的过程。阅读者需要识别外延意义和内涵意义之间的区别，联想情节的特定部分，赋予词语意义，总而言之，产生读者对文本的独特解释。

文学与批判性思维是相互联系的，批判性阅读和批判性思维也不是孤立的。批判性阅读是一种主动阅读，一种深度阅读；另外，批判性思维又能使读者对所读内容进行反思。通过阅读文学经典来提高批判性思维，可以通过教师提出的问题来练习。教师提出的问题可以有所从侧重，从文本内容的问题到解释性的问题由浅入深展开。学生可首先讨论文本中的事实，比如文本作者、写作时间、一些特定的情节以及叙述者等；然后进行到分析阶段，即研究文本的具体要素，以确定文本中有意义的组成部分，比如对主要人物的分析，或对某个主题的阐释等；最后阶段是学生对文本进行自己的评价，在文本与外部世界之间进行推理。推理是一种更高层次的思维技能，文学具有让学生参与推理活动的潜力。

这样，从阅读、理解、获取知识到分析、推理、评价，遵循了思维从低层次和高层次的发展规律，同时也把文学批判性阅读与文学批判性思考有机地结合了起来。

4.3.2　批判性阅读与批判性思维相结合

批判性阅读与批判性思维相结合需要一些有效的策略。批判性阅读是一种更深层次的阅读，它意味着对所读的内容做出批判性的反应。它是一种建立阅读材料内容与个人价值观、态度和标准之间关系的行为。批判性阅读是一个更为复杂和更深层次的参与文本的过程，这个过程需要读者分析、解释和评价。为把经典阅读与提高批判性思维结合起来，本部分探讨一些大学初级阶段从批判性阅读到批判性思考的具体策略。这些策略在我们为英语专业一年级学生设计的"读书活动"中得到了成功的应用。

　　将批判性思维培养与文学经典阅读相结合，我们可以从一些简单、直接但强有力的策略开始。这些策略是有效的，是因为每一种方法都是一种让学生积极参与到思考他们学习内容的方法，每一种都代表着学习责任从老师到学生的转移（Wesley Hiler et al.，2016）。学生的学习需要思考——需要批判性地思考。通过阅读文学经典作品，学生们可以学习如何使用他们所学的内容，并使用他们自己头脑的力量来解决问题。

　　第一阶段是阅读书目的介绍。随着《指南》的颁布，任课教师理所当然地应积极贯彻教育部"教指委"制定的经典阅读书目。为了便于学生更好地理解这些经典名著，指导方法以及阅读活动的创新也很关键。例如，山东财经大学外国语学院文学教学团队在学院的统筹下，专门设计了一个"文学经典大讲堂"栏目，针对《指南》阅读书目定期为学生举办讲座。与此同时，作为《英语阅读》课的任课教师，不仅在《英语阅读》这样的显性课程上，而且在《读书活动》这样的隐性课程中，都积极实施文学经典教育，引导学生对阅读书目的经典作品进行有效阅读。

　　第二阶段是教学策略的设计。实施文学经典阅读，线上线下混合式教学模式不失为当今时代一个可选策略。线上线下混合式教学主要通过网络教学平台创建自己的课程，上传教学资源，将课堂延伸到网络虚拟空间，充分使用在线工具，开展线上测验、作业、讨论等教学活动。线上线下混合式教学可以通过这两种教学组织形式的有机结合，引导学习者的学习由浅入深，有效提升学习者的学习深度，同时培养他们的自主学习能力和终身学习能力。这需要教师合理制定每一个学期的阅读任务。这些学习任务可以是读后反思、读书报告、读后感、书评、原著与影片相对比等，活动可由易到难，字数可由少到多逐步进行。

　　下面仅选取两个学习任务举例说明。它们选自剑桥大学出版社出版的《如何设计课堂泛读活动》，该书介绍了一百多种丰富而生动的泛读活动，每一种活动都目的明确、步骤条理，而且基于活动的性质，结合不同的班级以及不同的学生，提出了温馨而有针对性的建议。

任务 1: The Story and Me

Task 1. The Facts

Title of the book: _____

The setting

    1. When does the story take place?

    2. Where does it take place?

The characters

    1. Who are they?

    2. What are they like?

The action

    1. What happened?

Task 2. Personal Response

Your impressions

    1. What did you like best? (or least)?

    2. What would you change in the story?

Your feelings and experiences

    1. Have you ever experienced something similar to what happens in the story?

    2. Do you identify with any of the characters?

    3. Did you find any interesting cultural information?

    4. What did you learn from the reading?

任务 2: Book Report

In this activity, you are required to use a checklist of questions as a guide to writing a book report.

Book Report Checklist

    1. Your name; Date; Book title; Author.

    2. Write one paragraph about the author of the book.

    3. Explain the title.

    4. In no more than three sentences, write what the book is about.

5. Write a summary of the plot.

6. Write a characterization of the two main characters.

7. Write three questions you would like to ask one of the main characters.

8. Why did the author write this book?

9. The report should be neat and concise.

值得一提的是，教师从实际情况出发，创造性地利用这些活动，并自行开发设计具有吸引力且富有创意的活动是非常必要的，也是非常迫切的。例如，为了增加活动的趣味性，我们为大一学生开发了针对阅读书目的在线限时小测试，穿插进行，收到了良好的效果。

Quiz 1：

In this Activity, you are required to guess the first line of the novel. It is to test your skills by matching up the quoted first line with the correct novel.

Quiz 2：

Today we're testing your knowledge about the authors of the literary classics. So, put your thinking cap on and see how much you know about literary knowledge by sorting through the names and novels.

第三阶段便是实践活动。首先学生根据阅读任务中的低层次问题聚焦对文本的理解，例如《老人与海》发生的时间、发生的地点、作品的主要人物、主要情节等，对文本的基本结构有明确的认识。其次，学生需要转移到应用和分析。他们需要分析和揭示作者的具体风格、文本的具体形式特征，文本蕴含的真理等。所有这些问题和活动都集中在理解的更高层次思维，即应用和分析。最后，从批判性阅读过渡到批判性思考。要鼓励学生表达他们对这部作品的看法，是否喜欢这部作品、为什么喜欢这部作品以及是否会推荐这部作品，推荐的理由是什么。学生们还需要把故事与现实联系起来，与更为深刻的人生、社会以及人性等问题联系起来，通过故事来反思人生。它们的共同点是寻求学生的分析、评价、批判性的判断、他们对作品的个人反应。文学文本与非文学文本的根本区别在于文学文本可能产生不同的解读。有时，读者的数量等于他们解释的数量，如果教师愿意接受各种不同的解释，实际上就是鼓励学生进行批判性思考。通过批判性阅读、思考和写作，学生可以重建他人表达思想的结构和意义。

批判性思维意味着读者在阅读过程中是积极的、建设性的。将思想从阅读转化为讨论、写作是一种评价性、解释性的行为，它揭示了学生的理解水平。他们在整个阅读过程中对所读的内容提出质疑、确认和判断。作为阅读者，他们不断地与他们所了解的和试图理解的进行交流互动，背景知识的作用和学生利用背景知识的能力对批判性思维/学习是至关重要的。

以"学生为中心"的课堂环境会促进学生在学习过程中的参与。无论是个人学习还是合作学习我们都应鼓励批判性思维。学生参与阅读—写作—讨论过程以及各种方式的互动更有可能成为批判性思考者。完成阅读任务后，学生们可在网络教学平台提交自己的作业进行观点的互动。学生们在网络教学平台提交了作业，并不仅仅意味着完成了阅读活动的任务，一份份作业实际上是与老师和同学各种不同观点和解决问题思路的互动和交流。这种师生互动、生生互动，包括不同的思想、理解问题和解决问题的不同角度，会促使学生进一步反思自己的思维，重审自己的理解，解决问题的思路会不断提升，思想会不断成熟，并以此形成了一个相互影响、相互促进的年级学习共同体。

总之，阅读文学经典可以有效提高批判性思维。首先，批判性思维是使用更高层次的思维，在阅读的过程中，分析、综合、解释等能力以及自己的创造力都得到了实践。其次，文学经典为形成某种批判态度或道德取向提供了理想的环境。最后，批判性思维代表了一个特定领域或领域的知识，在这个领域里，一个人可以形成论点并表达批判性思维，因为是读者赋予文字意义，是人赋予了世界意义。

当今世界需要的是能够做出判断、评估和沟通差异以及接受不同观点的个体。阅读文学经典需要运用更高层次的思维和思考，由此可以带来批判性思维的元素。批判性思维会使学生获得对任何具体内容的理解、技能和洞察力，并内化给定的内容，评估内化的质量。这样，他们就可以在头脑中构建这个系统，并将其内化，用它来处理实际的问题。在一个瞬息万变的世界里，只有掌握那些不变的东西，我们才能获得强大的学习工具。

在全球化的教育中，学生必须学会在复杂的国际体系中思考，在文化、生态、政治、经济和技术系统及其相互关系中思考。没有批判性思维，就不可能从全球角度进行合理思考。阅读文学经典不仅可以作为一种实践批判性推理的手段，而且可以作为一种形成批判性性格和道德态度的手段，从而使阅读者愿意接受不同的思想体系。

第5章 文学经典教育与同理心培养

新时代教育目标必须适应新时代要求。当今，迅猛发展的科技正从根本上改变着我们生活、工作、学习和相互联系的方式，第四次工业革命将见证人工智能、机器人和其他技术突破重塑世界。但人类的未来终究还是要由人类来塑造，人类未来的福祉归根结底必须依赖人类自己。地球是人类共有的家园，人类在地球上生存与繁衍需要有同理心意识，需要用同理心去与地球生命建立相互依存的关系，维持地球社会的和谐，同理心正逐渐被视为应对全球挑战的基本力量之一。同理心是一种与生俱来的能力，也是一种可以学习的技能。文学阅读与同理心发展的关系已得到科学证实（Kidd & Castano，2013），最新研究又进一步证明阅读文学可以培养同理心（Koopman & Hakemulder，2015；Junker & Jacquemin，2017；Michael Fischer，2017；Thexton，Prasad & Mills，2019）。研究人员从多方面研究了如何通过阅读文学来学习同理心，这是非常必要的，但仍然不够。鉴于此，有必要聚焦文学经典教育与同理心培养，探讨在大学基础阶段文学经典教育的价值和同理心培养的策略，以有效提高外语类大学生的人文素养，为实现我国教育现代化远景目标奠定坚实基础。

5.1 同理心内涵

5.1.1 同理心

1989 年版的《钱伯斯英语词典》把同理心定义为"进入另一个人的心灵，并富有想象力地体验其经历的能力"。丹尼尔·戈尔曼（Daniel Goleman）在《情商实务》中认为："（同理心）是对他人感受、需求和担忧的感知。"由此可知，同理心是一种设身处地为他人着想，理解他人感受、欲望、想法和行为的能力。

同理心（empathy）一词源于德国美学家罗伯特·菲舍尔于 1872 年创造的用于美学领域的 Einfühlung，主要指人在观察和了解一个客体时，把自己的生命和情感投射到客体之中，为这个客体所感染，理解和欣赏其美感，从而获得与对象交融合一的现象。后来这一美学术语被德国哲学家和历史学家威廉·狄尔泰所借鉴，用来描述一个人进入他人内心世界并了解他人情感和思想的心理过程。1909 年，美国构造心理学代表人物爱德华·布雷福德·铁钦纳（Edward Bradford Titchener）首次将 Einfühlung 翻译成英语 empathy，"同理心"这一心理学术语很快便在西方流行起来。同理心的使用是美国心理学家卡尔·罗杰斯（Carl Rogers）开发的心理咨询技术的重要组成部分。罗杰斯认为一个人要想"成长"，需要一个能给他们提供真诚（开放和自我表露）、接纳（被无条件的正面关注）和同理心（被倾听和理解）的环境，没有这些，人际关系和健康的个性就不可能正常发展，就像一棵树没有阳光和水就不会生长一样。

同理心概念最早应追溯到公元前 551 年到公元前 479 年的中国古代思想家教育家孔子。在《论语》（卫灵公第十五·23）中，子贡问曰："有一言而可以终身行之者乎？"子曰："其恕乎！己所不欲，勿施于人。"意思是，子贡问道："是否有一个词能够贯穿整个一生来指导人的实践？"孔子回答说："'博爱'，也许就是这个词。你不希望别人对你做的事情，也不要对他们做"（辜鸿铭，2017：345）。这里的"恕"，与我们所说的同理心异曲同工，如果一个人能站在他人立场设身处地思考问题，那么他就走上了"仁"之路，这便是同理心意识精髓所在。

同理心是一种站在他人立场理解他人所经历的能力，是一种感受他人感受的能力。但又不仅仅如此，它不仅能识别一个人的感受，而且能重视和尊重另一个人的感受，它意味着用善良、尊严和理解来对待别人。这是一种神圣的人类品质，是我们大多数人生活中不可或缺的一种品质。

5.1.2　全球同理心

经济全球化是一场深刻的革命，强烈冲击着世界各国经济、政治、军事、社会、文化，乃至思维方式等各个方面。在一个以全球化和技术快速发展为特征的世界里，变化是必然的。全球治理背景下，全球市场几乎没了边界，社会空间边界也随之消失，人们可以通过更加密集的社交网络进行交流，人与人之间的距离越来越近，人与人之间的联系更加便捷。在这种背景下，同理心意识也出现了全球化趋势。

经济全球化、社会信息化既创造了前所未有的发展机遇，也带来了新威胁新挑战：人类活动造成的大量温室气体排放导致全球变暖，地球环境遭到严重破坏，收入分配不平等、发展空间不平衡不断加剧，仇外情绪、政治民粹主义和恐怖活动不断上升。人类环境和自然环境一起恶化。2020 年新冠肺炎疫情大暴发，给人类带来了一场新的大灾难。人类越来越意识到我们赖以生存的星球是我们共同的家园：家就需要我们大家共同去维护去保护，作为一家人，我们应该互相关心，互相负责。这是广义的同理心，超越了个人同理心，它是对所有人类、所有生命——动物、鱼类、植物和大自然的全球同理心，在一个全球化的世界，同理心的疆域拓展到了全部生命。全球同理心是一种基于所有生命的世界观，冷漠的全球化必须以全球化的同理心来对抗，我们在社会中促进更多的同理心是至关重要的。

5.2　同理心与相关概念

5.2.1　同理心与同情心

同理心（empathy）是设身处地理解和感受他人经历的能力。同理心理解他人的感受，但不一定分享。同情心（sympathy）是承认另一个人正在承受的痛苦，是对另一种生命形态的不幸或需要的感知、理解和反应，是对别人感受的一种分享。

一个人表达同理心而分享同情心。在两者之中，同情心是真诚的、发自内心的。然而，同理心是一种更深层次的感觉，它可以建立一种更深更有意义的联系，成为个体之间或领导者与其追随者更广阔的沟通桥梁。同理心和同情心都是基于同情/怜悯（compassion），是一种被视作由知识和智慧衍生而来的、对他人理解和接受的复合情绪。同情心和同理心都意味着关心另一个人，但是有了同理心，关心就会因为能够感受对方的情绪而增强或扩展。

同理心和同情心不是相互排斥的，也不是总是被同时感受到的。例如，失去亲人的人会得到许多人的同情，但只有经历类似丧亲之痛的人才能真正地感同身受。同情和移情能力亦即了解他人及其问题的能力，被认为是至关重要的人类意识。缺乏这种能力的人通常被归类为自恋者、反社会者，或者在极端情况下，是心理变态者。然而，只有当一个人始终缺乏同情或同理心能力时，这些术语才适用。

5.2.2 同理心与心智理论

心智理论（theory of mind，ToM）是理解自我和他人心理状态并以此预测相关行为的能力。它将心理状态的信念、意图、欲望、情感、知识等归于自己和他人，并理解他人有与自己不同的信仰、欲望、意图和观点。心智理论是一种与心智有关的能力，它牵涉到一个人能否正确地认识自己和他人，代表了一种最基础的心智活动（周同权，2012）。

心智理论被称为一种理论，是因为心灵不是直接可见的。我们永远都不知道别人心里在想什么，我们只能根据自己的信念、情感和认知来做出假设。心智是与生俱来的，大约四岁时开始出现，随着时间的推移而改善。心智理论对人类日常社会互动至关重要，在分析、判断和推断他人行为时也被运用到。

同理心与心智理论类似，但略有不同。同理心建立在心智理论之上，也就是说，同理心能够理解：由于不同，别人看待事物的方式与我们不同，也可能与现实不同，他们有不同的信仰、意图、欲望、情感等。更清晰地讲，同理心指的是推断另一个人的情绪状态，或感觉另一个人必须感受的能力，而心智理论是理解并将一种特定的心理状态归因于某种行为，不必去感受它或使自己与这种心理状态保持一致。

5.3 文学经典教育的价值与同理心培养的策略

5.3.1 新时代文学经典教育的价值

1. 阅读文学经典成为更好的人

新时代，中国高等教育的根本任务"立德树人"追求的是"人的全面发展"，这一理念就体现在人文教育中，而文学经典阅读更能体现人文教育特色。阅读文学经典能使我们成为更好的人吗？答案是肯定的。基德和卡斯塔诺（Kidd & Castano，2013）通过实验得出阅读文学小说可以提高心智理论："我们认为，文学小说通过鼓励读者积极扮演一个作家角色来形成人物主观状态的表征，从而增强心智理论。"文学小说更倾向于关注人物的内心生活，读者必须深入人物的内心，从而导致心理效应。读《简·爱》，我们会对简·爱产生感情，在她坎坷不平的人生中与她一起经历痛苦与磨难，我们理解她对自由与尊严的追求。在小说中，我们能够通过进入角色的情境和思维，从他们内心的角度来理解角色的行为。作品中的情感状况和道德困境会推动我们进入人物的头脑中，体验情感和道德复杂性，从而增加我们在现实生活中的同理心能力。经常阅读小说尤其是文学经典会促使我们在现实世界中更好地感知他人的感受，理解他人的观点，关注他人的担忧，塑造我们正确看待世界的方式。

阅读文学经典会引起我们强烈的共鸣，促使我们在现实世界中表现得更好。文学把我们带到了另一个世界，提供了打开他人内心世界的钥匙，让我们透过别人的眼睛去看、去体验我们在现实生活中无法体验到的现实。当我们像审视自己的感受一样审视他人感受时，我们就会产生移情。读《老人与海》的时候，我们会被老人发出的"一个人可以被毁灭，但不能被打败！"不朽声音所震撼。看到老人圣地亚哥与大马林鱼之间惊心动魄的史诗般的战斗，我们深知他内心的感受。在苍茫的大海上，圣地亚哥真正地孤立无援，但正如海明威想要证明的那样，只有当一个人被孤立时，他才能证明自己的可敬和有价值。圣地亚哥与鱼搏斗了三天三夜，这是对他精神和身体勇气的考验，也是对他作为一个人的价值的终极考验。他的勇敢、他的忍耐力、他的不屈不挠、他的奋斗精神都与我们同在，并将永远激励我们：在面对可怕命运时永不言败。所有的艺术都是隐喻，隐喻具有唤起深层情感反应、提升人类精神的特殊能力。当我们阅读的时候，我们就变成了简·爱或圣地亚哥，我们从内心理解他们，这有助于我们成为更好的人。

2. 阅读文学经典成为更好的思考者

　　阅读文学经典能够提高我们的思考力是毋庸置疑的。2013 年由心理学家玛娅·吉基奇（Maja Djikic）领导的多伦多大学的三位研究人员在《创造力研究杂志》上撰文指出，阅读虚构的文学作品可以使我们更好地处理信息，包括提高创造力。阅读更多的文学小说能够让人们进行复杂的思考，提升批判性思维能力，而批判性思维能力与同理心密切关联。一个人读小说会与小说中的人物一起思考，甚至是一起感受，无论你觉得这个角色多么令人反感。这种双重释放——通过事件进行思考而不考虑事情的紧迫性和持久性，还有用不同于自己的方式去思考——可能会产生打开心灵的效果。阅读文学小说有助于人们接受模棱两可的观点，避免仓促的判断。人们对模棱两可的情况总会感到不舒服，这种情况很常见，但问题很大。压制这种不安的冲动可能会引发仓促的判断、僵化的思维和糟糕的决策，接触文学便可能为人们提供一种更有可能敞开心扉的方式，表现出更大的创造力。

　　频繁阅读的人的阅读能力更强，他们对他人和他们的观点变得更有洞察力。没有什么比阅读狄更斯《双城记》的开端更能升华我们的思维的了："那是最美好的时代，那是最糟糕的时代；那是个睿智的年月，那是个蒙昧的年月；那是信心百倍的时期，那是疑虑重重的时期；那是阳光普照的季节，那是黑暗笼罩的季节；那是充满希望的春天，那是让人绝望的冬天；我们面前无所不有，我们面前一无所有；我们大家都在直升天堂，我们大家都在直下地狱"（查尔斯·狄更斯，2015：002）。狄更斯生活的时代正是英国逐渐摆脱内忧外患、成为现代化强国的时期。"狄更斯见证了它的辉煌，也知道它的黑暗。工业革命带来的日新月异的变化让他引以为傲，但也让他意识到这个世界并不完美"（乔修峰，2019）。狄更斯在其《艰难时世》《雾都孤儿》等作品中不仅抨击社会和人性中的丑恶，唤醒人们的道德意识，更是引导人们思考如何改革弊端，改造那个尚不完美的世界，让所有人都能在温暖的空间中有尊严地生活。阅读更多的文学经典，便会有更强的能力体察人心。

3. 阅读文学经典使世界更加美好

小说的真正美丽和奇迹在于，它让我们感同身受。研究表明，阅读可以促进对他人（通常是少数人）的亲社会态度。阅读小说不仅帮助我们站在陌生人的立场了解他人的感受，也帮助我们审视自己：思考如何与他人、伦理问题和现实生活联系起来。在世界各地的大多数社会中，同情他人的能力是一种受人尊敬的特质。同理心被认为是无私、亲社会行为的激励因素。但同理心不只是拥抱和拍拍后背。在日益复杂的全球经济中，在需要合作的工作环境中，这种技能可以使年轻人在工作中更有效率。正是它会使今天的学生成为未来的领导者。在我们 21 世纪的生活中，几乎没有什么其他因素会迫使我们进行换位思考，而文学所能提供的生命情景和生活体验却几近无限：激发彼时彼地鲜活存在的无尽想象，其审美和认知价值无与伦比。伟大的文学所表现的个人思想和情感能够代表一个民族乃至人性中共有的思想和情感，伟大的文学作品会迫使我们以奇妙的复杂性去面对世界和自我。文学经典作品能带领人们的心灵穿越有形与无形的界线，拉近人与人心灵的距离。

文学经典现在是，将来也将是人类伟大的成就。文学向我们展示不同的人与人之间的关系，以及这些关系如何影响他人思想和感情的，从而我们得到一个交织在一起的人际关系截面图。它告诉我们别人的内心想法和感受，向我们展现他们的相互交流，把我们带入他们的经历，让我们看到别人生活的现实，让我们同情那些我们可能认为完全不同的人，让我们关心他们，就像我们深深地关心我们自己和我们所爱的人一样。同理心使我们能够互相关心，想象彼此的感受，同情彼此的痛苦，分享彼此的快乐。"深刻的理解是一个人能给另一个人的最珍贵的礼物"美国心理学家卡尔·罗杰斯（Carl Rogers）说。当今世界，所有的人都相互依存、命运与共，要让年轻一代成为人类命运共同体的全球公民，就必须在他们心中播下同理心、相互尊重的种子，增进理解和信任，弥合分歧。唯有如此，我们共同拥有的世界才会更加美好。

5.3.2　实施文学经典教育提高同理心的有效策略

1. 联结课堂内外扩展生命张力

从大学伊始对大学新生实施文学经典教育，可以在新生的心灵中唤起一种宁静，一种敬畏，让他们的人生更有意义，更加充实。以英语专业的"英语阅读"课为例。阅读教材中的每一册都含有文学经典读本欣赏，教师应有意识地从课内拓展到课外，布置由高等学校外语专业教学指导委员会为高等学校英语专业推荐的阅读书目进行课外阅读。春种秋收，通过阅读感染力强烈的作品，逐步渗透经典，学生将获得更多的审美力量，他们的内在自我会逐渐得到改善。

首先，教师应有良好的经典阅读素养。教师只有不断积累自己经典知识的厚度和提高阅读的视野广度，不断丰富阅读经典的智慧，才能能动地进行课堂设计，有效地指导阅读实践。其次，阅读目的要明确。为什么读？因为"文学是善的一种形式"（布鲁姆，2015），是通往智慧的途径。阅读经典会在心中升腾起一种高尚的道德感，一种对正义、真理和光明的热爱，一种待人处事的博大宽宏，一种要为人类美好未来不懈努力的豪情。从伟大作家那里我们可以看到别人往往看不到的耐性，阅读伟大作家的智慧会使自己更能属于自己。它扩大生命，却不减损任何人。当然，阅读的形式也起决定作用。学生阅读不是为完成任务而阅读，"如果人们要保留任何形成自己的判断和意见的能力，那么他们继续为自己而阅读就变得很重要。"哈罗德·布鲁姆为我们配置了一个如何读的处方："找到什么才是贴近你又可被你用来掂量和考虑，且击中你心坎的东西，仿佛你分享同一种天性，摆脱时间的独裁"（哈罗德·布鲁姆，2015：6）。因此，应该让学生自主选择阅读，从推荐的书目中选择贴近自己心灵的作品阅读。

贴近心灵的阅读会让阅读者获得一种意想不到的愉悦和惊喜。阅读者会意识到：作者与我之间充满理解，时间那么远，距离那么近，他（她）说出了贴近我心灵的话，是我差一点没想到，或者没有说出来的。不能引领我们上升的阅读等于根本不读，因为"要读用人类语言表达的人类情绪，你必须有能力用人性来读，用你全部身心来读"（哈罗德·布鲁姆，2015：13）。

2. 读写相宜结合增强心智力量

文学经典教育会使学生的心智更加完美。约翰·亨利·纽曼在《大学的理念》（*The Idea of a University*）中认为，从文学修养中获得的知识，可以扩展和扩大人们的思想，使所有的人变得丰富和高尚，使他们能够以更好的风度和更高的姿态在他们每个人身上发挥自己的作用；而且，如果愉快地规划和实施，这是一种全面而慷慨的教育的主要成分，这种教育使一个人能够公正、巧妙和宽宏大量地担任和平与战争时期的所有私人和公共职务。

文学经典教育应遵循"创造性的阅读，创造性的写作"原则，通过读写结合开启心智。创造性阅读和写作的意义在于"当心灵得到劳动与创造的支撑时，任何书籍都会页页生辉，意义倍增"（爱默生，2015：82）。阅读与写作是互惠互利的。阅读是一个主动的过程，是心灵活跃的过程。活跃的心灵接受了真理然后通过反省、诘问和自我发现进行创造性写作，形成思想。注入的是思考，产出的是智慧。只有进行深层阅读，思想才会有深度并达到一定高度。"人的思想有赖于那种将人生转化为真理的深入程度。""最初孕育它的心灵有多么深沉，它就会飞得有多么高，唱得有多么久"（爱默生，2015：78）。

而且，写作方式应多样化，以有利于发展思维。可鼓励学生撰写读后感、读书报告、书评等来培养其独立的思想、完整的人格。读后感是对一部作品的创造性思考，通过反思来审视自己的生活以及社会和人性等更深层次的问题。读书报告需对全书做一个简短的陈述，亦即对主题和主要情节进行概述，同时加以评论，阐明推荐这本书的理由。书评则是高度个人化的，是对一本书的质量、意义和重要性的描述、批判性分析和评价。学生的写作可通过网络教学平台进行互动分享，以此形成班级或年级学习共同体。将自己的理解用文字表达出来，把外在观点内化为自己的观点，是一种创造性的过程，可以使思维更具清晰性、逻辑性和深刻性。

文学经典教育在新的时代被赋予了崭新的意义。文学经典教育与同理心培养关联密切，文学经典教育是提高同理心的重要力量。作为对人文教育最好部分的补充，文学经典教育将人类提升到一种基于人类命运共同体的新的道德意识之中。世界微不足道，人才是一切。要培养出具有创造力，能够以和平、和谐方式与他人共处，与自然实现共存的人类资源，人文主义价值观是基础。教育唯有以尊重生命和人格尊严为己任才能塑造一个造福所有人的未来。要实现人类进步和福祉，我们需要的是更多的人性、更多的理解、更多的同理心。我们越能意识到我们共有的东西，我们的世界就会变得越美好。

第6章 文学经典教育与终身 学习能力培养

    2020 年教育部颁布的《普通高等学校本科外国语言文学类专业教学指南》，首次提出学生应"具有终身学习能力"，终身学习能力成为高校培养目标之一。在学习型社会里每个人都应成为终身学习者。

    "终身学习"的理念发轫于"终身教育"理念。1965 年保罗·朗格朗（Parl Lengrand）提出了"终身教育"这一术语，认为"终身教育"是指"人的一生的教育与个人及社会生活全体的教育的总和"。"终身教育"的提出为 20 世纪公共教育的大众化以及终身学习概念的出现奠定了基础。被普遍认可的"终身学习"概念是 1994 年在罗马召开的首届世界终身学习会议所采纳的定义："终身学习是通过一个不断的支持过程来发挥人类的潜能，它激励并使人们有权利去获得他们终身所需要的全部知识、价值、技能与理解，并在任何任务、情况和环境中有信心、有创造性地愉快地应用它们"（高志敏，2005）。

    联合国教科文组织在促进终身学习方面发挥了关键作用。通过《富尔报告》和《德洛尔报告》，它指出，"终身教育"和"终身学习"不只意味着教育的组织原则，准确地说，它们描绘了一个民主社会的世界观，在这个社会中，所有公民都有平等的学习机会，使他们能够充分释放自己的潜力，参与建设他们所生活的社会。2015 年出版的《反思教育：向"全球共同利益"的理念转变？》，强调了人的全面发展以及人与社会、自然的可持续发展。终身学习与可持续发展一样，重视学习的用途和学习本身的价值，同时也重视人的所作所为和作为人本身的价值。这样一个学习型社会的建立要求我们重新审视如何学习以及为什么学习，以利用我们的创造力来设计学习系统，丰富我们的生活。

    文学经典蕴涵着人类文化和思想的精华，是人类的精英之作、巨匠手笔。阿根廷作家博尔赫斯认为，经典是一个民族或几个民族长期以来决定阅读的书籍，是世世代代出于不同的理由，以先期的热情和神秘的忠诚阅读的书。然而，由于新型传播媒介的快速发展、全民阅读方式的转变以及阅读态度的变化等主客观因素影响，阅读风尚和阅读趣味弱化不断冲击着当下社会。因此，在终身学习背景下倡导文学经典阅读，具有很强的现实意义。阅读文学经典，不仅有助于学习者铸造精神品格，创造有价值的人生，更重要的是，可以提高学习者的理性精神与人文素养，形成正确的道德认知，做出正确的价值判断，从而促成个人和社会的改善。

文学经典阅读不仅关系到个体的具体认知，也关系到整个社会和人类的未来。党的十九届四中全会明确提出，进入新时代要构建服务全民终身学习的教育体系，满足人民日益增长的对美好生活的需要，满足人民群众对学习的需求，保障全民享有终身学习的机会。2020 年 9 月 22 日，习近平总书记在教育文化卫生体育领域专家代表座谈会上进一步强调：“要完善全民终身学习推进机制，构建方式更加灵活、资源更加丰富、学习更加便捷的终身学习体系。”① 构建终身学习体系的主要内容之一，就是要搭建阅读平台，完善阅读环境，提高全民大众对文学经典阅读的自觉性，用文学经典打造全民深厚的文化底蕴，重塑全民人生观、价值观和世界观，共建人类美好精神家园。

6.1 终身学习体系下文学经典阅读的三重价值意蕴

在终身学习到来的学习型社会时代，为充分发挥文学经典阅读在人的终身学习与成长中的积极作用，使之成为满足社会成员素质、知识和能力需求的多元教育，我们理应对文学经典阅读进行价值审视。终身学习体系下的文学经典阅读具有以下独特的三重价值意蕴。

---

① 习近平：《在教育文化卫生体育领域专家代表座谈会上的讲话》，载于《新华网》2020年 9 月 22 日。http：//www. xinhuanet. com/politics/leaders/2020 – 09/22/c_1126527570. htm。

6.1.1　塑造正确价值观

　　培养终身学习者，首先必须突出核心价值引领。今天，终身学习日益成为国家之间全球竞争中的重要因素，我们培养的中国特色社会主义时代新人，必须能在认识并尊重世界文明多样性的同时，有能力坚持中国价值观，学会协作与交流，加强全球合作。培育和弘扬社会主义核心价值观离不开文学经典阅读，因为"核心价值观的形成，离不开对人类历史上一切优秀文明成果的吸收和利用"（罗谡，2014）。

　　文学经典给予学习者的是"价值引导、精神引领和审美启迪"。文学经典蕴含着的是正向价值观，思考的是人类命运，反映的是普遍人性，揭示的是人生真谛。伟大作家无一不是人类命运的思考者。英国作家查尔斯·狄更斯（Charles Dickens）的《双城记》就是一部深切关注人类命运的作品。故事发生在18世纪晚期，以法国大革命为背景，复杂的情节涉及西德尼·卡顿为了朋友和心中所爱的人牺牲了自己的生命。狄更斯在作品中不仅痛斥贵族的暴政和革命的过度，抨击社会和人性的丑恶，更是通过探讨个人命运是如何被个人历史和更广泛的政治历史力量所塑造，宣扬了他的人道主义理想。他透过作品告诉人们，暴政与暴力只能使人间更加黑暗，唯有仁爱与正义才会使人类的天空更加晴朗。文学是善的一种形式，它们文质兼美，感染力强烈，充满着迷人的道德判断，引领我们向上向善。情感互惠、爱和归属感是人类的基本需求。阅读文学经典从我们内心深处激发出的爱等正向情感，对于实现和维持正义至关重要。我们新时代的中国特色社会主义建设者和接班人，不仅应具备健全的人格和社会责任感，更应该有能力对人类社会各种现象进行有益的思考，关注国家、民族和人类社会的命运。

　　阅读质量精湛的文学经典作品，不仅会强化诸如文明、正义、团结、诚信、友善等核心价值观，使学习者更为关切他人，从而激起对更美好世界的希望，而且会使学习者拥有更强的思考能力，更善于批判性思维。

6.1.2　提高批判性思维

　　理解和批判性分析复杂文本的能力是学术卓越的基本要求，也是学习者的一项终身技能。要进入、理解、欣赏一个新的世界观，需要进行通过一系列拓展思想的挑战性任务的文本细读。细读的工作在于用心提取和内化隐含在文本中的重要意义。当阅读文本的逻辑在思考的基础上改进时，阅读者便能够改变思维。文学经典为学习者提供了积极参与文本的机会，阅读的过程也是阅读思想、思考价值观和伦理问题的过程。文学经典可谓培养批判性思维强有力的工具。

阅读文学经典提供了更高层次思考的潜力，其成功的关键在于读者将新信息与已知背景联系起来，从而找到认知问题答案的能力。背景知识的作用和阅读者利用背景知识的能力对批判性思维至关重要。简·奥斯汀（Jane Austen）的《傲慢与偏见》，笔触犀利，人物刻画精湛。小说以 19 世纪早期的英国乡村为背景，讲述了本内特一家的故事。本内特家有五个性格迥异的姐妹，本内特太太急着要把她们全都嫁人。故事围绕二女儿伊丽莎白和达西之间的关系展开，从最初的动荡不安到最后的幸福结局，讽刺、幽默语言背后蕴藏着的是奥斯汀的正向婚姻观。奥斯汀认为，为了财产和地位而结婚是错误的，但结婚不考虑财产也是愚蠢的。如果一个人具有智力技能，能完成复杂的文字材料，进入冲突的观点，内化重要观点，并且把这些观点应用到生活中去便可以实现自我教育。当然，《傲慢与偏见》成功的更重要原因还在于对伊丽莎白的刻画。伊丽莎白聪明而活泼，她拒绝为经济上的舒适而牺牲她的独立，并最终为爱情而结婚。读者在阅读伊丽莎白内心世界时与她感同身受，这种移情体验具有持久的吸引力。

阅读文学经典无疑会使阅读者的心智更加完美。阅读文学经典会触及关键性的谜团，思考决定性的问题，随着深入而不间断的阅读，读者的视域会被逐步打开，领会真理的能力不断提高，更为重要的是，同理心也会随之增强。

6.1.3　培养全球同理心

实现全球可持续发展，需要的是人类对共同利益的共同责任，需要的是全球同理心。遗憾的是，人类的世界并不是以道德透明的方式呈现的，人类的同理心意识也并非随着年龄的增长而自然而然发展的。人类本性中存在着强烈的自我主义、偏见和欺诈倾向。根据自己成长的社会和文化，有人会强烈地认为一些人和国家站在善的一边，另一些人和国家站在恶的一边（Richard Paul，2016）。其结果是，在与"外人"打交道时，很少有人能始终按照道德原则行事，将伦理原则应用于人类生活的双重标准是普遍的。我们永远不可能完全消除自我中心的倾向，但当我们学会成为有道德的人时，可以积极地与它们作斗争。这就需要系统地培养同理心，通过智力技能和道德洞察力将道德付诸行动，而文学阅读与同理心发展密不可分。

科学证实阅读文学小说能提高同理心。2013 年美国两位心理学家在《科学》发表文章证明，"阅读文学小说能够暂时提高心智理论"（Emanuele Castano & David Comer Kidd，2013）。文学小说独特地融入了获得人物主观体验所需的心理过程，读者必须利用更灵活的阐释来推断人物的感情和思想，也就是说他们参与心智理论的过程，从而带来更高的心智。阅读文学小说会引发反思，这种反思会鼓励"最大限度地产生同理心"。当然，小说的文学质量才是提高同理心的决定因素。阅读夏洛蒂·勃朗特（Charlotte Brontë）的《简·爱》会使读者的道德情感变得更为高尚；阅读纳撒尼尔·霍桑（Nathaniel Hawthorne）的《红字》会使我们对道德与人性的理解更为深刻。苏珊·桑塔格（Susan Sontag）在《文学就是自由》中同样表达了她对文学力量的信念：文学可以训练和锻炼我们为那些不是我们或不是我们亲近的人流泪的能力。总之，阅读文学经典更能增强阅读者进入他人内心世界、以正确的情感回应他人情感状态的能力。

人类的未来和文明依赖于今天同理心的培养，只有让世界充满了"体现人类对于生命的共同渴望"（杰里米·里夫金，2015）的同理心，人类生活的家园才会阳光明媚，充满和谐。

6.2　终身学习视域下文学经典阅读的新时代价值

要应对未来大规模的社会、技术和经济变革，我们都需要成为终身学习者，"全民教育和终身学习的精神就是支撑我们民族和国家发展的重要精神之一"（高文兵，2020）。我们的学习能力是人类繁荣和发展的基石，终身学习会赋予我们独特的学习、创造和智力进步的能力，让我们更加正确地思考具有国家意义和世界意义的事务，获得意义更加丰富的人生，让人类生存的家园变得更加生机盎然。创建终身学习的学习型社会，已经成为国家发展战略的重要选择和全社会的共识，也是我们国家当今高等教育改革的主流思潮。中国高等教育理当发挥高等教育在构建人类命运共同体中的使命与担当，培养学习者对人类共同未来的担当意识与能力，将自己看作人类命运共同体中的一员，了解各个国家各个民族的文化与传统。优秀的世界文学经典无疑为我们架起了沟通的桥梁，在终身学习视域下，阅读文学经典彰显出不可替代的新时代价值。

6.2.1 阅读文学经典，促进人类文明不断繁荣

习近平总书记指出，"文明因多样而交流，因交流而互鉴，因互鉴而发展"（习近平，2020：468）[①]。不同文明之间的交流互鉴是文明发展的本质要求，是人类文明持续繁荣的重要动力。只有不同民族间的相互理解、和平相处和互相合作，人类才会有更加光明的前途和更美好的未来。

文学经典是人类文明的重要载体。习近平总书记告诉我们，"文明之美集中体现在哲学、社会科学等经典著作和文学、音乐、影视剧等文艺作品之中"（习近平，2020：469）[②]。"不同文明承载着不同的价值，文明共同体也是价值共同体。每一种文明都扎根于自己的生存土壤，凝聚着一个国家、一个民族的智慧和精神追求。不同文明既有各自特殊的价值，也有共同的追求"（欧阳康，2019）。博大精深的中华文化和世界优秀文化美美与共，为我们培育和践行社会主义核心价值观提供了丰厚的滋养。从李白的《静夜思》"举头望明月，低头思故乡"，到罗伯特·勃朗宁《异域乡思》（*Home - Thoughts from Abroad*）的"篱笆旁我那繁华绽放的梨树，依傍着田野梨花带露"，从屈原《离骚》的"路漫漫其修远兮，吾将上下而求索"，到雪莱《西风颂》（*Ode to the West Wind*）中的"冬天来了，春天还会远吗？"，无不承载着对故土家园的至真情怀，表达着对真理追求的至高境界。读叶芝《当你老了》（*When You Are Old*），谁人能不为诗人独特而真挚的情感所打动？孟郊的《游

---

① 习近平：《习近平谈治国理政：第三卷》，外文出版社 2020 年版，第 468 页。
② 习近平：《习近平谈治国理政：第三卷》，外文出版社 2020 年版，第 469 页。

子吟》又不由使人泪潸潸而心眷眷："慈母手中线，游子身上衣。临行密密缝，意恐迟迟归。谁言寸草心，报得三春晖。"伟大作家的作品总是以直指人心的伟大力量，传递着美好，拨动着心弦，启迪着心智。经典引导和激励我们崇德向善，向真向美，意志坚定，奋发向上，阅读者在接受美的熏陶的同时也得到精神和灵魂的升华与洗礼。

人类文明源远流长，绚烂多姿。一切美好的事物都是相通的，人类对美好事物的向往也是相同的。经典是需要重读的书，当再次阅读时，阅读者会进入以前看不到的视角，得到更多样和更富于启迪的体验，获得"更多生命"，更重要的是会获得超越世俗的崇高感，从而在阅读中坚定文化自信，坚定文明自信，促进人类文明和世界和平不断发展。

6.2.2　阅读文学经典，完善终身学习者心智

经典作品是人的心智赖以获得预见力和理解力的最佳材料。文学经典折射的是人世间最基本的永恒命题，而经典作家以惊人的洞察力为我们解释了人类的思想和态度，提供了分析和判断人类社会各种现象的高度和深度。阅读经典对人的唤醒具有独特的价值。读一本好书，就是参与伟大的对话，走进经典，"即沾溉了从远古走来、向未来奔去的人类心脉"（陈众仪，2016）。阅读经典作品能让我们接触到许多人类历史上积累的"智慧"，亲近智慧，是人类生存与生命延续的需要。智慧是一种美德，是一种良善和光明的能力，是人类在生存世界里有价值导向和问题意识的知识。拥有智慧的人，具有贤德的口碑、行为遵循一贯的道德原则、贡献于群体福祉的卓越能力和有表率作用的德行品德。智慧有助于我们认识人类世界的丰富性、生存意义和人生价值。

经常阅读文学经典便会抵近伟大与崇高。美国小说家海明威是美利坚民族的精神丰碑，他以作品中表现的强烈男子汉气概而著称。他的英雄小说《老人与海》表现了人类通过面对和克服大自然的挑战来证明自身价值的思想。当老人钓到一条比他的船还长的马林鱼时，他被考验到了极限，他用手拉着鱼线，试图让它离鱼叉足够近时，鲜血流满了他的双手。通过搏斗，圣地亚哥展示了人类能够为了胜利而忍受困苦和磨难的人类精神，也正是由于他对大海深沉的爱和了解使他能够在大海的冷酷无情和仁慈中取得胜利。正如习近平总书记所说，"《老人与海》

描述的那种精神，确实是一种永恒的精神"（习近平，2016）①。《黑暗的心》是英国作家约瑟夫·康拉德（Joseph Conrad）的半自传体小说。它被认为是西方对欧洲帝国主义在非洲的罪恶最具洞察力的书之一，它审视了西方殖民主义的恐怖，将其描述为一种不仅玷污了它所剥削的土地和人民，也玷污了那些在西方推动殖民主义的人的现象。

目睹伟大的目标、伟大的德行，甚至骇人听闻的恶行，是一种无形的道德教育。经常目睹伟大崇高，就会保持对伟大崇高的坚定信念。"对伟大崇高的认识是道德感的基石"（怀海特，2012）。如爱默生所言，当人的心智向往美德时，一种更隐秘、更甜美、更令人倾心的美便会显示于他。可以说，文学经典阅读是完善终身学习者心智的必由之路。

6.2.3　阅读文学经典，实现人类可持续发展

当今世界，可持续的人类发展和社会发展已成为人类的核心关切。经济全球化将我们所有的人联结成了虽然距离遥远但却息息相关的个体生命，从未见面的人们相互依靠，相互依赖，人们隔着地理的、语言的、民族的鸿沟彼此面对。人类的联系日益紧密，但不平等、不宽容和暴力也日益严重。全球气候变暖、自然环境恶化，尤其是当前新冠肺炎疫情在全世界肆虐，使得单边主义、排他主义世界观蔓延。在这危机四伏的世界中，更需要人类具有同理心意识来解决目前面临的挑战。

世界文学经典异彩纷呈，阅读文学经典，必然有利于促进人类的可持续发展。世界各国各民族共同创造了人类文化，文化的多样性使人类的世界丰富多彩，充满了生机和活力，文化多样性可谓促进人类可持续发展的宝贵资源。我国著名社会学家费孝通先生的"各美其美，美人之美，美美与共，天下大同"意味深长，它说明了尊重世界文化多样性对于促进人类可持续发展是何等重要。阅读文学经典会使阅读者的精神生活从蛰伏中唤醒，化为热情洋溢的觉醒。文学小说经常给人留下较为广阔的想象空间，促使读者与想象人物进行内省式的对话，读者肩负着阐释或批判性思维的任务。阅读时想象场景的过程，会导致同理心和亲社会行为的增加，从而促使人们在现实世界中表现得更好。他们会停止消

---

① 习近平：《我的文学情缘》，载于《人民网》2016 年 10 月 13 日。http://culture. people. com. cn/n1/2016/1013/c1013 - 28777061. html。

极思考，改变他们对自己和生活的诠释；他们会变得更加积极、乐观和自信，更主动地参与社会建设；他们会变得更加理性，以和谐、和平的方式与他人共处，与自然共存。

终身学习视域下，阅读文学经典是人类共同塑造美好未来的力量源泉。人类拥有同一个家园，人类命运休戚与共。面对人类社会如此快速的发展，人类比以往任何时候都更加需要不同文明的相互尊重、互学互鉴、与和谐共生。文学经典是人类共有的精神财富，人类唯有不间断地深入阅读和吸纳经典精华，促进不同世界观之间的对话，在相互关系中实现善行，才能增进自身的幸福，实现人类可持续发展的前景才会更加光明。

6.3 实施文学经典教育培养终身学习能力

终身学习包括正规学习、非正规学习和非正式学习的全方位学习，也包括人们在日常经历中需要的技能、知识、态度和行为。终身学习始于学校。文学经典拥有文辞优雅崇高、想象力独特的品质，包含着对于终极问题的探求，在认知与表达上都很艰深。有效的教学方法和策略会引导和帮助学生进行深度阅读，最终使他们有能力用人性去阅读，进而铸就自我。

6.3.1 教师角色转移

培养学生的终身学习能力，教师依然是促进学习的核心力量。"教师应成为向导，引导学习者通过不断扩大知识库来实现发展和进步"（联合国教科文组织，2017）。学生的学习离不开教师的引领，教师应拥有自主性，选择适当的教学内容和教学法，促进学生的学习。在"以学生为中心"的课堂上，教师角色需要从单一的知识传授者转变为学生学习的引导者和学生发展的促进者，最主要的是要向赋予学生终身自主发展能力的中介者转移。

向学习的中介者转移，教师的作用更多的是帮助学生去探索他们的世界，引导学生学会如何学习并延续终身。教师作为学习的中介，在需要的时候，应巧妙地为所有学生提供指导、支持和实时反馈。反馈的质量很重要，要善用激励，激励教学法有助于学生主动学习，积极思考。中介学习经验可以创造人类的灵活性、敏感性，了解正在发生事情的愿望，以及在孤立现象上进行概括的能力。这种学习经验会使人类的需求体系不断扩大，超越基本的、生物的需求，出现特殊的、精神的、道德的和审美的需求（Walters David，2020）。作为学习的中介者，教师应明确：（1）坚持立德树人，做合格的"引路人"。（2）每个学生都必须了解和理解自己的价值观并践行这些价值观。（3）建立平等、尊重、和谐的课堂环境，鼓励自尊和自主，促进学生个性化成长和智慧发展。（4）对所有学生都一视同仁，所有的学生都具有同样的价值。（5）我们不仅仅是教授一门学科，更是教授学生对这门学科的热爱。（6）问题就是问题本身，不是学生。学生们也许会忘记我们带给他们的想法，却永远不会忘记我们带给他们的感受，要带着同理心、带着关爱谨慎行事。（7）真正的学习和生活存在于不断发展和充满风险的世界中，存在于舒适区的边缘。（8）学习者的自主性依赖于教师的自主性，教师自己首先要做终身学习者。

总之，培育终身学习的核心要素植根于学校，需要通过培养学生、教师和学科之间的深厚联系来培养学生的终身学习能力。

6.3.2 阅读与思考结合

阅读与思考相结合才是真正的阅读。阅读即思考，只有思考才能使我们读过的东西真正成为自己的。好的教育应该来自那些让学生对所学知识进行思考而不仅仅是吸收的老师。好的教育还应唤起学生自主学习的意识，"学生的自主学习意识培养是发展自主学习能力的前提"（徐锦芬，2020）。阅读是一种智力工作，需要自动自发。让学生带着最深沉的渴望去阅读文学经典，才会使他成为更有力量的学习者。

伟大作品千差万别，但它们都是用有力的思想使我们思考的文本。相信许多人都喜欢艾米莉·勃朗特（Emily Brontë）的《呼啸山庄》。为什么时至今日依然有电影制作人、歌曲作者、演员和文学评论家都被吸引来重新诠释这个故事？是什么导致希刺克厉夫从一个孤儿变成了一个灵魂分裂、破坏一切、报复一切的复仇者？又是什么使宣称"我就是希刺克厉夫"的凯瑟琳离开希刺克厉夫转而嫁给了林惇？更有甚者，为什么她最终又"回"到他身边？《呼啸山庄》释放出了非凡的新能量，它描绘的是一对"不幸的恋人"，堪比《罗密欧与朱丽叶》。其想象力的丰富和奇特，对一段致命却又再生的爱情的激情探索，以及对时间和空间的出色操控，使其独具一格。哈罗德·布鲁姆曾说："我读长篇小说，为了它们的人物、故事，为了它们作者的声音和叙述的声音之美。""为了美学乐趣和为了精神洞见"（哈罗德·布鲁姆，2015）。丹尼尔·笛福（Daniel Defoe）的《鲁滨孙漂流记》，是一部举世闻名、令人无法抗拒的天才之作。笛福在其序言中揶揄地写道，他"相信这件事是真实的历史；也没有任何虚构的成分。"那么读者在这段"历史"中发现了什么？《鲁滨孙漂流记》有三个因素使它令人难以抗拒。第一，漂流者的叙事声音是笛福的天才之举。它既兴奋、从容不迫、且情绪高低起伏，又带有准新闻式的风格，这种和谐的语调使读者深入漂流者的内心和他的困境，他的冒险经历成了读者的冒险，使读者从内到外，发自内心地亲身体验。笛福的第二个伟大灵感便是克鲁索的日记，让读者对此尤其着迷。第三就是笛福笔下令人难忘的人物。克鲁索和他的鹦鹉、雨伞；星期五和他沙滩上的脚印……这些已经成为英国神话的一部分。

人生中最有意义的经历莫过于能用全新的视角看待一些司空见惯的事物并从中发现其意想不到的深度意义。阅读的深刻，领悟的透彻，才会变得睿智，才会对人类处境有更强的洞察力。

6.3.3　内化与外化统一

阅读和写作是一个不可分割的过程，内化于心、外化于文，才能达到对文本的真正理解。教育是一个终身的过程。一个人不通过阅读坚持不懈地学习就不能成为一个受过教育的人；同样，一个人也不能既受教育又不能用书面形式表达自己的思想，如果要学习，就必须写作，写作对学习必不可少。

写作实现了观点从内化到外化的有效转化。对经典问题的思考，便是对文本重要意义的内化，内化为自己的智慧、思想和观点。但仅仅让学生积极思考是不够的，我们还要让他们思考得更好。良好的写作能够帮助学生清楚地表达他们理解的观点以及这些观点的相互联系。写作能力是深层次学习的强有力工具，只有能够将自己的理解用文字表达出来，才算真正理解了某一理念。把内化的观点转化为书面文字是一系列分析、评估、创造的行为。写作会迫使学生思考得更多，并进一步发展他们的思维，使他们的思维更具清晰性、逻辑性和深刻性。当学生表达并证明自己的观点，同时学会共情地回应他人的观点时，他们就开始使用批判性思维所需的一些最重要的能力。当他们把对思考问题时获得的见解转化为对其他问题的理解，他们便获得了自我洞察力。写作与其他复杂的技能一样具有其基本原理，学习者必须去内化这些原理并用思维去运用这些原理。例如：

（1）有目的的写作。这种写作也称为实质性写作。这是一种有目标或目的的写作，写作的目的决定了写作方式。比如书评的撰写，好书评需要独特的角度，足够的深度。书评写作与读书报告不同，它需要书评作者对原著做进一步思考，需要书评作者表明自己的立场，分享自己的见解，倾注细致入微的观点。

（2）反思性写作。反思性写作通过反思性思维，用掌握的观点把写作的观点相互关联起来。反思性思维对新的思考方式持开放态度，它重视新观点。它也是具有批判性的，它用清晰性、准确性、精确性、相关性、深度、广度、逻辑性、重要性和公正性来评估所写内容，比如读后感的撰写。

一言以蔽之，阅读文学经典，既要重视对文本思想和意蕴的内化，也要注重个人独立观点的外化，做到内化与外化的统一，才能升华终身学习所需的思维能力。

具备了终身学习能力，人类才能更好地应对未来的挑战。本部分首先分析了通过文学经典阅读培养终身学习能力的三重价值，然后探讨了有效教学的策略和方法。文学经典阅读对于提高终身学习能力具有不可替代的价值，但随着技术革命和强大而无所不在的人工智能的快速发展还会生发出新的意义。通过阅读文学经典培养终身学习能力的教学策略也还需要进一步发展，并在目标、内容和针对不同层面阅读者的教学法方面进行创造性的丰富。

第7章 把握文学经典主题 提高文学欣赏能力

7.1 文学欣赏能力及重要性

英语文学欣赏能力是《指南》提出的外语类专业学生应具备的重要能力之一。根据《指南》，英语专业学生应"能理解英语文学作品的主要内容和主题思想；能欣赏不同体裁文学作品的特点、风格和语言艺术；能对文学作品进行评论"。

文学欣赏能力本质上是一种审美能力。"文学欣赏是重要的审美活动，文学欣赏能力属审美能力范畴"（叶继奋，2019）。文学欣赏是读者通过对作品的解读获得审美愉悦和精神满足的过程。德国美学家费肖尔（Vischer）父子认为，一切形式如果能引起美感，就必然是情感思想的表现，就必然有内容。正如康德所言"美是道德精神的象征"。

只有审美才能透入经典。"艺术虽反映现实，却不等于现实，艺术因为经过提炼，所以高于现实"（朱光潜，1982：599）。在文学欣赏的过程中，作为欣赏者的读者，自始至终都要充分发挥自己的主观能动性，对文学作品的艺术形象进行感受、体验、想象和思考，从而领会作品的思想意义，加深对文学作品的理解，由此展开对文学作品的欣赏。欣赏者的审美绝不能离开作品为其提供的客观基础，不能歪曲文学作品的基本性质、作品形象的性格特征等。文学欣赏是这种强烈的主观性与欣赏客体对主观性的制约相统一的过程。德国美学家立普斯（Theodor Lipps）认为，在审美的移情作用里，主观与客观由对立关系变成统一的关系（朱光潜，1982：609）。

文学欣赏的共鸣是审美心理上的共鸣。阅读欣赏会使读者在欣赏作品时激起强烈的情感反应和心理认同现象,这种现象也称为移情作用。根据立普斯的研究,审美的移情作用具有三个特征:第一,审美的对象不是对象的存在或实体,而是体现一种受到主体灌注生命的有力量能活动的形象,因此它不是和主体对立的对象。第二,审美的主体不是日常"实用的自我"而是"观照的自我",只在对象里生活着的自我,因此它也不是和对象对立的主体。第三,就主体与对象的关系而言,它不是一般知觉中对象在主体心中产生一个印象或观念那种对立的关系,而是主体就生活在对象里,对象就从主体受到"生命灌注"那种统一的关系。因此,对象的形式就表现了人的生命、思想和情感,一个美的事物形式就是一种精神内容的象征(朱光潜,1982:610~611)。

阅读用人类语言表达的人类情绪,就必须用人性、用全部身心来读。文学欣赏有助于深化学生对于生命意义、人的价值的洞察思考,从而使他们的精神、情感和心灵世界得到完善、发展和升华。文学欣赏能力是一种审美能力,审美理解力的培养被学术界视作审美教育中的"顽强的堡垒"。作为一种艺术认识,审美理解比之概念认识和理论认识更具丰富性和超前性,它对人的全面发展具有重要意义(叶继奋,2019)。

文学欣赏需要建立在广泛阅读基础之上,需要从古今中外文学经典作品中获取人文素养。广泛涉猎是基础,教师的引导在提高学生的欣赏能力方面也起着不可忽视的作用。文学欣赏能力需要通过对经典文学的创作手法、社会背景的了解和对主题的挖掘来进行。了解社会背景以及作者的创作手法,才能解读文学作品的艺术价值;挖掘作品的主题,才能了解作者表达的思想感情。"能理解英语文学作品的主要内容和主题思想"是学生必备的欣赏能力之一。

7.2 《指南》必读书目主题解读

"每一种文明都是美的结晶,都彰显着创造之美。"[①] 习近平指出,"交流互鉴是文明发展的本质要求。只有同其他文明交流互鉴、取长补

---

① 习近平:《习近平谈治国理政:第三卷》,外文出版社 2020 年版,第 469 页。

短，才能保持旺盛的生命活力"（习近平，2020：469）①。本部分以必读书目中的小说类为主，对作品的主要主题进行解读。时代在发展，文明在进步，文本主题的解读随着时间的推移也在不断改变。

7.2.1 《威尼斯商人》［英］威廉·莎士比亚

英国诗人、剧作家和演员威廉·莎士比亚（William Shakespeare），被称为"英国民族诗人"，并被认为是有史以来最伟大的剧作家。《威尼斯商人》（*The Merchant of Venice*）是莎士比亚最具代表性也最广为人知的经典喜剧。

《威尼斯商人》作于 1596～1597 年。当时，和欧洲其他国家一样，英格兰严格限制犹太人的权利。事实上，犹太人在 1290 年被国王爱德华一世完全驱逐出英格兰，直到 1655 年奥利弗·克伦威尔才允许犹太人返回英格兰。严格来说，这种流放在莎士比亚的时代已实施，但是学者们相信，仍然有几百名犹太人以基督徒的名义生活在伦敦附近。文艺复兴时期的基督徒不喜欢犹太人的原因之一是犹太人愿意放高利贷。反对高利贷在古典和基督教的道德思想中有着悠久的传统。与莎士比亚同时代的哲学家、政治家弗朗西斯·培根（Francis Bacon）在一篇关于高利贷的文章中指出，"金钱生钱是违背自然规律的"。

故事围绕威尼斯商人安东尼奥展开。巴萨尼奥是一名高贵但身无分文的威尼斯人，他向富有的商人朋友安东尼奥借钱，以便能够踏上向贝尔蒙特的女继承人鲍西娅求婚的旅程。安东尼奥的全部财产都在海上，为了帮助好友巴萨尼奥去向鲍西娅求婚，基督徒安东尼奥向犹太人放债人夏洛克借了这笔钱并签订契约，若不能按约还钱，就由夏洛克在安东尼奥身上的任何部分割下一磅肉作为处罚。巴萨尼奥求婚成功，但安东尼奥的船舶全部遭难，无力按约还债。夏洛克要按约实行处罚。他试图用正义对安东尼奥实施可怕的、残忍的报复：他要求得到他的一磅肉。法庭上，公爵等众人期待他能显示他仁慈的恻隐之心，但他坚持要从安东尼奥的胸部取下一磅肉。扮作律师的鲍西娅以惊人的智慧在法庭上巧妙辩护，不仅使安东尼奥免受割肉处罚，而且使夏洛克失掉了一半财

---

① 习近平：《习近平谈治国理政：第三卷》，外文出版社 2020 年版，第 469 页。

产，被迫改信基督教。故事涉及众多主题：种族、财富、友情、婚姻、正义、爱、孤立等，其中"正义"与"非正义"尤其值得深思。

1. 正义与非正义

当时威尼斯是商业城市，因而"威尼斯的经济繁荣完全依赖着各国人民的来往通商"（王利明，2018），依赖于夏洛克这样的异邦商人，因此威尼斯市有法律保护这些商人们应享的权利。当夏洛克上法庭要求得到他的"一磅肉"时，法律是站在他一边的，夏洛克要法庭实现正义。所谓实现正义，就是履行契约。但当公爵期望夏洛克能以仁慈为重，当扮作律师的鲍西娅希望他能略显慈悲，因为慈悲"不但给幸福于受施的人，也同样给幸福于施与的人"时，夏洛克依然坚持要得到他应得的那磅肉。此时此刻，夏洛克的"正义"已注定失败。夏洛克的失败主要来自以下三个方面：

（1）不仁慈。

"犹太人夏洛克缺乏仁慈"（单继刚，2014）。他是一个心如铁石、不懂得怜悯、没有慈悲心、不近人情的恶人。大家都以为到了最后关头，夏洛克会显示出他的仁慈恻隐之心，会放弃对这个不幸的商人的处罚，说不定还会受到良心的感动豁免他一部分的欠款，"因为即使铁石一样的心肠，从来不知道人类同情的野蛮人，也不能不对他的境遇发生怜悯"（莎士比亚，2016：197）。但夏洛克给予人们的是刻毒的回答，是残忍的坚持。不仅如此，夏洛克的不仁慈带有更为明显的"故意"性质，他的目的就是要进行"报复"，因为他"对安东尼奥抱着久积的仇恨和深刻的反感"。如此不仁慈之人，怎能得到仁慈的回报。正如公爵所说："你这样一点没有慈悲之心，将来怎么能够希望人家对你慈悲呢？"

（2）不人道。

夏洛克灵魂里缺乏人性。"我向他要求的这一磅肉，是我出了很大的代价买来的；它是属于我的，我一定要把它拿到手里"（莎士比亚，2016：199）。他一边使劲地磨着刀，一边急迫地想从安东尼奥身上割下那磅肉来。他像是"畜生的灵魂"转生，显示出"残暴贪婪"的性情。很显然，夏洛克灵魂里只有钱没有人性。他认为这一磅肉是他花钱买下来的，但他没有想到割掉一磅肉的约定是有损人的生命的。事实上，"夏洛克与安东尼奥所订立的契约在内容上是违反公序良俗的"（王利明，2018），是违背人格尊严的，与人道主义背道而驰。

（3）不正义。

冷血使夏洛克由正义转为不正义。人间正义必须有仁慈来"调剂"，鲍西娅这样对夏洛克赞美"仁慈"品德："仁慈不是出于勉强，它是像甘霖一样从天上降下尘世；它不但给幸福于受施的人，也同样给幸福于施与的人；它有超乎一切的无上威力，比皇冠更能显出一个帝王的高贵：御杖不过象征着俗世的威权，使人民对于君上的尊严凛然生畏；仁慈的力量却高出于权力之上，它深藏在帝王的内心，是一种属于上帝的德性，执法的人倘能把仁慈调剂着正义，人间的权力就和上帝的神力没有差别"（莎士比亚，2016：201）。"契约并不等同于法律，也不必然等同于正义"（王利明，2018）。实质性的正义还需要仁慈、宽恕这样的精神。由于夏洛克缺乏仁慈之心、宽恕之心，"正义"嬗变为"非正义"。

2. 法律、仁慈和复仇

《威尼斯商人》的中心情节——夏洛克试图向基督教徒安东尼奥复仇——以及巴萨尼奥和鲍西娅之间的浪漫次要情节，都探讨了法律、仁慈和复仇之间的关系。

与莎士比亚同时代的培根将复仇定义为"一种狂野的正义"。"所谓狂野，就是不受任何法律、理性、道德的约束。可以想象一下这样的一种正义是何等的'正义'。复仇悲剧这一重要的体裁反映了人类生存的一种特殊状态：在缺乏正义的情况下，追求正义的行为就只剩下了狂野的行为，最终不仅无法追求到正义，还只能造成更多的邪恶"（程朝翔，2018）。当一个人决定报复另一个人时，他便脱离了官方司法体制。然而，正如"狂野的正义"一词所暗示的，复仇者是在回应他所认为的"更高一级的法律"。当复仇者感到国家没有能力或拒绝执行正义时，他就会将法律掌握在自己手中。夏洛克追着要安东尼奥的"一磅肉"，暴露了法律和复仇之间的密切联系，他通过严格遵守威尼斯司法体系中的法律条文来报复安东尼奥。夏洛克反抗基督教社会对犹太人的迫害，但是他走向了极端。

在第4幕第1场的法庭现场，公爵和鲍西娅都认为仁慈是法律和复仇之外更好的选择。夏洛克明确地拒绝怜悯，而基督徒们最终饶了夏洛克的命，声称他们有怜悯之心。然而，当他们这样做的时候，夏洛克自己要求被杀死。他说，他所有的财产都被没收了，他的宗教身份也被剥夺了，他已经没有什么活下去的意义了。因此，谁是仁慈的，谁不是仁慈的问题仍然悬而未决。

3. 种族歧视批判

"对种族歧视的深度批判是《威尼斯商人》的重要主题"（曾艳，2012）。在《威尼斯商人》中，威尼斯人几乎一致地表达了对夏洛克和威尼斯其他犹太人的极端不宽容。排斥这些"他人"似乎是将威尼斯基督徒团结在一起的社会纽带的一个基本部分。可以说，莎士比亚和他笔下的人物一样，都坚信犹太人天生就恶毒，不如基督徒，因为夏洛克最终根本不愿表现出任何怜悯之心，结果导致了他可怜的结局。

然而，我们也有理由认为，莎士比亚可能是在巧妙地批评他笔下人物的偏见。夏洛克的愤怒不是出于恶意的"犹太人行为"，而是由于多年的受虐待。例如，尽管安东尼奥批评他放高利贷（对借款收取利息），但犹太人实际上被禁止从事其他职业。他们被禁止拥有土地，无法从事农业生产，从事小作坊手工业又不断受到欧洲本地人的排挤，不堪重压的犹太人"只得转向被基督教徒所鄙视的高利贷行业"（杨靖，2018）。换句话说，基督教徒基本上是强迫夏洛克从事一个被基督教徒谴责为不道德的职业。

莎士比亚在写《威尼斯商人》的时候，"文艺复兴人文主义"的哲学运动日益突出。这种哲学强调了人在宇宙中的中心地位及其至高无上的价值和重要性，将人类定义为特殊的生物，存在于上帝其他造物的生命链条之外。然而，《威尼斯商人》展示了这种人文主义是如何被用来虐待"外来人"的。剧中的基督教徒显然相信成为基督教徒是成为人类的首要条件，在侮辱和虐待夏洛克时，威尼斯人经常诋毁他是动物或魔鬼。在为自己的复仇欲望辩护的著名演讲中，夏洛克坚称他的仇恨是从基督教徒那里"学来的"，而且夏洛克认为所有的人，无论是在生物学上还是在法律上，都是一样的。他描述了自己在所有人类共有的生物功能方面与威尼斯人的相似性：搔痒、吃东西、流血、死亡。剧中不断提及"血肉"，也进一步突出了人类的生物起源。毕竟，如果"人类"不再以生物学为基础，那么究竟谁是人类，谁不是，就变成了一个解释的问题。从这个角度来看,《威尼斯商人》是否是对它似乎赞同的那些偏见提出了批判?

4. 友谊与爱情

友谊与爱情也是《威尼斯商人》探讨的主题。尤其是安东尼奥与巴萨尼奥的友情,许多评论家认为剧中安东尼奥和巴萨尼奥之间最深厚的友谊也接近于浪漫的爱情。安东尼奥愿意把他的所有都交给巴萨尼奥支配,"只要您的计划跟您向来的立身行事一样光明正大,那么我的钱囊可以让您任意取用,我自己也可以供您驱使;我愿意用我所有的力量,帮您达到目的"(莎士比亚,2016:152)。这真正体现了"生命诚可贵,友情价更高"的境界。不仅如此,安东尼奥还定期为其他基督徒偿还债务,使他们不必向夏洛克支付利息。《威尼斯商人》展示了把各种威尼斯人联系在一起的友好关系是多么紧密。

剧中主要的浪漫关系是巴萨尼奥和鲍西娅之间的关系,与他们婚姻平行的还有其他几对人:夏洛克的女儿杰西卡与基督徒罗兰佐私奔,以及鲍西娅的仆人尼莉莎和巴萨尼奥的同伴葛莱西安诺的婚事。巴萨尼奥与鲍西娅美满幸福的爱情结局,既是莎士比亚对爱情的歌颂,也是对人文主义的宣扬。

鉴于友谊和爱情激发了人物之间的慷慨,爱情和友谊似乎也为《威尼斯商人》中的偏见、贪婪和复仇等丑陋情感提供了可能。从巴萨尼奥向他的朋友安东尼奥借钱以追求鲍西娅开始,该剧也证明了表面上纯洁的爱情和友谊也可能会被自私的经济问题所玷污。巴萨尼奥把自己的家产挥霍一光,致使家道中落,生活紧缩,背了一身的债务,境地如此不堪的巴萨尼奥为什么要向富有貌美的鲍西娅求婚?此外,爱情和友谊也受法律的支配,就像鲍西娅受制于她父亲三个匣子的遗嘱一样。

7.2.2 《双城记》[英] 查尔斯·狄更斯

英国小说家查尔斯·狄更斯(Charles Dickens)被公认为是维多利亚时代最伟大的作家,在他的一生中享有比以往任何作家更广泛的知名度。作为一名小说家,狄更斯从一开始就很成功,凭借令人难忘的人物形象、诙谐幽默的机智和尖锐的社会批判,他很快成为维多利亚时代英国最著名的作家。

《双城记》（*A Tale of Two Cities*）是狄更斯最重要的代表作之一，在某种意义上说，这部作品最富有狄更斯特色。这个故事以 18 世纪末的法国大革命为背景。虽然狄更斯在讲述伦敦和革命巴黎的故事时借鉴了托马斯·卡莱尔（Thomas Carlyle）的《法国革命》（*The French Revolution*），但这部小说的戏剧性多于准确性。假如从历史的角度来看它是肤浅的，那么小说中对大规模的群众暴力场面描写尤显生动。

和美国革命一样，法国革命也是在理性思想和政治自由的精神下发起的，但这些 18 世纪启蒙运动时期的理想很快就妥协了，因为法国大革命发展成了"暴力"革命，是一段由推翻法国君主专制的公民们进行斩首的暴力时期。法国大革命给 19 世纪的英国留下了深远的影响。当时的英国，工业化似乎将英国人口分成了富人和穷人，一方面政治腐败、经济萧条、贫富悬殊；另一方面，宪章运动三起三落，革命运动在欧洲大陆各国风起云涌，英国社会矛盾日益尖锐。狄更斯认为英国的情况与法国大革命前夕的情形颇为相似，担心英国会像法国那样发生革命暴动，于是决定在自己的作品中警告当权者和公众：暴政会滋生暴力，危机近在旦夕，仇仇相报无有时，要阻止浩劫，唯有以慈悲为怀，以仁爱为怀。《双城记》自问世以来，深受全世界广大读者的欢迎。小说结构严密完整，情节曲折离奇，富有戏剧性。最为重要的是狄更斯通过小说所宣扬的人道主义理想，使作品一百年来在世界各地长盛不衰。

故事围绕马奈特医生一家和以德发日夫妇为首的圣安东尼区展开。寓居巴黎的年轻医生马奈特目睹埃弗瑞蒙德侯爵兄弟杀人暴行，遂写信向朝廷告发，却被关进巴士底狱。妻子心碎而死，幼小孤女露西被好友洛瑞接到伦敦，由善良女仆普罗斯抚养。18 年后，精神失常的马奈特获释，被旧日仆人德发日收留。露西专程接他去英国居住，邂逅法国青年达内，达内就是埃弗瑞蒙德侯爵的儿子，他对露西产生了真挚的爱情。马奈特决定埋葬过去，同意他们的婚事。在法国，一场革命的风暴正在酝酿之中，德发日的酒店就是革命活动的联络点，德发日太太把贵族的暴行编织在围巾上，渴望复仇。1789 年大革命风暴终于袭来，人民攻占了巴士底狱，把贵族送上断头台。为营救管家，达内冒险回国，却被捕入狱，被判处死刑。一直爱慕露西的卡顿来到巴黎，顶替了达内，使马奈特一行人顺利离开法国。德发日太太到马奈特住所搜捕露西，与普罗斯争斗中毙命。走上断头台的卡顿为爱从容献身。

小说中，马奈特一家代表的是"爱与行善"，德发日夫妇代表的是"恨与复仇"，埃弗瑞蒙德侯爵兄弟则是"恶"的代表。在爱与恨的冲突中，善与恶的斗争中，埃弗瑞蒙德兄弟灭亡，德发日太太被击败，马奈特一家顺利出走。"爱"最终战胜了"恨"，卡顿虽然走上了断头台，却是虽死犹生，"善"永世长存！

1. 对暴力的批判

在《双城记》中，狄更斯对暴力复仇行为进行了批判。《双城记》的故事大部分发生在 1789 年法国大革命期间的巴黎。在小说中，狄更斯展示了法国贵族的暴政——高税收、不公正的法律，以及对穷人福祉的完全漠视——如何激起了平民的愤怒，最终爆发了革命。狄更斯通过对颓废的埃弗瑞蒙德侯爵和侯爵对居住在他控制地区的平民的残酷对待，最清楚地描述了这一过程。

然而，尽管法国平民起义的原因完全可以理解，法国大革命也因其宣称的"自由、平等、博爱"的理想而广受赞誉，但狄更斯的观点却更为悲观。在小说中，巴士底狱象征着贵族滥用权力，例如埃弗瑞蒙德侯爵对马奈特医生的不公正监禁。然而，巴士底狱并不是《双城记》中唯一的监狱。革命者也不公正地将查尔斯关押在拉福斯监狱。通过这种对比，狄更斯认为法国革命者和贵族一样滥用权力。

狄更斯笔下的德发日太太是一个充满矛盾色彩的人物。首先她是值得同情的。由于埃弗瑞蒙德侯爵兄弟的恶劣行径，致使她的家庭惨遭不幸。她是受害者，她要复仇无可厚非。但当德发日太太的复仇延续到他们无辜的下一代时，狄更斯对德发日太太的复仇表示了极度的愤慨和谴责："一个无辜的人得为他先辈的罪孽去死，在她看来这算不了什么。""德发日太太粗劣的长袍中裹着的，就是这么一副铁石心肠。"德发日太太变得毫无恻隐之心，且十分残忍暴力，成为一个丧失理智的复仇者。她不仅要复仇，而且要对马奈特医生和他的女儿露西下毒手。最终，德发日太太死在了自己的枪下，这是狄更斯对暴力革命的毫无底线做出的有力批判。

通过展示革命者如何利用压迫和暴力来达到他们自私和嗜血的目的，狄更斯指出，无论谁掌权，无论是贵族还是平民，都将受到诱惑，去充分行使自己的权力。换句话说，狄更斯指出，暴政必然导致革命，而革命也同样不可避免地导致暴政。打破这种循环的唯一方法就是运用正义和仁慈。

2. 对人类命运的关注

《双城记》深切地关注着人类的命运。织围巾的德发日太太和编织"金线"的露西·马奈特都类似命运女神，希腊神话中掌控人的生命之"线"的女神。在法国贵族和革命者之间的冲突中，双方都雇佣间谍来查明敌人的秘密，并对任何怀疑为敌人的人进行严厉的惩罚。在这样的氛围中，每个人都怀疑别人，每个人都觉得为了生存必须保守秘密。《双城记》探讨了一个关于人类生存状况的更普遍的问题：我们究竟能了解别人什么，包括那些我们最亲近的人？即使是露西也无法了解马奈特医生痛苦的内心深处，而西德尼·卡顿对每个人来说都是个谜。通过露西的例子，小说表明，你不可能了解别人的一切，只有爱和信仰才可以弥合人与人之间的鸿沟。

这部小说尤其探讨了个人命运是如何被他们的个人历史和更广泛的政治历史力量所塑造的。例如，查尔斯和马奈特医生都试图塑造和改变历史。查尔斯试图逃离他家族残酷的贵族历史，在伦敦闯出自己的路，但他不可避免地"像磁铁一样"被吸引回法国，在那里他必须面对他家族的过去。后来，马奈特医生试图利用他在革命中的影响力从革命者手中拯救查尔斯的生命，但是马奈特医生自己被遗忘的往事又以一封毁了查尔斯的旧信的形式浮现出来。通过这些人物想改变历史流向或者逃离自己过去的失败，《双城记》说明，历史的力量不可能被世俗的正义诉求或政治影响打破，而只能通过仁爱及人道去化解，比如小说结尾处卡顿拯救查尔斯的自我牺牲。

3. 对人道主义的颂扬

《双城记》突出地表现了狄更斯的人道主义思想。马奈特医生、露西、查尔斯，还有卡顿，都是人道主义的理想人物，他们为了他人都甘愿做出牺牲。《双城记》有许多牺牲的例子，无论是个人层面还是国家层面。马奈特医生为了维护自己的正直而牺牲了自由。查尔斯牺牲了他的家庭财富和遗产，为了过一种没有负罪感的生活。法国人民愿意牺牲自己的生命来摆脱暴政。在不同情况下，狄更斯都指出，虽然牺牲会在短期内带来痛苦，但它会带来未来的力量和幸福。马奈特医生和他的女儿团聚，并因为他早期被监禁在巴士底狱而在法国大革命中获得了权力地位。查尔斯赢得了露西的爱。而法国，狄更斯在小说的结尾写道，将从可怕的血腥革命中走向和平繁荣的未来。

然而，这些牺牲中没有一项比得上西德尼·卡顿为了拯救露西、查尔斯和他们的家人而牺牲自己生命的决定。卡顿的牺牲打破了命运和历史对查尔斯、露西、马奈特医生，甚至如小说所暗示的，那些革命者的控制。在基督教文化中，基督为人类作了最后的牺牲而复活进入永生。在《双城记》接近结尾时，卡顿记得一个基督徒的祷告："复活在我，生命也在我。"当他走向断头台时，他似乎看到了自己的"复活"：他为之献身的人们"过着宁静有益、富裕幸福的生活"，他在他们心中，他们世世代代的子孙心中，都"始终占有神圣的一席之地"，那个以他的名字命名的孩子也长大成人，沿着他曾经走过的生活道路不断奋力攀登，其取得的辉煌成就使他的名字"大增光彩"。

卡顿这个人物身上充分闪耀着人道主义的光芒，他明知自己对露西的爱没有结果，却仍然义无反顾地选择用生命为所爱的人换来幸福，用自己的鲜血和生命去化解残忍的暴力。舍己为人，品德高尚，这完全符合狄更斯对一个有道义的人的定义。这也充分反映了狄更斯的人道主义思想：革命暴力不能解决根本问题，建立一个和平与和谐的社会需要理性与宽容、善良与仁爱。

7.2.3 《简·爱》［英］夏洛蒂·勃朗特

夏洛蒂·勃朗特（Charlotte Brontë）是英国著名的小说家和诗人，她留下了丰富的文学遗产，包括经典小说《简·爱》（*Jane Eyre*，1847）、《雪莉》（*Shirley*，1849）和《维莱特》（*Villette*，1853）。最著名的还是《简·爱》，这是一部在维多利亚时代的英国引起轰动的杰作。它强烈地叙述了一个女人与她的自然欲望和社会条件的冲突。从它那令人难忘的第一句"那天是没法出去散步了"开始，到著名的结局"读者，我和他结了婚"，夏洛蒂·勃朗特用非常直接的激烈叙事扼住了读者的喉咙。书页上简·爱的声音几乎催人泪下，读者几乎忍不住翻下一页，又翻下一页……通过与她的读者进行的亲密交流，我们、作者和简·爱合而为一。

小说的叙述者和主人公简·爱是一个孤儿，她是罗切斯特先生的女家庭教师。罗切斯特先生是一个拜伦式的、神秘莫测的雇主，简·爱爱上了他。她的爱得到了回报，但在婚礼的早晨，她得知罗切斯特已经结了婚，他把他那疯了的妻子关在他豪宅的阁楼里。简·爱离开了他，忍受着苦难，找到了一份乡村女教师的工作。然而，当简·爱得知罗切斯特因为试图把他的妻子从她自己点燃的房子里救出来而导致身残眼盲时，简·爱回去找到了他并和他结了婚。

小说的成功在于它展现了一个有思想有感情的女人的强烈信念，她渴望爱情，但又能在强烈的自尊和道德信念的召唤下放弃爱情，最终得到了渴望已久的幸福结局。

1. 爱情、家庭与独立

在《简·爱》中，夏洛蒂·勃朗特以简·爱为第一人称叙事的方式展开，以震撼心灵的爱情为中心，描绘了一个敢爱敢恨、坚强独立又貌不惊人的女家庭教师的心路历程。从某种意义上说，《简·爱》讲述的是一个孤儿对一个家的追求，对身份的迫切追求。简·爱不记得她的父母，作为一个孤儿，在世界上没有安全的地方，作为一个年轻的、受压迫的女人，她在寻找着她的"自我"。

简·爱需要独立，需要有思考和感受的自由，她要寻找其他有独立思想的人作为她渴望的有爱的家庭，在她内心深处，最终的幸福和归宿是家庭。简·爱矮小、贫穷、不美，但同时又坚强、聪慧、敢爱敢恨、充满着叛逆和反抗激情。她是一个非传统的女性，一个独立和自立的女人，她克服了逆境和社会规范，认为爱情应该建立在精神平等的基础上，在爱情中只有双方彼此真正相爱，才能得到真正的幸福。为了能够独立和被认可，她做了一场艰苦的斗争，付出了艰辛的努力。简·爱纯朴、善良和独立的个性重新唤起罗切斯特对生活的追求和向往。罗切斯特把她视作朋友，与她坦诚相见。最后，简·爱与罗切斯特结合在一起，她创建了自己的家庭，凭借自己的才智、美德和勇气，她攀上了幸福的高峰。简·爱与罗切斯特的爱来自对自由思想的相互尊重，简·爱将她的自由与她对爱情、美德和自尊的承诺融为了一体。这部小说说明了人间最美好的生活是有尊严有爱的生活。

《简·爱》也告诉我们，婚姻是三件事的结合：相容、激情和伦理的动态三重奏。婚姻只有在有着相似生活态度和人生观的人之间才能成功。阶级背景和经济状况的不平等并非是不可逾越的障碍，但是仅仅为了财富和地位而结婚的人是注定要失败的。婚姻必须有更多共同点，它必须有激情，那些试图根据理性标准来匹配自己的人是违背自己本性的。

2. 社会阶层与社会规则

19世纪英国的生活是由社会阶级统治的，人们通常都待在自己出生的那个阶层。作为盖兹黑德的孤儿和桑菲尔德的家庭教师，简·爱处于一个介乎不同阶层之间的位置，与从工人阶级仆人到贵族等各个阶层的人打交道。简·爱的社会流动性让夏洛蒂在她的小说中创造了一个广阔的社会图景，她在小说中审视了阶级界限的来源和后果。例如，阶级差异导致了简·爱与罗切斯特之间的爱情问题。简·爱必须打破关于她身份的阶级偏见，使人们认识和尊重她的个人品质。在小说中，夏洛蒂试图说明个人美德是如何比阶级更能反映性格的。

在当时的英国社会，家庭女教师地位卑微，待遇菲薄，是与仆人相差无几的职务。而罗切斯特是桑菲尔德庄园的主人，属于富裕的上层阶级，庄园附近的土地，差不多都属于罗切斯特家。在当时的英国，社会地位、财富和性别是每个人在社会中的位置的决定因素，婚姻是不可能跨越界限的。像简·爱和罗切斯特在身份和地位上如此悬殊的两个人，结合在一起的可能性几乎微乎其微。"所以简·爱在面对罗切斯特的时候，有时候她觉得他们之间是平等的，但有时她又觉得他们之间存在着很大的距离。他们的平等只是在精神上，因为在现实生活中，他们之间的不平等是无法改变的，在社会地位上，他们永远也达不到平等的境界"（刘沙沙，2016）。

于是夏洛蒂将希望转移到了爱情——这个永恒的主题上。简·爱与罗切斯特的爱情经历了从相识到相知，这一过程出现了许多新的元素。"其中最引人注意的，是明确提出了反对将财产和地位作为缔结姻缘的基础，宣扬爱情的基石应当建立在'共同的志趣和平等的精神'上"（周颖，2012）。简·爱相信，罗切斯特跟她是同一类的人，她觉得自己跟他相似，她理解他面容和举止中的含义。她认为尽管他们财富地位相隔天壤，可她的头脑和心灵、血液和神经中有一种东西使她和他精神上彼此相通。正是由于坚信自己与罗切斯特在精神上相互契合，属于同类，简·爱才有力量宣告他们灵魂的平等："我现在不是凭习俗、常规，甚至也不是凭着血肉之躯跟你讲话，——这是我的心灵在跟你的心灵说话，就仿佛我们都已经离开了人世，两人一同站在上帝的跟前，彼此平等，——就像我们本来就是的那样！"（夏洛蒂·勃朗特，1990：273~274）"这一个宣告，对于性别等级依然森严的英国社会，无异于一声域外惊雷"（周颖，2012）。一个家庭女教师竟敢宣称她和她的男主人在上帝面前平等，而且竟然在自己所心仪的男子面前主动袒露心声，这"不仅在道德上不合时宜，在政治上也是一场反叛。"她想要什么？她想要被爱，被尊重，被平等对待，然而，对于当时从事家庭教师职业的女子而言，这属于白日梦式的奢想。"倘若借此推断简·爱具有真正现代意义上的男女平等意识，或者她与罗切斯特处于真正平等的关系，则恐怕是言过其实的臆测了"（周颖，2012）。简·爱最可贵的品质是她的自尊、自主、自爱、自立和自强。

3. 道德与伦理

严格地说，《简·爱》讲的都是道德，事实上，它几乎是说教式的。人物似乎有一种天生的对错意识，在道德危机中做出什么样的决定并不难，然而，在一个道德和激情似乎相互排斥的世界里，这些人物要做出道德选择是非常困难的。

当简·爱和罗切斯特冲破阶级界限准备走进婚姻殿堂的时候，他们却遇到了伦理困境——"重婚"。在她与罗切斯特的婚礼上，勃里格斯和梅森当场指出罗切斯特结过婚并且他的妻子——伯莎·梅森现在仍活着，她已经疯了，由于她的暴力行为而被锁在阁楼上。罗切斯特认为他是被骗结婚的，他相信他和简·爱的关系是合理的。罗切斯特不承认自己和伯莎·梅森的婚姻，但法律承认，而且当时英国基督教会的法律是禁止离婚的。"基督教认为结婚是上帝的旨意和安排，婚姻一旦缔结就具有不可解除性，离婚被认为是对上帝的背叛"（李桂梅，2009）。因此在当时的英国，"人们已经把重婚看成是伦理道德败坏的表现，是社会伦理所不容许的"（刘沙沙，2016）。

简·爱必须在正确和幸福之间做出选择。当她得知罗切斯特已结婚，而罗切斯特又执意挽留她时，简·爱面临着两种抉择：一方面，她深爱着罗切斯特，她难以将自己内心对他的爱完全抹掉；另一方面，如果她留下来和罗切斯特结婚，法律不会承认她们的婚姻，她只能以第三者或情人的身份存在，这是简·爱所不能容忍的。罗切斯特恳求她："把一个同类逼到绝境，难道会比违犯仅仅是人为的法律还好一些吗？这种违犯并不会损害到任何人"（夏洛蒂·勃朗特，1990：347），简·爱给予的是不屈服的回答："我自己在乎我自己。越孤单，越亲无友，越无人依靠，我越是要尊重自己。我要遵从上帝颁发、世人认可的法律。我要坚守我在清醒时，而不是像现在这样疯狂时所接受的原则"（夏洛蒂·勃朗特，1990：347）。简·爱严格遵守社会伦理道德，不容许自己做出违背道德的事情。

简·爱决定离开罗切斯特，这使她和读者之间产生了隔阂；当简·爱选择道德而不是激情时，被浪漫情节所吸引的读者是支持爱情的，读者支持爱情胜过一切，甚至胜过道德。幸运的是，最终环境合力消除了所有道德障碍，这样读者就得到了渴望已久的幸福结局。

7.2.4 《哈克贝利·费恩历险记》［美］马克·吐温

《哈克贝利·费恩历险记》（*Adventures of Huckleberry Finn*，also called *The Adventures of Huckleberry Finn*）是美国伟大的文学家、"美国现代小说之父"马克·吐温（Mark Twain）的传世佳作，是世界文学中的经典名著，于1884年在英国出版，1885年在美国出版。小说讲述了一个反抗的白人男孩和一个逃亡的黑人奴隶在密西西比河上寻求自由的故事。男孩哈克贝利为了摆脱文明的教化和酒鬼父亲的纠缠弃家出走，遇上了出逃在外的善良黑奴吉姆，然后两人乘坐木排沿着流经美国心脏的大河一路向南漂流。这是第一部用真正的美国声音讲述的伟大小说，是美国现实主义的经典之作，是19世纪中期美国社会生活的真实写照。

1. 自由

自由是一个永恒的主题，可以说，《哈克贝利·费恩历险记》的重要主题是文明与自由之间的冲突。哈克贝利是本书的叙述者，一个有故事的男孩，他那朴实无华的方言与小说对场景详细而富有诗意的描述，以及对人物生动的描述，和既带有喜剧色彩又带有微妙讽刺意味的叙事演绎相辅相成，相映成趣。

哈克贝利和吉姆都渴望自由。哈克贝利生活在一个以规则和传统为基础的社会中，其中许多规则和传统既荒谬又不人道。哈克贝利的监护人道格拉斯寡妇以及她姐姐华森小姐通过教给他各种礼仪和基督教价值观来教化他，但哈克贝利鄙视她们的虔诚教诲和文明教化。他希望摆脱世俗礼仪和社会价值观，他也希望摆脱虐待他的父亲。他向往自由，他想要自由，只有逃到河上，特别是逃到木排上时，他才能真正感到自由。同样，吉姆也对自己的未来怀着美好的憧憬，他想摆脱束缚，努力争取自由，回到他的妻子和孩子身边，他知道这是他的自然权利。

然而，当哈克贝利逃离了道格拉斯和他的父亲，他也接触到了社会更黑暗的部分，人们做的事更加荒谬，更加不合逻辑，更加暴力。而且，每当哈克贝利和吉姆走向文明，就会发生一些可怕的事情。不管他们是被卷入家族世仇，还是遇到自称"公爵""国王"的骗子，或者是差点被逮住，文明从来没有给哈克贝利或吉姆带来多少幸福或自由。所谓更文明的社会，却迫使哈克贝利更加拒绝它。虽然马克·吐温的《哈克贝利·费恩历险记》是在美国废除奴隶制之后写的，但小说本身的背景设定在南北战争之前，当时奴隶制仍然是合法的，是美国南方的经济基础。漂流过程中，哈克贝利逐渐认识到奴隶制是一种压迫人性的制度，是不可能建立在真正"文明"社会基础上的。

2. 社会批判

小说对社会不人道的批判主题也很明晰。哈克贝利逃离了虐待他的酒鬼父亲，和他的同伴——逃跑的奴隶吉姆乘木筏沿密西西比河向南航行。在旅途中，哈克贝利遇到了各种各样的人物，各种类型的住在这条河上或这条河沿岸的阶层。这些经历使哈克贝利克服了传统的种族偏见，学会了尊重和爱吉姆。这本书的书页上点缀着对大河和周围森林田园诗般的描写，哈克贝利善良的天性和无意识的幽默贯穿全书。但是贯穿一场又一场冒险的主线是人类的残忍，这既表现在个人的行为中，也表现在他们对奴隶制这种制度的不加思考的接受中。哈克贝利的本性善良总是与腐败社会的影响形成对比。

这本书最引人注目的部分就是它对那个时代的种族主义、宗教以及奴隶制的讽刺和批判。黑人吉姆被塑造成纯洁善良、坚强勇敢、慷慨睿智的形象，而许多白人角色被刻画成暴力、愚蠢或纯粹自私的形象。哈克贝利父亲对哈克贝利的残暴，"公爵"和"国王"对无辜的威尔克斯家的姑娘的欺骗等，使哈克贝利明白了人是不可信任的。在小说中，马克·吐温对整个社会的虚伪和不公正以及人类对自己的同胞的不人道进行了犀利的讽刺。如果说《哈克贝利·费恩历险记》是美国文学史上的一部伟大作品，那么它的伟大之处就在于它始终能够触动美国民族意识中那根尚未愈合、令人不安的神经。

3. 成长

《哈克贝利·费恩历险记》是一本引人入胜的少年历险记，也是哈克贝利成长的心灵历程。成长是《哈克贝利·费恩历险记》的重要主题。

小说自始至终是哈克贝利内心的声音。哈克贝利的内心深处与人们公认的社会准则和道德观念进行着开始困惑继而自觉的抗争。小说一开始，哈克贝利是个不成熟的孩子。哈克贝利从小没有母亲，父亲又是个酒鬼。道格拉斯寡妇拿他当她的儿子，想让他受点教化，可他觉得"在她家里过日子可真是一天到晚活受罪"（马克·吐温，2016：3）。他厌恶"文明"和"礼法"，喜欢和他的朋友汤姆·索亚混在一起，捉弄别人，但他天真无邪、正直善良。为了摆脱父亲和道格拉斯寡妇的束缚，哈克贝利只身一人逃向大河，并结识了纯朴忠诚的黑人奴隶逃犯吉姆。于是，两人相约驾着木筏顺流而下，去寻找一个没有贩卖奴隶、没有对儿童进行精神束缚的自由自在的新天地。

《哈克贝利·费恩历险记》与其他小说的不同之处在于，哈克贝利在帮助逃跑的奴隶吉姆的同时，又要摆脱所谓文明的不良影响，这是他所面临的道德困境。哈克贝利有一颗善良的心，但他的良心被他成长的社会所扭曲，他深受种族歧视传统思想的毒害，以至于他一次又一次地责备自己没有揭发吉姆逃跑的事，好像揭发吉姆并延长他与家人的分离是正确的做法。然而，随着小说的发展，哈克贝利的是非观念也不断发展。他认识到，严格的行为准则，并不一定会带来好的结果。他也认识到，绝对的自私，就像公爵和国王所表现出的那种，是可耻的。随着对现实生活的接触，哈克贝利应付事变与判断是非的能力不断提高。哈克贝利明白他必须遵循自己内心的道德直觉，这就要求他灵活地应对道德困境。正是因为哈克贝利听从自己的内心，做出了正确的决定，吉姆才争取到了自由。

在虚伪的社会道德与善良的本性的冲突中，哈克贝利长大了，能够按照自己的判断行事，使他获得了真正的精神自由。在小说的结尾，哈克贝利在道德上成熟且现实。

7.2.5　《傲慢与偏见》［英］简·奥斯汀

英国著名女作家简·奥斯汀（Jane Austen）是第一个现实地描绘日常琐事中平凡人物的小说家。她终生未嫁，在与家人和睦相处中度过一生。她共发表了六部小说：《理智与情感》（*Sense and Sensibility*，1811）、《傲慢与偏见》（*Pride and Prejudice*，1813）、《曼斯菲尔德庄园》（*Mansfield Park*，1814）、《爱玛》（*Emma*，1815）、《劝导》（*Persuasion*，1818）和《诺桑觉寺》（*Northanger Abbey*，1818）。奥斯汀在小说中生动描绘了19世纪早期英国中产阶级的生活，展示了那个时代英国乡绅阶层的生活景观，不乏对人性的透视和哲理。她的小说定义了那个时代的世态小说（风俗小说），也成为永恒的经典，在她去世两个世纪后仍然成功地获得了评论界和大众的好评，使她成为19世纪与沃尔特·司各特（Walter Scott）齐名的又一座英国小说的丰碑。

《傲慢与偏见》是英国文学的经典之作，主要描写了一位乡绅的女儿伊丽莎白·本内特和一位富有的贵族地主菲茨威廉·达西之间的冲突。小说背景设定在19世纪早期的英国农村，讲述了本内特一家的故事。本内特夫妇有五个待嫁的女儿，母亲希望她们都能找到如意郎君。在一次舞会上，富有的单身汉宾利与本内特家的大女儿——美丽而害羞的简彼此一见钟情。他的朋友达西和本内特家的二女儿伊丽莎白之间的相遇却没有那么亲切。尽管奥斯汀表示他们对对方很感兴趣，但她颠覆了"第一印象"的传统：对地位和财富的"骄傲"和对本内特家低人一等的"偏见"使达西孤傲，而对自尊的"骄傲"和对达西势利的"偏见"同样使伊丽莎白怒不可遏，两人之间的"傲慢与偏见"就此产生。后来，他们冰释前嫌，伊丽莎白告诉达西她对他的偏见使她盲目，达西承认他的傲慢使他行为粗鲁。最终，他们在对彼此的爱和自我理解中走到了一起。聪明活泼的伊丽莎白是简·奥斯汀自己最喜欢的女主人公，也是英国文学中最引人入胜的人物之一。

这部被称为世态小说（风俗小说）的著作，通过谈婚论嫁的故事，反映了 18 世纪末到 19 世纪初英国社会的世态风习。奥斯汀曾说，"有些作品，其中展示了才智最强大的力量；其中作者以最精心选择的语言向世人传达了对人性最透彻的了解、对这种丰富多彩的人性恰到好处的描绘，以及对机智幽默最生动活泼的抒发。""对人性最透彻的了解"，是《傲慢与偏见》所表达的思想内容方面的本质。

1. 傲慢

在《傲慢与偏见》中，"作者似乎在提示：倾听刺耳之言并经历痛楚的自我否定，是通向幸福的必经之路"（黄梅，2014）。"傲慢阻碍了人们看清事情的真相，阻碍了人们获得幸福的生活"（祝钰，2007）。傲慢一直存在于人物的态度和对待彼此的方式中，影响了他们的判断，导致他们轻率地犯错误。傲慢蒙蔽了伊丽莎白和达西对彼此的真实感情。富有而英俊的达西，出身贵族且拥有良好的德行，这使他对自己的社会地位感到骄傲，他"看不起世界上所有其他的人"，如他自己所言，"至少是想要把他们的见识和价值看得低我一等"（简·奥斯汀，1993：293）。另一方面，聪慧而活泼的伊丽莎白和他父亲一样厌恶关于财富和地位很重要的传统社会观念，拥有自由思想的伊丽莎白对自己判断他人的能力非常自信，她的自信让她骄傲于自己的判断能力，即使面对明显矛盾的证据，她也拒绝改变自己的观点。这就是为什么她长期轻视善良的达西，但一开始却钦佩撒谎的魏肯的原因。然而，尽管《傲慢与偏见》暗示了没有人可以完全摆脱傲慢，但它清楚地表明，有适当的道德教养，一个人可以克服傲慢，过体面和善良的生活。最后，这对恋人通过帮助对方看清自己的盲点，克服了各自的傲慢：达西褪去了他的势利，而伊丽莎白也学会了不过于看重自己的判断。最终，伊丽莎白接受了达西的求婚，有情人终成眷属。

2. 偏见

偏见在《傲慢与偏见》人物性格上的显现极为明显。小说中的"偏见"指的是人物倾向于基于先入之见来判断对方，而不是根据他们的真实身份和实际行为来判断。正如书名所暗示的那样，偏见与傲慢相伴而生，我们不能单纯地把达西等同于傲慢或把伊丽莎白等同于偏见。偏见与傲慢紧密相连，达西的傲慢来源于他的社会偏见，伊丽莎白对达西的偏见也是源于她的骄傲。偏见常常导致男女主人公对动机和行为做出错误的假设。伊丽莎白骄傲于自己分析他人的能力，但她对他人动机的结论往往是错误的。尽管她被达西所吸引，但因为自己对他的错误偏见而拒绝了他。不过，值得赞扬的是，她最终还是克服了自己的偏见。达西觉得伊丽莎白很有魅力，但他拙于表达自己的感情，有时还瞧不起她那粗鲁的家人。好在伊丽莎白对他的严厉评价迫使他重新评估自己的行为和态度，伊丽莎白的智慧和对纯粹社会地位的漠视教会了他更多地看人的本质，而不是他们出生的地位。

小说中的偏见是一个人道德发展的一个阶段，是可以通过理性和同理心来克服的。达西抛弃傲慢，由高不可攀、妄自尊大变得宽宏大量、谦逊和蔼，收获了伊丽莎白的芳心；而伊丽莎白更是打破社会偏见，嫁给了自己真正敬重和爱慕的达西，"成了世上最幸福的人"。在小说中，奥斯汀只是谴责那些拒绝抛开偏见的人，比如阶级至上的凯瑟琳夫人和诡计多端攀龙附凤的卡罗琳。虽然《傲慢与偏见》是一部社会喜剧，但它有力地说明了偏见给人们和社会造成的破坏性影响。

3. 婚姻

《傲慢与偏见》是一个爱情故事，但作者也指出了支配男女关系的不平等，以及这种不平等如何影响女性对婚姻的选择。"《傲慢与偏见》中个体的矛盾冲突是在一个严格受到限制的社会语境中界定并得到解决的，而个体之间的关系在该社会中主要决定于他所拥有的财富和所属的阶层"（王守仁和方杰，2006：124）。奥斯汀描绘了一个个人的选择非常有限的世界，几乎完全基于一个家庭的社会地位和关系。一个女人出生在这样的世界，就意味着她在与谁结婚或如何决定自己的生活方面的选择更少了。社会对女性的控制和削弱，在一定程度上解释了本内特夫人为什么会歇斯底里地想把女儿嫁出去，以及为什么这样的婚姻总是要涉及实际的经济上的考虑。作为上流社会的一员，本内特姐妹不需要自己工作或开创事业。然而，作为女性，她们又很不幸，法律不允许她们继承任何东西。本内特的财产在一宗房地产上，每年可收入两千英镑，可由于没有男性继承人，本内特的财产只能由一位远亲继承。因此，婚姻基本上是她们获得财富和社会地位的唯一选择。然而，奥斯汀也对那些仅仅为了安全感而结婚的女性持批评态度，比如夏洛特。伊丽莎白拒绝为经济上的舒适而牺牲她的独立，并最终为爱情而结婚。奥斯汀着力描写伊丽莎白与达西恋爱过程的各种波折以及从傲慢偏见到相互理解的过程，强调了婚姻建立在彼此爱慕、相互理解基础上的重要性。

"英国利兹大学传播研究所研究员蔡明烨认为，奥斯汀小说的核心题旨在于对爱情与婚姻的探索，坚信每个人都有追求幸福的权利，而性格慷慨、温暖、高度自觉的个人，则有较多获得幸福的契机"（午荷，2017）。

4. 阶级

阶级是《傲慢与偏见》对整个社会进行批评的主要目标。"饶有家资的单身男子必定想要娶妻室，这是举世公认的真情实理"（简·奥斯汀，1993：1）显然，"这部小说在承认物质至上的社会里必然存在趋炎附势、剥削、各种非人道的现象的同时，也验证了开篇这句冷嘲热讽的话所传达的真理"（王守仁和方杰，2006：124）。在当时的社会，婚姻关系就是一种经济关系，一种阶级关系。19 世纪的英国，等级观念统治着人们的思想。本内特家属于乡绅中产阶级，达西、凯瑟琳夫人等人属于上层贵族阶级，上层贵族阶级潜意识中看不起中下层乡绅阶级，而中产阶级又瞧不起社会地位比他们低的人，社会地位较低的人又想方设法攀附上层阶级的人。奥斯汀在小说中"表达了对统治阶级的不满，同时讽刺了下层阶级趋炎附势的阶级意识"（江润洁等，2019）。盛气凌人、专横无礼而又富有的凯瑟琳夫人喜欢干涉他人的事情，不能容忍任何违反阶级地位的行为。具有绅士风度的魏肯，事实上是一个骗子、伪君子和机会主义者，他对毁掉一个年轻女人的名誉毫不在意，他与莉迪亚结婚不过是为了获取更多钱财。

在《傲慢与偏见》中，人物之间的关系主要取决于他所拥有的财富和他所属的阶级。奥斯汀在某些方面确实尊重了阶级制度，特别是当它不是作为社会的一种分裂力量，而是作为一种促进美德和体面的力量来运作的时候。达西是奥斯汀心目中理想的上流绅士的主要代表。虽然他最初看起来是一个傲慢自私的势利之人，但随着小说的发展，很明显，他是能够改变的。最终，在伊丽莎白的影响和批评下，他将自己天生的慷慨与正直结合在了一起，他认为正直是所有上层社会人的重要特征，他与加德纳夫妇成为朋友，并在帮助忘恩负义的莉迪亚摆脱危机中发挥了关键作用。伊丽莎白从郎博恩嫁到了彭贝利，不仅标志着她社会地位的提高，也标志着她道德成长的进步。达西和伊丽莎白的婚姻表明，阶级限制虽然严格，但并不能决定一个人的性格，爱能克服一切障碍，包括阶级。

7.2.6　《红字》［美］纳撒尼尔·霍桑

　　《红字》（*The Scarlet Letter*）是美国 19 世纪最伟大的浪漫主义小说家纳撒尼尔·霍桑（Nathaniel Hawthorne）的长篇小说代表作，它被认为是美国文学的杰作和经典的道德研究。这是"一个关于人类脆弱和悲伤的故事"，充满了强烈的象征主义。

　　故事发生在二百多年前一个清教徒殖民地波士顿小镇。小说主人公海丝特·白兰因犯通奸罪，怀抱三个月大的婴儿，身佩用红色细布做就、用金丝线精心绣着花边的字母 A，站在监狱刑台上示众。海丝特看到了人群中已两年多没见的丈夫罗杰·齐灵渥斯，他也认出了她。齐灵渥斯假装不认识海丝特，却从一位镇上人那里听说了她的故事。齐灵渥斯预测那个和她通奸犯罪的人会被找到的。当牧师阿瑟·丁梅斯代尔让海丝特说出那个人的名字时，海丝特断然拒绝，被送回了牢房。齐灵渥斯佯装成一名医生，进入监狱。在齐灵渥斯迫使下，海丝特答应为他保守秘密，决不透露他是她的丈夫。监禁期满，海丝特出狱搬到远离居民区的镇郊半岛的一间小茅屋，靠做针线活养活自己和她的孩子。她用积蓄救济他人，替穷人制作衣服。她的孩子珠儿渐渐长大，不断探寻自己的身世。

　　与此同时，齐灵渥斯也在酝酿自己的力量实现自己新的目标。他以医生为业出现在镇子上，他的病人之一就是身体日渐消损的丁梅斯代尔。齐灵渥斯搬到丁梅斯代尔家里，全职照顾他，与他日夜相伴，他狂喜地发现了丁梅斯代尔胸口的秘密。一天晚上，丁梅斯代尔登上了七年前海丝特公开受辱的那座刑台，就在此时，海丝特和珠儿走过去，与丁梅斯代尔站在刑台上会合。一颗流星以红色"A"的形状照亮了天空，照亮了站在附近的齐灵渥斯。

　　海丝特决定解救丁梅斯代尔，恳求齐灵渥斯不要再折磨他。齐灵渥斯承认自己变得残忍、邪恶，但他辩解说，他实际上是在保护丁梅斯代尔。于是，海丝特只好自己行动，她在林中截住丁梅斯代尔，说明了齐灵渥斯的真实身份，并说服丁梅斯代尔同她和珠儿一起前往欧洲。牧师决心出走，计划在发表重要布道的第二天与她们一同乘船前往。丁梅斯代尔在他一生中最好的布道中，忏悔了自己的罪过，最后扯开法衣，露出了刻在胸口上的红色烙印。珠儿第一次吻了她的父亲，丁梅斯代尔牧师辞世。

　　海丝特和珠儿离开了波士顿。齐灵渥斯也死了，给珠儿留下了一笔数目可观的遗产。许多年后，海丝特又回来了，又戴上了红字，只是那红字已变成一种令人望而生畏又起敬的标志。海丝特一直住在波士顿，她去世后，葬在了丁梅斯代尔牧师的旁边。他们共用一块墓碑，墓碑上刻着："一片墨黑的土地，一个血红的 A 字"。

　　《红字》涉及了不同的主题，它的基本主题是人类为了超越人类的局限而进行的道德斗争。

1. 爱与恨

　　《红字》是一个悲伤而忧郁的故事，是一部爱情悲剧。海丝特与丁梅斯代尔，完全不同于其他恋人关系。他们深爱着彼此，是爱使他们结合在一起。尽管齐灵渥斯、社会、法律、道德等试图把他们的真爱变成一场灾难，但几乎都没有成功。相反，它们使两个相爱的人在道德上和精神上都变得很强大。在这种爱情的影响下，他们的精神境界达到了一种悲剧性的高度。当然，他们在追求彼此发自内心的爱的过程中也不得不遭受很多痛苦和磨难。但是，对相爱的人的真正考验是，即使全世界都以敌对的声音相对，他或她的爱也不会动摇。毫无疑问，海丝特和丁梅斯代尔通过他们毫不畏惧的相互忠诚经受住了考验。

　　齐灵渥斯是红字的真正制造者，是恨的化身。丑陋的外貌和畸形的躯体便是他丑陋和畸形的灵魂的写照。尽管他精通医术、博学多才，却怀有置人于死地的狠毒。为了达到自己不可告人的目的，他与丁梅斯代尔牧师形影相随，深入他的心扉，探询他的记忆，"而且如同一个在黑暗的洞穴中寻找宝藏的人一样，小心翼翼地触摸每一样东西"（纳撒尼尔·霍桑，1999：92）。他用内心深深埋藏着的恶毒，如矿工搜寻黄金般地掘进可怜的丁梅斯代尔的灵魂深处。齐灵渥斯把爱转变成恨，将复仇作为生活目标，不惜抛弃"博爱"的基督精神，以啃噬他人的灵魂为乐，从而堕落成"最坏的罪人"。在宗教意识里，人的内心是神圣不可侵犯的，然而，齐灵渥斯为达个人的复仇目的，残忍地去侵害别人的灵魂和内心，把丁梅斯代尔置于生不如死的境地。他选择了让丁梅斯代尔活着受煎熬的复仇手段，便是将自己变成了阻止丁梅斯代尔赎罪的恶魔。

2. 罪与罚

清教徒相信人生来都是有罪的。小说中真正的罪人是谁？海丝特·白兰犯通奸罪，违背了清教徒的道德法则和确立已久的社会习俗，因此，她受到了社会和教规的惩罚。她被迫抱着孩子在刑台上站三小时示众，胸前终身佩戴红字，不仅要承受众人的羞辱，更要承受社会的孤立和抵制。

丁梅斯代尔的罪过主要在于他隐瞒了他与海丝特的通奸行为。他承认，他一生中只有一次触犯了社会法律。罪沉重地压在他的心上，使他失去安宁。禁食、守夜、鞭打都无济于事。罪使他的精神和身体能量消耗殆尽。海丝特遭受的是外在磨难，而丁梅斯代尔则是内心饱受折磨。

齐灵渥斯的罪性质不同。他的罪孽比海丝特和丁梅斯代尔更为深重，因为他的意图是报复，而不是宽恕。像丁梅斯代尔这样一个懊悔不已的人，一个本性善良的人是很容易给以宽恕的。然而，齐灵渥斯却用丁梅斯代尔天性中的纤弱之泉来凌辱他、残害他，从而冷血地侵犯了人性的神圣。齐灵渥斯犯下的是不可饶恕之罪，为此他付出了生命即刻枯萎的代价。

3. 道德与人性

在道德和人性之间，霍桑选择了人性。《红字》整个故事讲述的都是个体在道德和情感上的极度挣扎和斗争。亨利·詹姆斯曾经写道："它美丽、令人钦佩，而又非凡"。霍桑笔下的海丝特·白兰是一个最具独创性的人物，她堪称是一位向传统道德宣战的斗士。她抱着三个月大的孩子站在示众刑台上，面对用形形色色的侮辱来发泄公愤的毒刺和利刃，拒绝说出孩子父亲的姓名，忍受了人性所能承担的一切。霍桑的成就在于使她的激情高尚，使她的反抗令人心痛，使她的脆弱鼓舞人心。正如她把被迫佩戴的红字变成一件绣得漂亮的装饰品一样，她通过含辛茹苦、与人为善、真诚助人等种种美德，把胸前字母的象征意义从耻辱转化为力量。

而齐灵渥斯则完全是一个失去了人性的恶魔。齐灵渥斯原本也具有聪慧好学的品格，平和安详的风度，然而，一走上复仇之路，他便变成了一个毫无人性的人。正如霍桑所言，"人只要甘心从事魔鬼勾当，经过相当一段时间，就可以靠他本人的智能将自身变成魔鬼。"七年的时间里，他用不可告人的险恶用心不断毒化着丁梅斯代尔周围的气氛，腐蚀着他的精神生命。丁梅斯代尔的内心充满了哀怨和悔恨，布道时，他悲痛地、负疚地向人类伟大的胸怀诉说着深藏的秘密，无时无刻不在祈求着人类的同情和谅解。然而，齐灵渥斯却也无时无刻地不在"剖析一颗充满痛苦的心灵并从中取乐，甚至还要对他正剖析并观察着的剧烈痛苦幸灾乐祸地火上浇油。"丁梅斯代尔先生死后不久，齐灵渥斯的全部活力和智力立即抛弃了他。当齐灵渥斯完成了魔鬼交给的任务，这个没有人性的人也只有去地狱报到了。

7.2.7 《鲁滨孙漂流记》［英］丹尼尔·笛福

《鲁滨孙漂流记》（*Robinson Crusoe*）是 18 世纪英国作家丹尼尔·笛福（Daniel Defoe）的代表作，丹尼尔·笛福被认为是现代小说的创始人，被称为"英国小说之父"，他是英国文学史上最早将现实主义的各种要素融合在一起的作家。《鲁滨孙漂流记》发生在 17 世纪欧洲帝国主义和殖民主义的背景下，不同的国家探索美洲，建立殖民地并剥削土著居民。更具体地说，笛福可能是受到了亚历山大·塞尔柯克真实冒险经历的启发或影响。塞尔柯克是一名苏格兰男子，他被困在南太平洋的一个岛上四年后幸存了下来。1711 年他回到欧洲后，他的惊人生存故事广为流传，不久笛福出版了《鲁滨孙漂流记》。

小说主人公鲁滨孙·克鲁索是一个喜好冒险的年轻人。他不顾家人的劝告，离开了舒适的英国中产阶级家庭去航海冒险。第一次上船的经历几乎要了他的命，但他坚持了下来。后来又一次航行到非洲，被海盗捕获并卖为奴隶，他逃到了巴西，在那里他获得了一个种植园并拥有了财富。为了获得更多财富，鲁滨孙航行到几内亚去购买奴隶。但是在加勒比海船只遇险，他幸免于难，被冲到了一个荒凉的海岸。他从沉船中抢救出了他能抢救的东西，在岛上建立了自己的一种生活，凭借着惊人的毅力独自一人在岛上生存下来。二十多年后，一群野蛮人的到来打破了他平静的生活。鲁滨孙从他们手中救出了一个即将被他们吃掉的人，给他起名为"星期五"。鲁滨孙把他救的"星期五"变成了一个会说英语的基督徒，并成为他最忠实的仆人。后来一艘英国船只途径荒岛，鲁滨孙与"星期五"搭船离开了荒岛。鲁滨孙卖掉了巴西的种植园，后来由于无法抗拒强烈的意愿，他最终又回到了岛上，了解了被西班牙人控制之后岛上发生的一切。

《鲁滨孙漂流记》是丹尼尔·笛福创造的一个现代神话。这部小说既扣人心弦，又对野心、自立、权力等进行了冷静而广泛的反思。

1. 人类生存

《鲁滨孙漂流记》是一部杰作，讲述的是一个人在历经各种风险和奇遇之后，又被孤零零抛到一个荒岛上的故事。这是一个关于人类在与世隔绝的状态下如何生存的故事。"他的一次次历险都是人类在恶劣条件下临危不惧、勇往直前精神的体现"（王守仁和方杰，2006：74）。在这人类灵魂的荒凉的栖息之地，鲁滨孙必须完全靠自己赤手空拳来养活自己，他必须一个人独自经营一切。

为了生存，鲁滨孙苦撑苦斗。他认识到，首先他必须理性。"如果一个人把一切付诸理性，对事情做出合理判断，那么，他就会掌握任何一门手艺"（丹尼尔·笛福，2013：48）。他制作工具，开垦土地，播种粮食，制造船只，驯养家畜，建造住所。他用日记整理自己纷繁杂乱的思绪，记录下自己的荒岛经历。为了生存，他绞尽脑汁，用尽能用的所有措施：挖山洞、储羊群、建城堡，备战防御。他认识到，上帝的智慧是指路明灯。每当他痛苦到了极致，他便开始阅读《圣经》"以求得生命和灵魂的拯救"。他注意到，像"星期五"这样的食人野蛮人，如能得到上帝蒙恩，也会更好地运用德行。"大自然的种种迹象都可以证明，伟大的主宰、君临万物的力量、神秘的指导万物的天意是十分必要的。"他不断向"星期五"宣扬上帝的智慧，"逐步打开他的双眼"，"教他成为一个有用的、能干的、帮得上忙的人"，使"星期五"不仅成为了一个出色的基督徒，也成为了一个难得的感恩戴德的朋友。鲁滨孙依靠自己的智慧和足智多谋在无人居住的荒岛上独自生存，敢于冒险、勇于进取的鲁滨孙体现了一种永不疲倦的奋斗精神，一种坚韧的人生精神。

笛福笔下的故事以气势宏大的质朴风格呈现在读者面前。平凡行为尊严高贵，平凡事物美妙动人。"屹立在星光灿烂天空之下、连绵起伏山峦之中、波涛滚滚海洋之上的是带着庄严雄伟气魄的人类"（弗吉尼亚·伍尔夫，2009）。

2. 殖民扩张

鲁滨孙的经历，也不只是一个简单的荒岛求生的传奇故事。鲁滨孙的荒岛经历，是那个不断扩张、不断攫取的资本主义原始积累时期西方殖民者的一个缩影，是"英国早期殖民主义和帝国主义时代殖民者的殖民历程的寓言式写照"（许晓琴，2008）。"我们从这部小说可以认识到资本主义原始积累时期新兴资产阶级的精神面貌"（杨周翰等，1964）。在小说中，鲁滨孙是一个典型的殖民者形象。虽然他前两次的航海失败了，但他学到了航海知识和技能以及一些商业知识。在巴西经营种植园的生活，使他积累了劳动管理和生活的经验，这一切为他拓殖荒岛奠定了基础。荒岛象征着以鲁滨孙为代表的西方殖民者未开发的殖民地。鲁滨孙把荒岛上的一切都视为自己的私有财产，视为自己的财富。他把"星期五"变成自己忠心耿耿的仆人，他给"星期五"讲述欧洲的国家，讲述他的故乡——英国，讲述他们的生活，讲述他的经历，用基督教来开化他，逐步将"星期五"培养成一名虔诚的基督徒，"实现精神上的殖民化"（许晓琴，2008）。在巴西，为了给自己的种植园和庄园带回黑奴，他又一次远航非洲殖民冒险。后来虽然鲁滨孙带着"星期五"回到英国，但他依然掌握着荒岛的支配权，他说"我忍不住想回我的海岛去看看"，并在耄耋之年又进入新的冒险活动，回到了岛上，"我视察了我的新殖民地——那个海岛"。

鲁滨孙表现的是"英国资本主义原始积累时期的创业意识和冒险精神"（李维屏，2003），《鲁滨孙漂流记》"充分反映了英国资产阶级的殖民主义思想和征服世界的愿望和理想"（许晓琴，2008）。

3. 个人主义

《鲁滨孙漂流记》体现了个人主义的生存神话。小说一开始，家庭和社会是两个不同的空间存在，为了追求自己的生活，鲁滨孙从他的家庭和中产阶级社会中挣脱了出来。如果待在家里，他就会过着他父亲和英国社会已经为他安排好的生活。通过出海，鲁滨孙把他的个人意志置于家庭和整个社会之上。"在荒岛上，个人主义是鲁滨孙得以生存的支柱"（惠海峰和申丹，2011）。当鲁滨孙发现自己被困在岛上时，他得到了他想要得到的。在那里，他完全以个体的身份生活，脱离了社会，被迫与自然斗争以求生存。他自给自足，学会了自己制作和做事，发现了自己具有以前不知道的独创性。因此，可以说，与社会分离使鲁滨孙成为一个更独立更好的人。鲁滨孙本人似乎也得出了这个结论，他意识到他的经历使他更接近上帝，独自生活在岛上，可以过一种没有罪恶的生活。鲁滨孙开始喜欢他在岛上的个人生活，以至于有时甚至不清楚他是否想要被拯救并回到社会。

小说中的个人主义不仅存在于荒岛的生存环境中，也存在于主人公回归文明社会后的商业活动中。鲁滨孙离开荒岛后，卖掉了在巴西的种植园，获得了一笔财富，逐渐成为一个老练而精明的资本主义商人。在家乡，他结了婚，婚姻美满，过上了连他自己都"不敢奢望的"幸福生活。"在文明社会环境中，个人主义是他发家致富、走向经济成功、奠定个人社会地位的前提"（惠海峰和申丹，2011）。

然而，鲁滨孙对个人主义的重视超过对社会的重视是存在问题的。首先，鲁滨孙虽然看重自己的个人自由，但他并不尊重他人的自由。他讨厌做奴隶，却把苏里卖给了葡萄牙船长；同样，他把"星期五"当作他的下等仆人。最后，鲁滨孙强烈的个人主义与他痛苦的孤独密不可分。在巴西，他感到孤独；当他孤零零地被困在小岛上时，他感到孤独而孤立。尽管他学着享受岛上的生活，但他仍然对他所缺少的人类陪伴有着强烈的渴望。这也说明，即便在荒岛之上，人也受到社会的影响，无法改变社会人的属性。

4. 满足与野心

《鲁滨孙漂流记》也对人的欲望和野心进行了反思。在小说的开头鲁滨孙离开了家，因为他不满足于舒适的中产阶级生活。在英国，他的父亲可以供养他，帮助他建立生活。他告诉鲁滨孙，他们生活的中间位置是最舒适的：没有权力或特权的焦虑，也没有贫穷的痛苦。但鲁滨孙不只满足于舒适。他有雄心，渴望更广阔、更有趣的生活，这将他带到了大海上。事实上，这种对舒适的拒绝是一个重复的模式。整部小说的情节可以被看作是鲁滨孙对他所拥有的不满足和他对更多东西的渴望之间的交替。在家不满足，他出海去了。后来，虽然在巴西过得很开心，但变得过于野心勃勃，乘船去非洲获取奴隶。在他终于学会独自享受岛上生活时，他救了星期五，和星期五在岛上过着舒适的生活，但后来他又想逃。最后，当鲁滨孙终于在英国定居下来，他又一次不满足于原地不动，开始了另一次航行。鲁滨孙的出走"源于一种顽固而莫名的'闯荡的天性'，一种天性的不满足、欲望与野心；更广泛地说，这种'天生的漫游精神'最集中地展现了现代个体在人性深处的动荡和不安"（张国旺，2016）。

在岛上，鲁滨孙意识到自己无法满足于自己所拥有的，并把无法满足于自己生活中的地位称为"人类普遍的瘟疫"。回顾他的故事，当他以叙述者的身份讲述时，鲁滨孙经常感叹他过于野心勃勃的愿望，并希望他能简单地保持满足和舒适，无论是在英国的家里还是在他富有的巴西种植园。因此，我们可以把《鲁滨孙漂流记》解读为展示了不受约束的野心或欲望的后果。

7.2.8 《印度之行》［英］E. M. 福斯特

英国作家福斯特（Edward Morgan Forster）的《印度之行》（*A Passage to India*）被认为是 20 世纪最伟大的小说之一，是一部复杂而多面性的作品。该书出版于 1924 年，当时大英帝国刚刚出现裂痕，小说围绕着一名印度医生被指控强奸一名英国妇女的审判展开。《印度之行》不仅因其对大英帝国的批判，还因其风格创新和哲学内涵丰富而备受赞誉。这部福斯特最成功的作品在帝国的主题上具有先见之明。

一个女孩走进山洞……一个帝国摇摇欲坠。福斯特的小说之所以如此令人惊叹，原因之一在于它以一个强奸审判为个案，展示了它如何引发了在整个大英帝国产生深远影响的社会、政治和文化力量。英国在印度的帝国主义带来了一套关于"东方人"的种族主义信仰，"东方人"指生活在西欧东部的人。东方人被认为是被动、软弱、不合逻辑、道德败坏、倾向于专制。《印度之行》通过对英国殖民官僚的严厉刻画、对印度人物细致入微的描绘，以及对印度丰富历史和文化的赞颂，彻底颠覆了这种帝国主义意识形态。但通过对小说中印度教和穆斯林人物之间的紧张关系的探索，它也显示了印度独立的道路将是多么的艰难。

小说发生在印度的昌德拉布尔城。昌德拉布尔的南边是马拉巴尔，山间隐藏着神奇的石窟。阿齐兹医生正在朋友家里讨论是否有可能跟英国人交朋友，接到了卡伦德少校的便条，他来到了官署驻地，不仅没见到人，马车也被两位夫人劫走去了俱乐部。走出官署驻地，他进了一座清真寺，与从英国来的莫尔太太意外会面。

莫尔太太回到俱乐部后，阿黛拉·奎斯蒂德想看真实的印度，阿黛拉是她从英国带来要嫁给他儿子罗尼的，罗尼·希思洛普是昌德拉布尔城的地方法官。听说妈妈与一位穆斯林医生见面，罗尼大为恼火。税务兼地区行政长官特顿先生在俱乐部的花园举行招待会，邀请一些印度人与莫尔太太和阿黛拉见面。结果"桥会"并不成功，印度人与英国人分别站在场地两头。阿黛拉对印度人的友好态度给国立中学的校长菲尔丁先生留下了深刻印象，他邀请她来喝茶，还有莫尔太太，阿黛拉也要求邀请阿齐兹。莫尔太太告诉罗尼，阿黛拉对英国人对待印度人的态度不满，罗尼认为他们来这里不是来讨人喜欢的，而是来统治这个国家的。

阿齐兹和菲尔丁在茶话会前见面，相谈甚欢。戈德博尔教授、阿黛拉和莫尔太太也加入了他们。派对进行得很顺利，直到罗尼从天而降，他对印度人很粗鲁。那天晚上，阿黛拉对自己的感情考虑了很多，决定不嫁给罗尼，两人友好分手。后来，他们的汽车撞上了一个神秘的动物，在事件中，阿黛拉改变了主意，两人的婚约定了下来。

阿齐兹为菲尔丁的茶会团体安排了一次马拉巴尔洞穴一日游。菲尔丁和戈德博尔教授误了火车，于是阿齐兹和阿黛拉、莫尔太太一起继续前往。他们骑大象、野餐，参观一些洞穴。莫尔太太被闷得喘不过气来，洞里所有的噪声都变成"嘣咄"的回声，她被回声惊扰，沮丧的她留在后面，而阿齐兹、阿黛拉和一个导游去参观更多的洞穴。路上，阿黛拉意识到她并不爱罗尼，她和阿齐兹讨论婚姻问题，问他是否有不止一个妻子，他被冒犯了，急忙躲到附近的一个山洞里平复自己的情

101

绪。等他出来后，阿黛拉已经不见了。在隘谷那头他瞥见了她，而且发现了她的双筒望远镜。阿齐兹回到营地，菲尔丁已经到达。阿黛拉开车匆匆赶回了昌德拉布尔，其他人坐火车回去。但当他们到达时，阿齐兹被逮捕，他被指控在一个山洞里袭击了阿黛拉。

英国人团结在一起，充满爱国和反印度的情绪。菲尔丁相信阿齐兹是无辜的，他也因为支持阿齐兹而激怒了英国人。莫尔太太仍然为洞穴的回声所困扰，于是罗尼安排她早点离开印度回英国。莫尔太太死在了海上。对阿齐兹的审判是紧张和混乱的。当阿黛拉被询问时，她说"阿齐兹医生从来就没有跟我进过那个山洞"，她要求撤回起诉。阿齐兹被释放，印度人游行庆祝胜利。菲尔丁护送阿黛拉去了学校，阿黛拉在那里待了几个星期，菲尔丁尊重她的勇敢。罗尼解除了婚约，阿黛拉回到了英国。

关于菲尔丁和阿黛拉在一起的流言使阿齐兹觉得自己被背叛了，他与菲尔丁的友谊也冷却了下来。菲尔丁乘船去了英国，阿齐兹怀疑他在那里娶了阿黛拉为妻。两年后，阿齐兹住在印度教聚居区马乌。对于一个统一和独立的印度，他变得更加反英和爱国。菲尔丁与他的妻子和内弟一起去马乌，阿齐兹与他们相遇，惊讶地发现菲尔丁竟然娶了莫尔太太的女儿斯黛拉·莫尔。与此同时，一个重要的印度教节日在镇上举行。阿齐兹发现自己被斯黛拉的弟弟拉尔夫·莫尔所吸引，并带他在湖上看节日。在仪式的高潮阿齐兹的船与菲尔丁的船相撞，事件之后，阿齐兹和菲尔丁重新成为朋友。两人决定骑马前往丛林做最后一游。阿齐兹宣称，等到把英国人赶出印度，他和菲尔丁就可以成为朋友。他们现在想成为朋友，但天地似乎把他们分开了，"不，还不是时候"。

1. 殖民主义

《印度之行》以 20 世纪初的印度为背景，当时印度还是英国的殖民地。小说对英国有权殖民印度提出了挑战。海外殖民被称为英国的"文明使命"，用拉迪亚德·吉卜林（Rudyard Kipling）的名言来说，就是"白人的负担"，英帝国主义的动机是认为英国人比非欧洲人更优越、更开明、更先进，因此有义务"教化"这些人，必要时可以使用武力。

《印度之行》显然是对大英帝国的批判。一个民族有权支配另一个民族——这个假设在小说中不断被削弱。大英帝国被描绘成一个排斥和征服他人的种族主义制度的国家。尽管大多数在印度工作的英国人本质上是善意的，但他们在殖民制度中的地位几乎总是把他们推向种族主义和有害的人物，这在罗尼的性格发展中表现得最为明显。莫尔太太率儿媳妇阿黛拉来印度看望儿子，却发现"那个满怀人道主义激情的年轻人的印记已经完全褪尽，他现在说起话来俨然是个世事洞明而又怀恨在心的孩子"（E. M. 福斯特，2016：59）。罗尼·希思洛普是英国派驻印度的殖民官员，掌握着印度小城昌德拉布尔地方大权，决定着这个地方的命运。在这次旅行中，莫尔太太她们对印度人、印度的古老文化，以及英国在印度的殖民统治深有了解，老太太认为印度是世界的一部分，"上帝把我们带到这个世界上来是为了让我们彼此友好相处"，她试图说服儿子要对印度人有仁爱之心，然而罗尼却说："我来这里是为了工作的，是为了用暴力来维持这个糟糕的国家的"（E. M. 福斯特，2016：58）。不仅如此，除了莫尔太太和阿黛拉，英国女性通常更有种族仇恨和优越感。"福斯特对英国在印度的殖民统治多有批评，他希望殖民当局能够多了解印度文化，多尊重印度文化，但是大多数英国人没有这样的意愿"（张剑，2017）。

福斯特还展示了殖民制度是如何让印度人憎恨英国人的，这一点在整部小说里阿齐兹性格的变化中表现得最为明显，他从嘲笑英国人、与英国人交朋友发展到了憎恨英国人。福斯特指出，殖民主义对英国人和印度人都是有害的。

2. 正义与审判

虽然这部小说无疑是对大英帝国的批判，但它并不是全盘否定英国、欧洲和"西方"的一切。因为西方文明有其优点，这就是公民权利的整个概念。举例来说，所有人都享有法律赋予的权利，比如得到公正和及时审判的权利、与证人对质的权利，以及在被证明有罪之前完全无罪的权利，还有人身保护权——不被起诉就不能被监禁的合法权利。西方文明也重视对话，认为对话是一种调解冲突、达成共识的方式。还有，普世人权的理念对西欧传统也是至关重要的。当然，并不是说这些思想是西方文明独有的财产或发明。福斯特的小说本身援引了穆斯林和印度教的传统，展示了一种全球传统是如何编织共同人性的。

但福斯特的小说关注的是，当崇高的西方理想被卷入像大英帝国这样道德败坏的制度中时会发生什么。英国殖民管理者，如特顿、麦克布莱德和罗尼·希思洛普，都在虐待印度"原住民"的卑鄙愿望和维护英国文化和西方文明美好一面的义务之间挣扎。在历史背景中隐现的1857年的兵变，还有1919年的阿姆利则大屠杀，标志着对印度人公民自由的彻底剥夺。小说以阿齐兹的审判为契机，展示了正义是如何被帝国制度所玷污的。

3. 种族

在《印度之行》中，福斯特审视了在英国统治下的印度，不同种族和社会群体之间对人类理解的追求和失败。

在小说中，昌德拉布尔的生活，乃至整个大英帝国的生活，都存在着严重的种族分裂，一边是欧洲白人，另一边是其他所有人。"东方人"被刻板地认为是感性的、被动的和落后的，与理性的、文明的、进步的西方人截然相反。在小说中，英国殖民当局邀请当地英国人和印度人举行了一个花园聚会，"旨在存在于东西方之间的鸿沟之上搭起一座桥梁"（E. M. 福斯特，2016：30）。但是令人遗憾的是，英国人聚在一起，大部分印度人"他们全都麇集在草地网球的远端位置，就在那儿干站着。"（E. M. 福斯特，2016：44）而"一小群印度仕女聚集在场地的第三个区域里，靠近一个具有乡村风味的凉亭，有好几位更加腼腆的已经干脆躲到凉亭里去了。其余的背朝着大家干站在那儿，脸都快埋到一排灌木丛里去了"（E. M. 福斯特，2016：47），两个民族根本无法融合，难以达到交流的目的。

东方人，比如在《印度之行》中的印度人，被认为无法统治自己，本质上需要大英帝国帮助他们走向文明。1889年，吉卜林在《东西方歌谣》（*The Ballad of East and West*）中写道，"啊，东方是东方，西方是西方，两者永远不会相遇（OH, East is East, and West is West, and never the twain shall meet）"，暗示了东方和西方的迥异，东方和西方思想和文化的无法融合。作为英国殖民者，吉卜林曾经在印度工作多年，几乎天天与印度人打交道。作为具有帝国意识的殖民者，他坚信白人是文明的使者，他为自己的"英国性"而感到自豪，他曾说："所有与我们一样的人是我们，所有其他人都是他们。"

《印度之行》以一个印度人阿齐兹与一个英国人菲尔丁之间的友谊开始并结束，它得出的结论是：这样的友谊几乎是不可能的。种族、文化、阶级、宗教和语言等种种障碍阻碍了印度人和英国人之间建立有意义的友谊，不管一个人的初衷如何。英国人认为印度人低人一等，菲尔丁说"离开了我们，印度人马上就会走下坡路。"而印度人则把英国人视为愚蠢的外国人和残忍的压迫者，正如阿齐兹所言，"绝不要跟英国人交朋友！""两个民族是不可能成为朋友的"（E. M. 福斯特，2016：396）。

当阿齐兹和菲尔丁两年后暂时重聚，菲尔丁认为他们将成为朋友。他们骑马穿过丛林时，大地长出块块岩石，迫使他们分开了道路，象征着导致他们友谊破裂的种族政治。种族制度下，印度人和英国人之间不可能和解。

7.2.9 《老人与海》［美］欧内斯特·海明威

欧内斯特·海明威（Ernest Hemingway）被认为是 20 世纪最著名的小说家之一。他一向以文坛硬汉著称，是美利坚民族的精神丰碑。海明威的作品标志着他独特创作风格的形成，在美国文学史乃至世界文学史上都占有重要地位。他的英雄小说《老人与海》（*The Old Man and the Sea*）于 1952 年出版，1953 年获普利策小说奖。1954 年《老人与海》又为海明威夺得诺贝尔文学奖。故事讲述的是一位上了年纪的渔夫为了捕获一条巨大的马林鱼而进行了一场史诗般的战斗。《老人与海》包含了海明威所关注的许多主题。

1. 硬汉精神

"这部充满战斗精神的小说在出版前就受到海明威朋友们的一致好评，'硬汉'也成为海明威作品最显著的标识"（蔡小文，2017）。

《老人与海》体现了海明威以男子汉气概为代表的人生哲学。圣地亚哥是一个真正的硬汉，他以拒绝失败来证明他的男子汉气概。圣地亚哥浑身上下瘦骨嶙峋，但他却有一双像大海一样的眼睛，目光里生气勃勃，找不出丝毫沮丧的影子。尽管圣地亚哥现在年纪大了，运气也不好，但老人并不以为然，他那有力的肩膀耸了耸肩，充满了一种不屑一

105

顾的意味。已经84天没有钓到一条鱼了，他的徒弟马诺林也在家人的迫使下离开了他，但圣地亚哥确信他的运气一定会改变，他知道他必须划得比所有的人都远，离开陆地，进入墨西哥湾流。他捕到了一条比船身还要长的大鱼，在一个空无一人的海天竞技场里，开始了一场人鱼生死大战。这条大鱼拖着渔船和老人在海里游弋，老人使出平生的力气拉住鱼钩与它对峙，致使他的双手鲜血淋淋……持续的人鱼大战使老人几乎难以坚持。他与这条鱼搏斗了三天三夜，欣赏它的力量、尊严和对它身份的忠诚，最终，凭借他丰富的经验和力量，老人战胜了大鱼。

三天三夜他独自一人与大鱼战斗是对他精神和身体勇气的考验，也是对他作为一个人的价值的最终考验。正如海明威想要证明的那样，一个人只有被孤立了，他才能证明自己的可敬和价值。

2. 永不言败

作为一个在过去84天里一无所获的渔民，圣地亚哥是一个与失败作斗争的人，连他船上的船帆都"像是一面标志着永远失败的旗帜"。但圣地亚哥从未向失败屈服，他驾着他的小船远航到墨西哥湾流的深水中，去深海收获希望。在那里他很快钓到一条巨大的马林鱼，经过三天搏斗，他把这条马林鱼绑在了船上。然而，圣地亚哥所有的努力都白费了。这条马林鱼吸引来了鲨鱼，尽管圣地亚哥设法杀死了一些鲨鱼，可鲨鱼还是把鱼吃光，只留下它们的骨架。

"老人失败了吗？不，他仍然是一位令人肃然起敬的胜利者"（高深，2015）。圣地亚哥代表了每个人为生存而奋斗的过程。正如圣地亚哥要把马林鱼完整地带回陆地的努力注定要失败一样，没有人最终能逃脱死亡。然而，通过圣地亚哥的搏斗，海明威证明了逃离死亡并不是问题所在。正如圣地亚哥在与马林鱼搏斗接近尾声时所观察到的，"一个人可以被毁灭，但不能被打败"。换句话说，战胜不可避免的事情并不能定义一个人，相反，是一个人与不可避免的事物进行斗争才定义了他。而且越是困难的斗争，越是值得对手，一个人就越能有力地证明自己。老人回到岸上在茅草棚的睡梦中看见了雄狮，梦中雄狮的出现表现了老人对力量的渴望，对自强的崇尚和向往。

《老人与海》是一首歌颂英雄气概和大无畏斗争精神的赞歌。"一个人并不是生来要给打败的"，这种气概和精神在任何时代都有巨大的感召力量。小说的结尾意味深长：那个在第 40 天离开老人的小男孩马诺林再度伴随老人出海，"这既表现了老人的英雄气概正在抚育下一代，又表现了新的斗争和新的希望在召唤勇于奋斗的人们"（高深，2017）。

3. 友谊

圣地亚哥和马诺林之间的友谊对圣地亚哥战胜马林鱼起了至关重要的作用。作为对圣地亚哥的指导和陪伴的回报，马诺林在村里为圣地亚哥提供了物质上的支持，给他送去食物和衣服，并帮助他装船。他还提供情感上的支持，在圣地亚哥不走运的时候给他鼓励。尽管圣地亚哥的希望和信心从未消失，但当马诺林在场时，它们就像微风升起时一样清新。当他遇到马林鱼时，圣地亚哥拒绝认输，因为他知道这样马诺林会对他失望。

然而，这部小说大部分发生在圣地亚哥独自一人的时候。除了马诺林的友谊，圣地亚哥面临的就是孤独。他的妻子死了，他独自生活和钓鱼。即便如此，就像他拒绝向死亡屈服一样，他也拒绝向孤独屈服。在空旷的大海上，圣地亚哥不断地自言自语，"要是那个男孩在这儿。要是那个男孩在这儿"（海明威，2013：38）。他不断想象着马诺林坐在他的身旁。他也把大海里的生物视作他的朋友。飞来落脚的小鸟使他"有了个伴儿"，海风、飞鱼成为他在海洋上的重要朋友，而马林鱼，通过他们共同的奋斗，也成为了他的"兄弟"："兄弟啊，我还从来没有见过比你更大、更漂亮、更沉静，或者更高贵的东西"（海明威，2013：42）。最终，这些真实和想象中的友谊给他以力量，使他有能力完成一个老人在体力上似乎不可能完成的事情。

4. 年轻与年老

《老人与海》的标题暗示了年龄在故事中扮演的重要主题角色。书中的两个主要人物，圣地亚哥和马诺林，分别代表老年人和年轻人，他们之间发展出一种美妙的和谐。一方缺乏的，另一方会提供。例如，马诺林充满活力和热情，他为圣地亚哥寻找食物和衣服，尽管他运气不好，却给他以鼓励和安慰。反过来，圣地亚哥有智慧和经验，他给马诺林讲棒球的故事，教他钓鱼。圣地亚哥决心成为马诺林的好榜样，这是他与马林鱼搏斗三天的主要动机之一。他想向马诺林展示"一个人所能做的"。

圣地亚哥的年龄对这部小说也很重要，因为年龄使他身体虚弱。如果没有这个弱点，胜利对他就没有什么意义了。正如圣地亚哥所说，他"见过许多重达一千磅以上的鱼，也捕到过两条这么大的鱼，但他从来都不是一个人"，在他年老时也从未见过。圣地亚哥在回忆他的青春时找到了安慰和力量，他在梦中看到的海滩上的狮子象征着他的青春。他从一位老人的角度回忆起这些狮子——缓慢、优雅而凶猛。在这样做的时候，他意识到自己虽然行动缓慢，但仍然可以成为一个强大的对手。

5. 人与自然

由于《老人与海》讲述的是一个人与马林鱼搏斗的故事，所以这部小说很容易让人联想到人类与自然搏斗的故事。事实上，通过圣地亚哥，这部小说探索了人类与自然的关系。

人类与自然是相依相存、密不可分的。大海孕育万物，是广大物种生活的世界。它既充满着危险，神秘莫测，有像鲨鱼这样的危险生物，存在着诸如变幻无常的天气等令人无能为力的地方，也以金枪鱼、鲯鳅和虾等形式为老人提供食物，以海豚、飞鱼和鸟等形式为老人提供陪伴。圣地亚哥把飞鱼当作朋友，把海豚当作兄弟，并和小鸟聊天来消磨时间："你多大了？""头一遭飞到这儿来？"（海明威，2013：23）。最后，在与马林鱼的搏斗中，圣地亚哥不仅把马林鱼视为对手，而且还把它当作兄弟一样爱着它，"鱼啊，"他说，"我喜欢你，也非常尊敬你。"（海明威，2013：23）。"大海、狂风、小船、大鱼、群鲨以及孤独、失望，一切都是老人的敌人，却也都是老人的朋友。老人与它们作战，而它们也成为老人合格的对手"（蔡小文，2017）。圣地亚哥对马林鱼说："来吧，把我杀死吧，我不在乎谁死在谁手里。"圣地亚哥的声明显示了他对马林鱼的崇敬之深，并暗示了将人与动物联系在一起的基本自然法则：所有生物最终都必然死亡，死亡能孕育新的生命。以这种方式，人与自然就结合在一个生态循环系统中。

人类是自然界的生物，与其他生命有着千丝万缕的联系，人类唯有与自然和谐相处，和谐共生，才能维持可持续的生存相依。也正是由于老人对大海的了解和深沉的爱，最终使他战胜了凶险的大海，得以安全归来。

7.2.10 《了不起的盖茨比》［美］弗·司各特·菲茨杰拉德

美国小说家弗·司各特·菲茨杰拉德（F. Scott Fitzgerald）以描述美国爵士时代（20 世纪 20 年代）而闻名，他最杰出的小说是《了不起的盖茨比》（*The Great Gatsby*，1925），被认为是美国小说的经典，并被称为伟大的美国小说。《了不起的盖茨比》是当时最深刻的美国小说。小说以纽约爵士时代为背景，讲述了白手起家的百万富翁杰伊·盖茨比追求年轻时深爱的富家女黛西·布坎南的悲剧故事。

故事由尼克·卡拉韦叙述，他是来自中西部耶鲁大学的毕业生，出生于一个门第显赫的家庭。1922 年春天，他来到东部纽约，学做证券生意。他在长岛的西埃格租了一套房子，发现自己住在了新富们的巨大豪宅之中。在水湾对面更为优雅的东埃格，住着他的表妹黛西和她的丈夫汤姆·布坎南。初夏，尼克去他们家吃晚餐，遇到了乔丹·贝克——黛西的朋友、一个著名的高尔夫球冠军，她告诉他汤姆在纽约有一个情妇。在一次私人谈话中，黛西向尼克坦白她一直不开心。回到他在西埃格的家，他看见邻居杰伊·盖茨比独自站在黑暗中，双臂伸向汤姆和黛西的码头尽头海湾对面的一盏绿色的灯。

7 月初，汤姆带着尼克去见他的情妇梅特尔·威尔逊。梅特尔与她丈夫乔治·威尔逊住在尼克称之为灰土谷的地方：一片由戴眼镜的医生 T. J. 艾克尔伯格的眼睛俯视着的工业荒地。在车库见到她后，他们三人去了汤姆和梅特尔在曼哈顿的公寓。梅特尔的妹妹和一些住在附近的朋友也加入了他们的聚会，当梅特尔提起黛西时，汤姆打得她鼻子流血。

整个夏天的夜晚，名人和新富们在周末出现在盖茨比的豪宅里笙歌燕舞。尼克受盖茨比的个人邀请参加了其中一个这样的派对，并偶遇乔丹。主人的缺席，以及客人对盖茨比过去阴暗的看法让他甚为惊讶。最终尼克在一个相当安静的夜晚遇到了盖茨比。7 月下旬的一个上午，盖茨比带尼克去曼哈顿吃午饭。盖茨比对尼克说，他是已过世的富豪的儿子，牛津大学的学生，一位战争英雄。尼克对此表示怀疑。午餐时，他见到了盖茨比的商业伙伴沃尔夫山姆，他操纵了 1919 年世界棒球联赛。

后来在喝茶的时候，乔丹告诉尼克，差不多 5 年前，盖茨比就认识了尼克的表姐黛西，他们曾经相爱，但后来他去打仗，黛西嫁给了汤姆·布坎南。盖茨比买下了他在西埃格的房子，这样他就可以和她隔水相望。

在盖茨比的请求下，尼克安排盖茨比和黛西见面。两人很快重新找到了他们的爱情。随着日子一天天过去，汤姆意识到了黛西与盖茨比的关系。他和妻子一起出现在盖茨比的一个聚会上，显然，黛西不喜欢这个派对，且十分厌恶西埃格。汤姆怀疑盖茨比是个私酒贩子。派对结束后，盖茨比黯然神伤，尼克告诉盖茨比他不能重温旧梦，盖茨比表示他可以。

盖茨比的疯狂聚会从此停止，黛西每天下午都去盖茨比家。在一个炎热的夏末，尼克来到了布坎南家吃午饭，盖茨比和乔丹也被邀请。汤姆坚持要开车进城，黛西和盖茨比驾驶汤姆的蓝色轿车，而汤姆与乔丹和尼克驾驶盖茨比的黄色轿车离开。路上，汤姆在威尔逊的车库停车加油，得知威尔逊打算和梅特尔搬到西部去，汤姆大为震惊。整个派对最后在广场酒店的一间会客室里结束，气氛火爆，盖茨比让黛西告诉汤姆她从来没有爱过他，然后再嫁给他，就像岁月从未流逝过一样。汤姆透露，盖茨比是在禁酒令生效后，在芝加哥的药店和沃尔夫山姆一起卖非法酒精赚的钱。盖茨比试图否认，但黛西失去了决心，盖茨比似乎无望。显然他们的关系已结束，黛西选择了和汤姆在一起。当他们离开广场时，尼克意识到这是他的 30 岁生日。

那天晚上，盖茨比和黛西一起坐着盖茨比的车离开，由黛西开车。路上，他们撞死了梅特尔，黛西驾车逃走。汤姆到达后，威尔逊告诉他是一辆黄色的车撞死了她，汤姆含泪驶向东埃格。回到布坎南位于东埃格的家后，尼克发现黛西和汤姆在家里关系自然而亲密，而盖茨比则躲在花园里空守着。第二天早晨，尼克去了盖茨比家。尼克建议他离开，担心他的车会被追踪到。盖茨比拒绝了，那天晚上，他把自己过去的真相告诉了尼克：他来自一个贫穷的农民家庭，在路易斯维尔服兵役时遇到了黛西，但当时他太穷，不能娶她。他的巨额财富是在战争结束后才挣来的（汤姆发现是靠走私）。尼克不情愿地去上班，盖茨比继续等着黛西的电话。那天下午，乔治·威尔逊来到东埃格，汤姆告诉他是盖茨比撞死了他妻子。威尔逊在盖茨比的游泳池里射杀了盖茨比，然后自杀。之后，布坎南一家离开长岛。尼克安排了盖茨比的葬礼，只有两个人参加，其中一个是盖茨比的父亲。由于厌恶东部的生活，尼克搬回了中西部。

《了不起的盖茨比》的核心是一个非凡的白手起家的故事。它讲述的是一个出身贫寒农民家庭的男孩通过白手起家致富的故事。如果《了不起的盖茨比》只是一个成功的故事，它不会像现在这样深深打动人们。一个男孩瞄准了星星试图重塑自己，努力去变得更好，努力变得更伟大，努力拥有更多，突然间，他从人群中脱颖而出，可是又不可避免地被自己的过去、被梦想的重量、被命运拉了下来。《了不起的盖茨比》不仅是一部悲剧性的浪漫小说，也是一首散文诗，一首对作者失去的爱的挽歌，一首对美国梦焦虑的悲情颂歌，一首关于战后创伤的爵士乐。

1. 美国梦

《了不起的盖茨比》被解读为对美国梦的悲观审视。美国梦——努力工作可以使人从贫穷走向富裕——从一开始就一直是美国身份的一个核心方面。为了追求财富和自由，殖民者从欧洲向西来到美洲。拓荒者为了同样的原因向西进发。然而，在《了不起的盖茨比》中，人潮转向了东方，成群结队的人涌向纽约，从股市上寻找财富。《了不起的盖茨比》将这种转变描绘为美国梦腐朽的象征。它不再是建立生活的愿景，而只是为了寻求财富。

黛西家码头尽头的绿灯强烈地吸引着盖茨比的野心，这是他强烈相信的"未来狂欢"的象征。"他走过了漫长的道路才来到这片蓝色的草坪上，他的梦似乎近在咫尺，唾手可得，几乎不可能抓不住的"（菲茨杰拉德，2004：163）。然而，一旦黛西到了盖茨比触手可及之处，绿灯的"巨大意义"就消失了。"他不知道那个梦已经远他而去，把他抛在后面，抛在这个城市那一片无垠的混沌之中"（菲茨杰拉德，2004：163）。从本质上说，绿灯是一个无法实现的承诺，一个尼克在小说结尾用普通术语理解的未来：一个我们从未把握，但一直在追求的未来。尼克把它比作早期移民对新世界的希望。当盖茨比把希望寄托在一个真实的事物（黛西）上时，他的梦想破灭了。他曾经无限的野心从此局限于现实世界，成为所有腐败的猎物。

盖茨比既象征着腐朽的梦也象征着原始的未腐朽的梦。他视财富为解决问题的途径，通过阴暗的计划追求金钱，并如此彻底地重塑自己，

111

以至于变得空虚，与过去脱节。然而盖茨比腐败财富梦的动机是对黛西不腐的爱。盖茨比的失败并不证明美国梦的荒唐——相反，它证明了让腐败和物质主义凌驾于努力工作、正直和真爱之上从而走捷径的美国梦的荒唐。盖茨比心中的爱情梦谴责了小说中几乎所有其他人物，除了对金钱的贪欲之外，他们都是空虚的。

2. 阶级

《了不起的盖茨比》描绘了三个不同的社会阶层："老贵"（汤姆和黛西夫妇）；"新富"（盖茨比）；还有一个可能被称为"无钱"（乔治和梅特尔）的阶层。"老贵"家族的财富可以追溯到 19 世纪或更早的时候，他们建立了强大而有影响力的社会关系，往往会在彬彬有礼的外表下隐藏他们的财富和优越感。"新富"阶层是在 20 世纪 20 年代的经济繁荣时期发家致富的，因此他们没有社会关系，往往会过度炫耀财富来弥补这种缺乏。

杰伊·盖茨比曾经一无所有，现在却住在长岛的豪宅里招待富人和名人。然而，尽管盖茨比的财富可能与汤姆的财富相当，但他最终还是无法跻身那生来富有的名流社会。他试图赢得来自美国精英家庭黛西的爱，结果以灾难和自己的死亡告终。《了不起的盖茨比》展现了盖茨比与汤姆在争夺黛西的新发展起来的争斗中，"老贵"与"新富"之间的阶层竞争。

"新富"和"老贵"之间的紧张关系通过西埃格和东埃格的对比表现出来。西埃格被描绘成一个俗气、傲慢的社会，到处都是在前所未有的物质主义时代发家致富的人。相比之下，东埃格是一个优雅的社会，白色宫殿般的豪宅、令人赏心悦目的精美别墅、香气袭人的玫瑰园、船头上翘的汽艇……一切都气势非凡。居住在那里的是美国沉稳的贵族，这些人继承了家族的财富，对西埃格"这个在长岛的一个渔村里繁衍出百老汇的一个没有先例的'地方'"不以为然。最后，可以说是东埃格取得了胜利：当盖茨比被枪杀、他的花花绿绿派对被驱散时，汤姆和黛西却没有受到夏天可怕事件的伤害。像往常一样，"没钱"阶层被上层斗争的人所忽视，像乔治·威尔逊这样的中下阶层的人或被遗忘或被忽视。

3. 过去与未来

尼克和盖茨比不断被时间困扰，过去困扰着盖茨比，未来困扰着尼克。当尼克告诉盖茨比他不能重复过去时，盖茨比说："我当然能够!"。5 年来，他不曾放弃对黛西的感情。"盖茨比天真固执地认为，通过自己的努力可以感化黛西，挽回流逝的美好岁月"（张旸，2015）。然而，5 年时间足以改变一个女人的内心，黛西说话的声音里已"充满了金钱"。盖茨比把他的一生都奉献给了与黛西重温美好过去的事业，他相信金钱可以重塑过去。菲茨杰拉德这样描述盖茨比："盖茨比深切地体会到财富怎样帮助人们拥有和保存青春与神秘"（菲茨杰拉德，2004：135）。但是盖茨比把"青春与神秘"与历史混在了一起：他认为与黛西一个月辉煌的爱情可以与她与汤姆分享的岁月和经历相媲美。正如"新富"是没有社会关系的阶层一样，盖茨比和黛西的关系存在于历史之外。

盖茨比和汤姆在广场酒店争吵的那天，尼克突然意识到那天是他的 30 岁生日。他认为自己面前的新十年是一条"布满荆棘的、凶多吉少的道路"。盖茨比死后，尼克心中的东部变得鬼影幢幢，"扭曲到连我的眼睛都无法矫正的程度。"尼克不再对未来充满期待，东部生活给予尼克的是世道的险恶，未来难以把握。从"老贵"与"新富"之间的斗争中，他清楚地看到了一个时代的终结和两种财富的毁灭。尼克对未来的恐惧预示着 1929 年的经济崩溃，经济崩溃使国家陷入萧条，结束了繁荣的 20 年代。

7.2.11　《都柏林人》［爱尔兰］詹姆斯·乔伊斯

爱尔兰小说家詹姆斯·乔伊斯（James Joyce），以在《尤利西斯》（1922）和《芬尼根守灵夜》（1939）等长篇小说中对语言的实验性运用和对新文学方法的探索而闻名。詹姆斯·乔伊斯对人性微妙而又坦率的刻画，加上他对语言的娴熟掌握和对新文学形式的卓越发展，使他成为现代主义文学的主要人物之一，并对 20 世纪的小说家产生了最重要的影响。

詹姆斯·乔伊斯的短篇小说集《都柏林人》（*Dubliners*），写于

1904～1907 年，于 1914 年出版。《都柏林人》结构清晰，伴随着相互交织、反复出现的象征。前三个故事以第一人称叙述，描绘了童年期；紧接着的四个故事讲述的是青春期，和其他故事一样，都是由第三人称讲述的，其语气和情感的变化反映了主人公的变化；接下来的四个故事是成年期，讲述了从中年开始的成熟生活；再接着三个便是政治、艺术和宗教的公共生活。这四组作品形成三、四、四、三的格局，整体匀称而和谐。第 15 个也是最后一个故事《死者》是全集的结局，不仅被认为是全集的瑰宝，也是一篇世界级的杰作。15 个故事构成一个有机的整体，反映了都柏林不同层面的生活。

《都柏林人》收录的这 15 篇短篇小说主要描写了都柏林的肮脏生活。"我们在其中读到的是小街陋巷的故事与浑浑噩噩的人们，散发霉味的房间与囿于其中的生活，自然主义的写实底下是象征主义的潜在暗流，甚至还能发现《尤利西斯》中那种诙谐戏谑的叙述手法、暗含寓言目的的故事以及晦涩难懂的神话典故"（冯新平，2020）。《都柏林人》所描写的是这个城市濒于瘫痪、死气沉沉的生活。

这些故事是在爱尔兰民族主义鼎盛时期写成的，当时对国家身份和目标的追求正如火如荼；在历史和文化的十字路口，爱尔兰被各种融合的思想和影响所震撼。它们以乔伊斯关于对事物真谛的顿悟为中心：所谓顿悟即人物有一个特殊的自我理解或自我启迪的时刻，"他让不同的主人公在一则则故事中屡屡经历精神顿悟，猝不及防地瞬间跳脱了既定的生命格局"（末之，2017）。

1. 瘫痪

《都柏林人》以爱尔兰首都都柏林为背景，强调了一个共同的主题——瘫痪，"即爱尔兰社会的政治、精神及道德的瘫痪"（李维屏，1996），一种 19 世纪末 20 世纪初弥漫于整个爱尔兰社会麻木不仁、死气沉沉的精神状态。

"瘫痪"在《姊妹们》中具有深刻的象征意义。弗林神父因中风而瘫痪。弗林神父在故事中是天主教的象征，他的瘫痪代表了天主教已无法与时俱进。当地人对这位牧师的去世有着复杂的感情，年轻的故事叙述者说，"令我奇怪的是，不论我自己还是天气，似乎都没有哀伤的意思，我甚至还不安地发现自己有一种获得自由的感觉，仿佛他的死使我摆脱了某种束缚"（詹姆斯·乔伊斯，2016：6）。弗林神父的死亡，在某种程度上代表了他所信奉的天主教的消亡。乔伊斯本人一生都在批评天主教会，他认为天主教会的教义已经过时，它们不复存在的时刻已经到来。

《伊芙琳》的主人公是生活在 20 世纪都柏林的一个女性：没有社会或经济地位，得不到尊重，还要承受来自父亲的暴力威胁。她渴望自由，渴望逃离单调的都柏林生活，但她几乎无能为力。伊芙琳的瘫痪也与她的无力感有关。在故事的结尾，伊芙琳无法做出决定是否跟弗兰克一起逃走，显示了一种精神瘫痪，精神瘫痪又导致了实际的身体瘫痪，她无法跟上弗兰克登上那艘船，无意中决定留在都柏林。当伊芙琳决定不离开都柏林时，她基本上放弃了一切改变的可能。

《赛车以后》发生在 20 世纪初，当时爱尔兰还是大不列颠和爱尔兰联合王国的一部分。爱尔兰由英格兰统治，英国人的剥削使爱尔兰大部分地区陷入贫困，总之，在 20 世纪早期，爱尔兰在政治和经济上都落后于许多西方国家。故事中的六个人物分别代表六个不同的国家：吉米代表爱尔兰；夏尔·塞古安代表法国；安德烈·里维埃代表加拿大；维洛纳代表匈牙利；鲁思代表英格兰；法利代表美国。在这个爱尔兰被排除在外的比赛中，乔伊斯把爱尔兰人描绘成不采取任何行动来改变现状的旁观者。当爱尔兰人看到来自更强大国家的汽车时，他们会不时地为之鼓劲，尤其是蓝色车——他们的朋友法国人的车子，"每一辆蓝色车经过山顶时都受到加倍地欢迎"（詹姆斯·乔伊斯，2016：41），表明爱尔兰人已经屈服于低人一等的地位。爱尔兰人支持法国人，说明爱尔兰人为了与更强大的国家结盟，从而加剧了国家的瘫痪。而吉米糟糕的决策和财政损失——这些都是在使爱尔兰人瘫痪的贫穷和惰性的背景下发生的——清楚地表明，爱尔兰的经济和政治形势，再加上爱尔兰自身由此产生的自卑感，注定了爱尔兰在与其他西方国家的竞争中会失败。

总之，爱尔兰人的情感世界以各种各样的瘫痪状态存在着。故事中的主人公生活在孤独与寂寞之中，无法实现爱情，无法逃离婚姻的禁锢，也无力进行情感交流。他们困于外界环境的束缚和内心世界的软弱犹豫，渴望逃离又无力挣脱，最终以一种瘫痪无力的精神状态活过残缺不全的人生（韩立娟等，2006）。

《都柏林人》中的每个故事都发生在都柏林城，都柏林城当时是爱尔兰生活和社会的中心。乔伊斯认为在都柏林社会中，天主教和英国的殖民统治是造成都柏林人精神瘫痪、阻止和压抑爱尔兰生活中所有潜在生气和活力的两股主要强大力量。

2. 死亡

"死亡是《都柏林人》最重要的一个主题"（詹姆斯·乔伊斯，2016：005）。从小说集的开篇到末篇，死亡贯穿其中。在《姊妹们》中，乔伊斯在很多方面把死亡描绘成一种解放的力量。在故事的开始，叙述者不仅带着恐惧，而且带着紧张的兴奋，期待着弗林神父的死亡。当叙述者的家人告诉他神父去世的消息时，他们似乎并没有对弗林神父的去世感到太难过，而叙述者"继续吃饭，好像对这消息漠不关心"（詹姆斯·乔伊斯，2016：4）。在《伊芙琳》中，死亡以多种形式存在。虽然伊芙琳在决定离开都柏林时经历了很多情感，但对死亡从未表达过强烈的感情。提到了母亲的去世，她没有表现出真正的悲伤和心碎。伊芙琳去世的邻居和家人基本上和搬走的人一样。离开都柏林和死亡之间的这种相似性意味着离开都柏林是一种隐喻性的死亡。如果伊芙琳离开都柏林，她知道对她离开的所有人来说，她实质上等于"死"了。婚姻也是死亡的隐喻，因为在 20 世纪的都柏林，女性的婚姻意味着自己身份的丧失。死亡和婚姻的联系在故事的结尾最为明显，伊芙琳意识到弗兰克会"把她淹死的"，即使这只是结束她在都柏林的生活。伊芙琳最终没有离开都柏林，但被限制在都柏林单调灰色的生活中也等同于死亡。在乔伊斯看来，都柏林的生活就是死亡。

在《死者》中，代表死亡的阴影一直笼罩着故事中的人物。"乔伊斯笔下的'死者'包括了所有的人"（詹树魁，1998）：已经死去了的人，如迈克尔·福瑞；即将死去的人，像凯特和茱莉娅姨妈，以及布朗先生；还有活着等同于死亡的人，比如主人公加布里埃尔和他的妻子格丽塔。和《都柏林人》中的其他人物一样，加布里埃尔和格丽塔经常发现自己处于瘫痪状态，无法控制自己的生活。对加布里埃尔和格丽塔来说，死者的力量比活人更强大。格丽塔因达尔西的一支歌《奥芙里姆的少女》想起了为她殉情而死的迈克尔·福瑞，从而感情瘫痪。想到自己的妻子一直在心里把他和另一个人比较，而且是一个在煤气厂工作的男孩，"一种对自我人格的羞辱意识袭上了他的心头""使加布里埃尔心中涌起一种朦朦胧胧的恐惧，仿佛在他希望获胜的时刻，某个无形的、蓄意报复的幽灵跟他作对，在它那个朦胧的世界里正纠集力量与他对抗"（詹姆斯·乔伊斯，2016：227）。他意识到他过着的不过只是一种没有激情、没有意义的生活，一种"活死人"的生活。在都柏林，死亡是普遍存在的，"一个接一个，他们全都要变成幽灵。最好在某种激情全盛时期勇敢地进入那另一个世界，切莫随着年龄的增长而凄凉地衰败枯萎"（詹姆斯·乔伊斯，2016：229）。而他目前正处于后一条道路上，过着毫无意义的生活，直到他将毫无意义地死去。他感悟到了整个爱尔兰人的麻痹人生："整个爱尔兰都在下雪"，雪花"落到所有生者和死者身上"（詹姆斯·乔伊斯，2016：230）。

7.2.12　《黑暗的心》［英］约瑟夫·康拉德

约瑟夫·康拉德（Joseph Conrad），波兰裔英国小说家和短篇小说作家，作品包括《吉姆爷》（1900）、《诺斯特罗莫》（1904），以及《间谍》（1907）和短篇小说《黑暗的心》（*Heart of Darkness*，1902）。约瑟夫·康拉德被认为是最优秀的小说家之一，他一生中因其散文的丰富性和对海上和异国危险生活的描绘而备受推崇，有英国"海洋小说大师"之称。

《黑暗的心》是康拉德最著名、最具争议、最具影响力的作品，是20世纪最深刻有力的小说之一，被誉为英国文学史上第一部真正意义上的现代主义小说。

故事开始于停在英国泰晤士河上的"赖利号"巡航帆艇。当太阳西沉、黑暗降临河水上空，海员查理·马洛开始向他的同伴们讲述他在非洲刚果河当内河水手的经历。通过他的姨妈，马洛从康采恩贸易公司得到了一个内河船长的职务，然后便乘坐一艘法国轮船前往非洲去指挥他的船只。船在刚果河口离公司管理机构所在地不远的地方停下，然后他搭上一条小海轮向自己的工作所在地航行。到了公司的一个站上，从公司的会计主任那里，他听说了一个叫库尔茨的贸易点负责人，库尔茨被认为是"第一流的公司代理人"，"他一个人送回来的象牙等于所有其他站的总和"，而且"欧洲的董事会一已经决定提拔他了"。第 2 天他同由 60 人组成的队伍继续走，15 天后到达总站，却被告知他的船已

117

经沉到河底。他不得不打捞沉船进行长达 3 个月的修理。经理告诉他，河上游的许多站等待着船只运进物资，一个非常重要的站遇到危险，它的站长库尔茨生病了。

船修好后又过了两个月，他们来到库尔茨贸易站下面的河边。他们爬上岸，在一间芦苇棚屋，马洛发现了一本书《驾船技术探索》，经理命令把木材搬上了船，然后开动船只前进。在离库尔茨贸易站大约八英里处，经理要求船只停泊下来，船停到了河心。第 2 天他们遭到了当地土人的攻击。船到达贸易站后，一个俄国人告诉他库尔茨病得很重，土著人攻击他们是因为"他们不愿意让他离开这里。"库尔茨已成为当地部落崇拜的神。后来俄国人又告诉马洛，"是库尔茨命令他们对汽船发动进攻的"，因为他不想走。第 2 天中午，载着库尔茨和象牙的汽船开始起航，大群大群的土人从树林后面拥来，一些土人中弹倒地，而那个既野蛮又无比高贵的土著女人向着汽船悲伤地举起了双臂。库尔茨死在了汽船返回的途中，临死前他微弱地喊着"太可怕了！太可怕了！"马洛又回到了他称之为"坟墓城"的城市，最后他找到了库尔茨的未婚妻，亲自把一捆信和她的一张照片交给了她。她问起了库尔茨的最后一句话，他告诉她是她的名字。马洛的故事讲完了，泰晤士河向着那无边的黑暗深处阴森地流动着。

1. 殖民主义

《黑暗的心》表达了康拉德对殖民主义的强有力批判。"透过冒险故事的表层，我们看到作者对帝国主义殖民政策的谴责"（高继海，1992）。马洛的故事发生在比利时的刚果，那里是欧洲在非洲最臭名昭著的殖民地，因为比利时殖民者极其贪婪，对当地人极其残忍。《黑暗的心》通过描述殖民代理人对非洲土著人可怕的挥霍和随意的残忍，揭示了整个殖民彻头彻尾的虚伪性。在欧洲，殖民非洲是正当的，因为它不仅能给欧洲带来财富，还能教化和教育"野蛮的"非洲土著人。而《黑暗的心》表明，殖民非洲，实际上不过是欧洲殖民者以殖民的崇高理想为幌子，恶意掠夺非洲的一切财富罢了。

库尔茨是一位心怀崇高使命感的欧洲殖民者，"是怜悯、科学和进步的使者"。作为内陆站的站长，他认为"每一个站都应该像是设在大路边指向美好前景的灯塔，它们当然是贸易中心，但同时还应该负起增进入道主义、改善生活和施行教化的责任来"（约瑟夫·康拉德，2018：77）。然而，在总站经理眼里，库尔茨只不过是个能从土人手里弄到象牙的"蠢材"，因为"公司的目的主要是为了赚钱"（约瑟夫·康拉德，2018：25）。不仅如此，由于传说库尔茨回到欧洲可能被提拔为公司副经理，经理感到自己未来的地位受到了威胁，便有了置他于死地的黑心："把他给绞死！为什么不可以？"库尔茨自己也一直怀疑"这里的这些白人全都对他怀着极大的恶意"。

库尔茨在黑暗的非洲最终"堕落"了。"为了获取象牙，他率领土著武士在周围打家劫舍，完全不受法纪的约束，甚至惹得殖民当局都想将他除之而后快；他掌握了土著的语言，以土著女人为情妇；他变成了一个嗜血的魔王，陶醉于生杀予夺的权力，把反叛者的颗颗人头插在货栈前的立柱上以震慑效法者"（陈雷，2021）。他的"庞大的计划""引诱着他的无法无天的灵魂，使它越出了人的灵感所能容许的限度。"他的灵魂发疯了，马洛看到的是一个"不知节制、没有信念、无所畏惧，然而却又盲目地跟自己进行着斗争的灵魂"。最后他带着他"阴沉的骄傲、无情的力量和胆怯的恐怖"全然无望地死去了。

《黑暗的心》与大多数关注殖民主义罪恶的小说不同，它更多地关注殖民主义对白人殖民者灵魂的伤害，而不是对黑人原住民肉体上的破坏。《黑暗的心》将其对殖民主义的批判延伸到其腐败的源头——欧洲"文明"。

2. 文明的空虚

《黑暗的心》描绘的是一个无可救药的、盲目腐败的欧洲文明。这部小说描绘的欧洲社会是一个核心空洞的社会。在整个小说中，马洛认为欧洲人所谓的"文明"是空洞的，虚伪的面具下隐藏着一颗黑暗的心，就像一个美丽的白色坟墓里面隐藏着一具腐烂的尸体。他也将这个未命名的欧洲城市称为"坟墓之城"（坟墓就是中空的）。

马洛进入黑非洲腹地的航程，也是一次探索自我、发现人内心黑暗的历程。马洛的前任船长弗雷斯利文，在非洲从事"崇高的事业已经有两三年了"，据说他是个"在两条腿的动物中从未有过的文明人儿"，但为了两只鸡，却与土人打斗，最后横尸荒野。当马洛深入非洲丛林，他的周围环境对他的心理产生了明显的影响：他的旅程不仅进入了地理

119

上的"黑暗之心",而且进入了他自己的心灵深处,或许也进入了西方文明黑暗的心灵深处。

他遇到的白人,从经理到库尔茨,都是"空的"。总站经理无才无能无德,唯一的过人之处便是"从来不生病"。而其他工作人员也无所事事,"所干的唯一事情是生病。他们依靠愚蠢地在背后进行攻击和搞阴谋诡计来消磨时间"(约瑟夫·康拉德,2018:55)。所谓的管理制度、慈善以及工作全都是"虚无缥缈的"。马洛的船是负责给河上游的站点运进物资,可是他的船却被经理带人"搞沉了"。马洛说,"我对那条船沉没的真实意义一时还没能完全明白,我想现在我是明白了"(约瑟夫·康拉德,2018:46)。马洛是否明白了库尔茨最终的死亡是经理的阴谋所致?是的,经理"是带着他那可以用来封住他那深不可测的下流心胸的特殊微笑"来回应即将死亡的库尔茨的。库尔茨没有死在非洲的黑人手里,而是死在了来自文明欧洲的白人手中。由于沉船耽搁了连续五个多月的时间,库尔茨工作的内陆站物资匮乏、一无所有,在病倒的好几个月里连一滴药水都找不到,正如那位年轻的俄国人所说,"他被人可耻地抛弃了。"他的身体已被扼杀,他的灵魂已被嗜血,"他的身子已经是空心的了"。

"主人公马洛所走过的是一条梦想破碎之路"(郁青,1997)。非洲的刚果河对于他是迷人的,他"一直急于想去看看"。但马洛的探索却失败了:他看到的是白人拿黑人当畜生使唤,是被殖民者用铁链锁住的黑人,而令他为之神往的人物库尔茨已变成了一个怪物。这次失败让马洛意识到一切事物的核心都是黑暗。

7.2.13 《蝇王》[英]威廉·戈尔丁

威廉·戈尔丁(William Golding,1911~1993),全名威廉·杰拉尔德·戈尔丁爵士(Sir William Gerald Golding),英国小说家,1983年因其关于人类状况的寓言而获得诺贝尔文学奖。威廉·戈尔丁可能是20世纪50年代和60年代出现的那一代英国小说家中最重要的一位。他的精彩的反乌托邦荒岛故事《蝇王》(Lord of the Flies)取得了巨大成功,已然成为经典。

《蝇王》是戈尔丁出版的第一部小说,讲述了一群被孤立在一个珊瑚岛上的学生们回归野性的故事。它对社会习俗迅速而不可避免地瓦解的富有想象力和残酷的描写引起了人们广泛的兴趣。《蝇王》探索了人性的阴暗面，并强调理性和智慧作为处理生存混乱工具的重要性。小说中，孩子们因为一场核战争乘飞机从英国撤离，这架载着成年人和预科学校学生的飞机坠毁在一个无人居住的岛上，所有的成年人都遇难了。当男孩们组成他们自己的社会时，他们建立社会秩序的尝试逐渐演变成野蛮行为。最后，孩子们放弃了所有的道德约束，在获救并回到文明社会之前，进行了谋杀。

《蝇王》是一部对大主题感兴趣的作品，它在三个层次上吸引了读者。第一个层次，它出色地观察研究了摆脱规则和习俗束缚的青少年。主角拉尔夫、杰克和猪崽子代表了英国学生的原型，但戈尔丁对他们了如指掌，使他们变得真实。他了解他们是如何运作的，并根据自己的经验来探索他们团体令人恐惧的崩溃。第二和第三个层次，《蝇王》展现了在纳粹欧洲恐怖之前难以想象的人性观，并对自然状态下的人类进行了思考。《蝇王》是阴冷、具体的，但也是普世性的，融合了愤怒和悲伤。它是一部 20 世纪 50 年代的小说，也是一部经久不衰的小说。一个奇怪的伊甸园变成了一幅后核世界生活的凄凉画像。《蝇王》对许多英美作家产生了广泛的影响。

1. 人性恶

在《蝇王》中，戈尔丁通过一群具有象征意义的少年儿童揭示了他的道德主题——人性恶。"戈尔丁是将'人性恶'引入荒岛小说的第一人"（薛家宝，1999）。在小说中，这群在核战争中被遗弃在太平洋岛屿上的学生重现人类堕落的过程，他们的关系从单纯的友谊堕落到极权主义的屠杀。

落到荒岛上后，起初幸存的孩子们齐心协力，和睦相处，后来由于害怕所谓的"野兽"逐渐分裂。小说中以拉尔夫为代表的一派象征着秩序和文明（善），以杰克为代表的一派则象征着野蛮和专制（恶）。在文明与野蛮的角斗中，由于饥饿、绝望和恐惧，大部分孩子恶性膨胀，出现了人性的裂变，摈弃了拉尔夫的文明，投靠了杰克的野蛮统治，最终发展到嗜血成性、相互残杀，把一座美丽的小岛焚为焦土。野蛮战胜了文明，充分暴露了人类自身天性中恶的一面。拉尔夫历经荒岛

121

磨难被救后失声痛哭，"为童心的泯灭和人性的黑暗而悲泣，为忠实而有头脑的朋友猪崽子坠落惨死而悲泣"，他认识到了"人性的黑暗"，懂得了秩序与文明的重要性。戈尔丁本人历经第二次世界大战和资本主义经济危机，他认为人性的缺陷是社会缺陷的决定因素。戈尔丁通过拉尔夫告诉人们：人类必须审视人性的弱点，警惕并遏制人性之恶，才能防止人间悲剧重演。

《蝇王》出版之际，正是东西方冷战激烈的时代，核战争的阴影笼罩着全球，人们对核战争的后果忧心忡忡。"孩子们把最初的一个伊甸园般的美丽世界变成一个充满血腥杀戮、野蛮的世界的过程，实际上就是一个人类社会发展的寓言式表达"（管建明，2007）。戈尔丁向人们揭示，"人性是险恶的，世界灾难的出现源于人性之恶"，所谓的"野兽"就是人本身的邪恶。"蝇王"，就是指人的邪恶本性。人类只有充分认识自身和现实社会中存在的邪恶，控制邪恶，才有可能避免新的灾难发生。"《蝇王》对人性恶的无情揭露表达了身处绝望中的人们对人类社会和人类未来的深切忧虑与高度关切"（朱雁芳和尹静，2011）。正如1983年诺贝尔文学奖的颁奖词所言，"他的小说用明晰的现实主义的叙述艺术和多样的具有普遍意义的神话，阐明了当今世界人类的状况。"

2. 野蛮与文明

野蛮与文明的对立也是小说的主题之一。《蝇王》里的人物是一群在文明发达的英国接受了良好教育、没有受到人世沧桑污染的纯净的孩子。他们带着从文明世界获得的教养来到这个荒岛，"当外在环境被还原到原始状态时，这群来自文明世界的小天使，便很快退化成了原始的野蛮人"（李源，2008）。

戈尔丁认为，人类本质上是腐败的，本性是邪恶的，规则和秩序使人们远离他们真实的、暴力的本性。规则似乎毫无意义，但它们是唯一能让人们生存下去的东西，规则和秩序是唯一能阻止文明崩溃的东西。在《蝇王》中，我们也了解到，绝对的权力会导致绝对的腐败，但有限的权力可能最终会让领导者变得更好，这就是拉尔夫和杰克的不同之处。拉尔夫作为首领的角色变得更加成熟，而杰克则变得野蛮。在小说中，"飞机""眼镜""军舰"等都是人类文明和理性的代表，但不幸的是，飞机被炸毁，眼镜被打碎，文明在野蛮面前是如此脆弱。对权力的渴望打破了男孩们脆弱的文明，引起冲突和竞争，瓦解了男孩们的群体，最终摧毁了原始的丛林。

《蝇王》告诉人们，一旦你把人置于一个惩罚和后果的制度之外，他们就会忙于毁灭自己。文明是武断的，但却是必要的，这是唯一能阻止人们互相残杀、也可能是唯一让生命值得活下去的东西。

7.2.14　《嘉莉妹妹》［美］西奥多·德莱塞

西奥多·德莱塞（Theodore Dreiser）是美国现代小说的先驱，现实主义作家。他是美国杰出的自然主义实践者。他是一场用毫不畏惧呈现现实生活题材来取代遵守维多利亚时代礼仪观念的全国性文学运动的领军人物。《嘉莉妹妹》（*Sister Carrie*）是西奥多·德莱塞的第一部小说，是美国文学中极为重要的一部作品，成为后来美国现实主义作家的典范。除其他主题，他的小说探索了在快速工业化的美国出现的新的社会问题。

《嘉莉妹妹》是讲述美国梦的小说，但它是以激进自然主义精神而不是维多利亚时代对道德的强调来讲述美国梦的。在某种程度上，它写得不那么优美、雅致，有时行文滞重，甚至充斥着粗俗的愤怒。但在它那个时代，从创造性的角度来说，它是游戏规则的改变者。它"像一股强劲的自由的西风席卷了株守家园、密不透风的美国，自从马克·吐温和惠特曼以来，头一次给我们闷热的家庭生活吹进了新鲜空气"。美国第一位诺贝尔奖得主辛克莱·刘易斯说。

《嘉莉妹妹》讲述了一个无人引航但漂亮秀美的小镇女孩带着朦胧的抱负来到大城市的故事。她被男人利用，反过来她又利用他们成为一个成功的百老汇女演员，而与她私奔的已婚男人乔治·赫斯特伍德则失去了对生活的掌控，沦落为乞丐，最终自杀。《嘉莉妹妹》是美国自然主义的第一部杰作，它以真实的笔触描绘了城市生活的变幻莫测，书中天真的女主人公因违反传统道德却没有受到惩罚。这本书的力量在于深沉而富有同情心的人性观，令人难忘的人物阵容和引人入胜的叙事线。德莱塞对 19～20 世纪之交的美国城市进行了细致入微、引人注目的描绘。

1. 美国梦

《嘉莉妹妹》中的每个角色都在追寻自己的美国梦——由一个不断发展繁荣的民主国家提供的美国梦。嘉莉妹妹，一个贫穷的乡下姑娘，满怀着对生活中更美好事物的期望来到了芝加哥。她属于美国中下层阶级，一心追求物质享受，对这座具有雄心壮志、冒险精神和强大活力的城市充满了憧憬，"狂热地梦想获得朦胧而遥远的至高无上的权力"，想象着一旦自己腾达，全家即可迁到大城市，生活会更加美好，她将是幸福的。为了成功，嘉莉先是与德鲁埃同居，尽管她并不爱他，这是嘉莉一连串徒劳地寻找幸福的尝试中的第一次。然后她与赫斯特伍德私奔出逃。自此以后，她成了日益绝望感情的受害者，这种感情加上她对舞台的迷恋，把她带到了纽约和百老汇歌舞团的生活。她抓住机会，脱颖而出，照片登上各大报刊，成为红极一时的明星。伴随着接连不断的成功是丰厚的薪水，嘉莉成为"城市新女性个人奋斗的代表"（杨奇和蒋承勇，2020）。通过嘉莉妹妹，德莱塞强调了女性也可以实现美国梦。

德鲁埃也在寻找他自己的美国梦。德鲁埃为人善良、厚道、随和，但放荡不羁。他虽不属于有钱人，但已经取得了一定的地位，日子过得挺快活，穿着做工讲究的衣着，时常与有成就的名人交游，老一套生意经也干得很满意。然而，他还追求代表他美国梦的其他欲念，比如用一个美丽的女人来装饰他的手臂和他自己的家。"他心中只崇拜一个偶像——完美无瑕的女人"（德莱塞，2003：112）。

赫斯特伍德已经有了家庭，有了很好的工作职位、身份和地位，还有社会名望，然而，他想要的更多，他还要寻求爱、赏识和更多的威望。赫斯特伍德思想虽不像德鲁埃那么轻浮，但却肆无忌惮地把权力准则抛到一边。这位春心不老的酒店经理被嘉莉的姿色迷住，企求并得到了嘉莉的爱情。春风得意之时，他是那些身穿华服、带着自鸣得意和不可一世派头的发迹者中间的一盏明灯。他在寒暄客套、阿谀奉承中享受着自己的美国梦。

尽管嘉莉获得了巨大成功，但生活在繁华喧闹的城市，她仍然感到一种与周围人深深的疏离感，一种彻底的孤独感。坐在可以俯瞰百老汇街景的窗前，嘉莉感到的不是满足，"我总觉得自己有点儿孤单单的"，"她觉得自己无比孤独，好像她已是在绝望地、孤立无援地拼搏着"

（德莱塞，2003：538）。嘉莉并没有得到她想要的幸福。

而赫斯特伍德随着对嘉莉恋情的日益增长，完全撒手不管自己的家庭而转向了嘉莉。"殊不知他挨近的是这么一朵百合花，正是从他断断乎没有深入过的深水处汲取柔美和芬芳，从他不了解的软泥沃土中成长起来的"（德莱塞，2003：154）。赫斯特伍德完全不顾及自己的社会责任以及自己的行为造成的后果，与嘉莉一起私奔，导致名誉扫地，颜面尽失，最终在租来的房子里用煤气自杀了。

《嘉莉妹妹》表明，美国梦不过是一个大神话而已。

2. 社会与阶层

德莱塞始终非常关注美国社会里愈益明显的贫富悬殊所蕴含的道德后果。在 19 世纪末和 20 世纪初，工业的发展给美国带来了一段繁荣时期。随着工厂的兴旺，工作机会也越来越多。人们在工厂管理岗位上和其他白领工作中赚的钱很多。然而，工厂工人不仅收入低，而且工作时间长。因此，在富人和穷人之间存在着广泛的分歧。在《嘉莉妹妹》中，社会阶层的差别是显而易见的。有的人有钱有势，有的人身无分文，还有的人则身处两者之间。小说中的人物几乎不存在于他们的阶层差异之外：人们穿的衣服、住的房子、参与的活动将富人和穷人区分开来。

当然，这些阶层差别并不是一成不变的。嘉莉来自一个中下阶层的家庭，她立志要超越这个阶层。她走的是一条典型的美国人的道路，一条在当时社会道德观念中"不正经的邪恶道路"。嘉莉最终成为名利双收的演员，挤进了上流社会。反观赫斯特伍德，他本属上流社会，一个追求舒适享受的芝加哥一家豪华酒吧的经理，"他身上穿着用进口料子精工缝制的衣服，手指上戴着好几枚戒指，领带上系着一颗精美的蓝色钻石饰物，扎眼的、款式新颖的背心上拴着一根纯金表链，表链上挂着一个设计精巧的小饰物，连同一块式样和雕饰堪称最新的怀表"（德莱塞，2003：43）。但他却堕落了，失去了财富、社会地位，以及社会阶层带来的自豪感，最终陷入了最穷苦人的困境，从而丧失了性命。

德莱塞用饱含同情的笔塑造他的人物，客观地揭示了贫富不均等诸多社会问题。嘉莉的命运模式离不开阶级差异的社会根源，赫斯特伍德的败落也是德莱塞对美国社会道德的深度挖掘。当赫斯特伍德丢掉他在芝加哥的社会角色，来到纽约这个繁华富丽却人情冷漠的大都会，他的

125

悲剧也便接踵而至。

3. 道德与伦理

《嘉莉妹妹》展示了一个不公平的社会是如何使个人不可能按道德或伦理行事的。《嘉莉妹妹》中的人物经常陷入让他们的道德是非感受到直接考验的困境。嘉莉应该委身于德鲁埃吗？嘉莉应该离开德鲁埃去找赫斯特伍德吗？她应该与赫斯特伍德私奔吗？当赫斯特伍德在纽约穷困潦倒落入悲惨境地时，嘉莉是否有道德上的责任去帮助他？《嘉莉妹妹》把主题聚焦到了道德和伦理上。

德莱塞对他笔下人物的行为没有做出道德判断。他把同居、不忠等描写成人类关系中自然发生的事情。他以怜悯、同情和敬畏的心情描写他笔下的人物。在 20 世纪初，维多利亚时代的道德和美德仍然指导着人们的行动。当时美国人接受的传统教育是：女人唯有贞操是最珍贵的，堕落必遭报应，邪恶必将获罪。然而，德莱塞大胆冲破传统理念束缚，披荆斩棘，锐意革新，让嘉莉一度崛起成为红极一时的明星，这是对体面的美国人遵循的所谓生活准则的直接挑衅，是对当时的正统社会道德的挑衅。

对于赫斯特伍德而言，嘉莉是一朵"百合花"，也是一朵"恶之花"，遇到嘉莉他便开始走向衰败。赫斯特伍德在芝加哥是酒吧经理，若没有意外发生，可以终生过着衣食无忧的生活。但是当他与嘉莉私奔到纽约，他完全失去了以前的优势。在名人云集、富豪望族比比皆是的纽约，他不过是沧海一粟。况且，他年龄已高，没有什么技艺，不像年轻漂亮的嘉莉，接受新鲜事物强，能很快适应新的环境。最终，不仅工作之门没有为他打开，去见嘉莉的门也对他关闭。是啊，"活下去还有什么用呢。"赫斯特伍德逾越道德底线，欺骗嘉莉与他私奔，也给自己带来了灾难。

德莱塞笔下的人物在社会狭隘压抑的道德习俗面前挣扎着实现自我，他们往往获得物质上的成功和情爱上的满足，而更持久的精神上的满足却远离他们。《嘉莉妹妹》无疑是不朽的文学作品，它表现了对世纪之交美国经历的深刻理解，体现了广泛的欲望和无处不在的幻灭。

7.2.15　《德伯家的苔丝》［英］托马斯·哈代

托马斯·哈代（Thomas Hardy）是 19 世纪末叶英国最著名的小说家，20 世纪初最著名的诗人之一，英国 19 世纪后期现实主义作家的重要代表。《德伯家的苔丝》（*Tess of the d'Urbervilles*）是哈代小说的代表作，奠定了哈代在英国乃至世界文学的地位。小说描写了社会如何把一个纯洁美丽、质朴善良的农村姑娘逼得走投无路，最终拿起武器向仇人复仇的故事。

故事发生在 19 世纪末。5 月后半月里的一天傍晚，布蕾谷马勒村的小贩杰克·德北突然得知自己是名门将种德伯氏的嫡系后代，于是便让女儿苔丝·德北去认本家，希望能攀一门高亲，使他的家庭摆脱贫困。苔丝是一个非常漂亮的女孩，一双大眼睛非常动人。富有的德伯家的儿子亚雷·德伯试图引诱她，却发现她并不轻易上当。但在一次赶集的晚上她还是被他骗上了马鞍。亚雷骑着马有弯就拐，在月亮完全西沉后，他们迷失在一片树林里。在一棵树下，亚雷把睡着了的苔丝奸污了。苔丝回到她父母在的马勒村，生下一个孩子，名叫苦恼。一天孩子突然生病死亡，苔丝在家亲自为孩子洗礼，并把他偷偷埋在了教堂的坟地里。

苔丝第二次离开了家，去邻县的一个奶牛场工作，那里没有人认识她。在奶牛场，她认识了工人安玑·克莱。安玑是一个牧师的儿子，正在学习各种农业知识，以便可以在殖民地、在美国，或在本国独立生活。他们俩相爱了。苔丝想把她的过去告诉安玑，但一次次错过了机会。新婚之夜，安玑向她坦白，在认识苔丝很久以前，他曾在伦敦和一个陌生女人有过短暂的风流韵事。苔丝觉得她也可以把亚雷的事告诉他，因为那不是她的错。但安玑不这么认为。苔丝不是一个处女，这使他感到震惊和恐惧，于是他离开她跑到了南美。苔丝伤心欲绝，不停地换工作，试图抛却烦恼，但烦恼一直困扰着她。亚雷在路上遇到了她，虽然他已经成为一名基督徒，但他再次为她着迷，最终说服了她和他住在了一起。尽管她已经合法地嫁给了安玑，但是苔丝已经放弃了安玑会回到她身边的希望。最终安玑还是回到了她身边。当苔丝看到安玑时，她把亚雷杀了。安玑于是和她一起逃走。他们逃离乡村，最终在悬石坛被当局抓获。苔丝被执行死刑。

小说对主人公苔丝不幸命运的描写，表现了人的命运、人与社会的关系、社会的等级差异和贫富不公等丰富深刻的内容，给人以众多的认知、启迪和警示。

1. 不公和命运

在《德伯家的苔丝》中，命运的残忍之手一直笼罩着苔丝。苔丝的命运体现了哈代宿命论色彩：人越是抗争，就越是会陷入命运设置的罗网。"当一个贫弱女子试图改变自己的命运时，悲剧性的结局便具有了某种必然性"（王守仁和方杰，2006）。《德伯家的苔丝》中代表命运的是强大的社会力量，人与社会力量的强烈冲突贯穿故事始终。

《德伯家的苔丝》的时代背景是 19 世纪后期的英国。英帝国此时正经历由盛转衰，工业垄断地位逐渐丧失，从 70 年代爆发的剧烈经济危机后 20 余年间，几乎不断处于危机和萧条之中，农村各地也相应爆发严重危机。苔丝故事便发生在此时英格兰西南部偏僻落后的农牧业地区。她上过村里的小学，处于天真纯洁的年纪，"还丝毫没沾染上人生的经验。"像这样一位姣好貌美的姑娘，理应得到健康的成长，为社会尽其所能，进而享受应得的美好生活。但她所面临的却是"环境的愚昧、经济的贫困、暴力的污损、社会的歧视、爱人的遗弃"，似乎一切都与她作对。

当她那贫穷的家庭得知自己的贵族血统后，她那懒惰的父亲和无知的母亲便派苔丝去那家祖姓德伯的富裕家庭认本家。"她很有钱，她见了苔丝，一定会对她有份儿意思。"他们认为通过认本家，说不定"会有阔气的体面人和她结婚"那苔丝就"走上攀一门高亲的门路"，尽管有人提醒"可别把还青绿的麦芽撒到地上"，但昏聩无能的德北夫妇一心只想攀升，似乎苔丝"正佳境在望，快婿临门了。"

不料悲惨的是，迷人而天真的苔丝被放荡的亚雷诱惑然后又被抛弃，她偷偷生下了孩子苦恼，可怜的苦恼在婴孩时期便夭折了。后来苔丝当了一名挤奶女工，遇到了安玑·克莱，并嫁给了他。安玑是一位理想主义的绅士，在新婚之夜，当他得知苔丝的过去后，他断然拒绝了苔丝。他看不起苔丝，视苔丝为"奄奄绝息的贵族留下的一枝日暮途穷的孽子耳孙"（哈代，2003：296）。安玑离开后，情感上的缺失和经济上的贫困，使苔丝不得不再次向德伯屈服。当安玑回来找她时，她凄怆悲伤地告诉安玑"他又把我弄回去了。"出于愤怒，苔丝杀死了亚雷。黑旗升起，典刑明正，命运对苔丝的戏弄也结束了。

苔丝身边的社会给予苔丝的"正义"就像"众神的主宰"一样残酷。面对社会种种有形无形的邪恶势力迫害摧残，苔丝虽几曾挣扎、对峙、抗争，最终仍不得不悲怆地屈服湮灭。

2. 社会批判

托马斯·哈代以《德伯家的苔丝》为载体，对 19 世纪后期英国维多利亚时期的社会进行了有力批判。哈代"一生见证了英国农民阶级的逐渐消亡，亲身感受了资本主义工业文明对乡村宗法文明的吞噬"（王琳，2013）。19 世纪后期，资本主义生产方式侵入偏远落后的农业地区，导致了小农经济的崩溃和古老秩序的破坏，给以农业劳动者为主体的各行各业的人们带来了不幸。"自在的生活、古朴的民情已成为一个遥不可及的美梦，取而代之的是以苔丝和裘德为代表的广大的乡村人民在现实与理想、灵与肉的冲突中被压垮、被撕裂"（王琳，2013）。

在《德伯家的苔丝》中，哈代呈现了一个人的精神被各种力量击垮的世界，不是命运的力量，而是社会等级的力量。哈代本人出身社会下层，长期生活在故乡村镇，他熟悉和了解普通人们的思想感情，他的小说充满了对这些普通人尤其是女性的至诚尊重和深切同情，对她们的厄运饱含着强烈的悲愤（王佐良和周珏良，2006）。小说最大的批判是社会针对性别的双重标准，传统道德对女性的压迫。苔丝失身了，社会谴责她是不洁的女人，她成为罪人，而不是制造悲剧的真正罪人亚雷。新婚之夜，她坦诚地告诉丈夫自己受骗失身的往事，却遭到丈夫遗弃，父母友邻疏远冷淡她，对她说短论长，而安玑婚前"曾跟一个素不相识的女人，过了四十八点钟的放荡生活"（哈代，2003：287）却很少有人提及。苔丝生活中经历的种种极端和不幸凸显了社会对她的不公平对待。

小说的名字《德伯家的苔丝：一个纯洁的女人》具有强烈的社会批判意义。哈代认为，苔丝是维多利亚时代严格道德规范的道德受害者。按世俗的成见，苔丝失身后已然为不纯洁女人，但哈代却称其为"一个纯洁的女人"，把批判的矛头直指维护传统道德观念的社会和基督教教会。样貌出众的苔丝，集纯朴、善良、勤劳、坚强于一身，但却惨遭社会邪恶势力的毁灭。"苔丝遭辱失身不仅保持了固有的美德，而且更加勇敢刚毅，更加富于反抗精神，这不仅是出淤泥而不染，而且是出污泥而弥洁"（哈代，2003）。但无论她如何抗争，终究逃不出悲剧性的结局。苔丝的不幸是她所处社会经济、政治和阶级地位使然。社会是冷漠无情的，它只能扼杀人们的愿望。哈代多希望"将来人类的文明，有进化到至高无上的那一天"（哈代，2003：50）。

作为文学作品中最著名的人物之一，苔丝的最终死亡可以说是人类残忍行为的直接结果，也是 19 世纪英国所有文学作品中对女性生活最令人感动的控诉之一。发生在苔丝身上的悲剧正是对当时社会的鞭挞和揭露。

7.3　十部经典小说主题阅读

"教育是为了人"（玛莎·努斯鲍姆，2017：34）。"人文教育的目的就是要让这些社会精英通过与伟大心灵的对话，通过了解人的伟大，而成为有德行的、具有人的优秀的人"（徐贲，2015：224）。本部分选取的十部文学经典作品，有九部出自《指南》的阅读书目，它们是《野性的呼唤》《格列佛游记》《达洛卫夫人》《人鼠之间》《弗兰肯斯坦》《喜福会》《小城畸人》《宠儿》《名利场》。最后一部《米德尔马契》，被视为"最伟大的英文小说"，是"最完美的伦理道德典范"。

7.3.1　《野性的呼唤》［美］杰克·伦敦

《野性的呼唤》（*The Call of the Wild*）是 20 世纪美国现实主义作家杰克·伦敦（Jack London）所著的一篇无与伦比的小说。评论家热情地称其为一篇卓越的充满人情味的寓言。杰克·伦敦在其十多年的文学创作生涯中共创作了五十多部脍炙人口的文学作品，发表于 1903 年的《野性的呼唤》是其最为别具一格的小说，它通常被认为是他的杰作，是他所有出版物中阅读最广泛的一部小说。小说的独特性在于，透过这一动物小说，读者可以走进动物的内心世界，并以动物的独特视角去审视人类社会。

《野性的呼唤》是关于一只文明世界的狗在人的逼迫下回归野蛮的故事。巴克是一只非同寻常的狗，它原本是米勒法官家一只受人喜爱的家养宠物，过着舒适的生活。然而，在克朗代克发现黄金后，它被米勒的一个园丁偷走卖给了狗贩子。不久它被运往北方，受到了棍棒的教训。巴克遇到了很多挑战，经历了很多变化。它先是和一只名为柯利的狗一起被卖给了弗朗索瓦和佩罗，做了雪橇犬。柯利向另一只狗斯皮茨表示友好，却被咬倒在地上，瞬间就被周围的爱斯基摩狗撕碎。柯利的死使巴克震惊，巴克心里原始狡猾的天性被逐步唤醒。在与领头狗斯皮茨的不断冲突中，巴克不断威胁着斯皮茨的主权，最终巴克杀死斯皮茨，承担起了领队的责任。在巴克的带领下，队伍开始以创纪录的时间进行旅行。

但这支队伍和巴克又被卖给了一名邮递员，邮递员强迫这些狗拖拉极其沉重的货物，导致其中一只狗死亡。后来这支队伍再次被转卖给了美国淘金者哈尔、查尔斯和梅赛德斯。这三人毫无经验，让雪橇超载，而且不断殴打雪橇狗，致使超过一半的狗死亡。当他们来到约翰·桑顿的营地时，桑顿警告他们，他们将要穿越的冰层正在变薄，不安全。这些人无视他的警告，试图离开。其他的狗都服从了，只有巴克不愿走上冰面，结果被哈尔打得奄奄一息，直到桑顿上前砍断巴克的挽绳。哈尔他们继续前进，结果掉进冰层，全部死亡。被救的巴克对桑顿很忠诚，它甚至在桑顿溺水时救了他。巴克喜欢和桑顿形影不离，然而巴克对桑顿的爱受到了它日益增长的野性欲望的挑战。它开始长时间地消失在森林里，但又总是能回到桑顿的身边。一天，巴克回来发现桑顿被印第安人杀死了，带着无法控制的愤怒，巴克杀死了几个印第安人，驱散了其余的印第安人。巴克冒险进入森林，成为狼群的领袖。尽管现在巴克已经完全野性了，但每年它仍然会回到桑顿死去的地方哀悼它最好的朋友。

《野性的呼唤》体现出了多重主题，其主要主题是巴克在逆境中的成长。

1. 生存与竞争

适者生存的哲学思想贯穿了小说的每一页。《野性的呼唤》告诉人们，任何杀不死你的都会让你变得更强大。巴克最初在米勒法官的农场里是受人尊敬的宠物，是许多家庭狗和农场狗的首领狗，是在阳光灿烂的山谷中统治自己领地的动物之王。"巴克统治着这片广阔的领地。它在这儿出生，并生活了四年"（杰克·伦敦，2020：006）。"一百四十磅的体重，加上由于养尊处优的生活和受到的普遍尊敬所带来的高贵品性，使它具有了十足的王子风度"（杰克·伦敦，2020：007）。作为一只享有特权和尊严的狗，它是作为一个同伴而不是一只工作犬悠闲地度着它的日子。

然而，人类的贪婪和堕落给它带来了暗无天日的艰辛生活。在加拿大育空地区发现黄金后，由于对雪橇犬的需求增加，巴克被偷走贩卖赚钱，不久巴克就被运往了北方。从那时起，它的生活发生了巨大的变化，使它陷入了一个又一个的困境，陷入了一系列检验他适应能力并深刻改变它的考验。在北方，巴克第一次尝到了棍棒的教训。它第一次认识到，一个有棍棒的人更强大，为了生存，它必须服从一个有棍棒的人，公然反抗一个拿着棍棒的人是在自取灭亡。常识战胜了它天生的骄傲。

"在北方的荒野，生存是唯一的目标，残忍是唯一的途径"（崔小清，2014）。巴克被打后，它的世界里不再有怜悯和仁慈。"它被打了（它知道），但没有垮掉。它彻底明白自己根本无法反抗一个手持棍棒的人。它吸取了这个教训，今后永远也不会忘记"（杰克·伦敦，2020：017）。柯利悲惨的死又让它警醒：在北方，统治狗的世界的是棍棒与犬牙法则。柯利友好地向一只北方狗接近却被瞬间撕碎的场景使巴克意识到"，你一旦倒下去就完了（杰克·伦敦，2020：027）。为了求得生存，巴克变得聪明而狡猾。它不断观察、不断学习，为生存进行着无情的斗争。它的肌肉变得坚硬如铁，视觉和嗅觉变得相当敏锐，而且它学会了用牙撕咬、像狼一般猛扑。在北方这个怀有敌意的环境里，"道德品性成了一个徒劳无益的东西或障碍"（杰克·伦敦，2020：035），生存才是唯一最重要的硬道理，那个穿红衣衫的男人已经把棍棒与犬牙法则打进了它的身体里。

在巴克身上，早已死去的本能再次复生，原始兽性成为支配力量。在严酷的环境下，巴克具备了"杀戮欲，杀生的快乐"（杰克·伦敦，2020：056），在与斯皮茨较量的过程中，它变得异常狡诈，最后毫不留情地杀死了它的敌人。

巴克在举步维艰的生存道路上绝不屈服于命运的坚强性格，"彰显了它对生命的尊重、对生存意义的追求和对精神自由的向往"，同时

"也反映了达尔文的自然环境下'适者生存'的自然选择思想以及斯宾塞的社会进化论中的社会选择观"（唐建怀，2018）。杰克·伦敦向人们揭示了适应和竞争是成功的进一步动力，在险恶的环境下，要想生存，就必须学会适应环境，适应竞争。要想生存，必先适应，而且只有强者，才有生存的可能。

2. 知识与智慧

在《野性的呼唤》中，巴克是凭借着新的知识和智慧生存下来的。适应是生存的必要条件。当巴克被抛进一个条件恶劣、人类无情的新世界时，它需要学习如何做好它的工作，如何与其他狗共处，以及在许多其他狗死于这种条件下时自己如何生存。我们看到的是巴克身体上、心理上和精神上的适应，周围的世界使巴克变得坚韧而坚强。

巴克被贩卖到北方荒野之后，某些野性的情感被激发出来：狩猎的需求，杀戮的欲望，对领导和统治的渴望。在拉车生活这种艰难的条件下，它的野性和狡猾有增无减，"新产生的狡诈使巴克能沉着冷静，善于控制"（杰克·伦敦，2020：041）。它学会了谨小慎微，从不轻率鲁莽。在与领头狗斯皮茨的搏斗中，虽然"斯皮茨是一个有经验的斗士"，但巴克有一个超凡出众的特性——富于想象。"它靠本能搏斗，但也靠智慧搏斗"（杰克·伦敦，2020：060）。凭借计谋它先是咬断了斯皮茨的左前腿，又咬断它的右前腿，不久，斯皮茨便在爱斯基摩狗的狗圈里消失了。巴克代替斯皮茨当上了领头犬，"凡需要作出判断的地方，或需要思维敏捷、行动迅速的地方，它都显示出了甚至超过斯皮茨的才能"（杰克·伦敦，2020：070）。

巴克在一个只有强者幸存、充满敌意的环境里胜利幸存下来，靠的是它极强的适应性，它随遇而安的能力，它坚韧的生存意志、顽强的生存力量和机敏的生存智慧。它明白，在慈爱与友谊法则之下的南方，生活是安逸美好的，但在北方棍棒与犬牙的法则下，缺乏适应能力"便意味着快速、可怕的毁灭"（杰克·伦敦，2020：035）。巴克的一个显著特征就是能够为了更长远的目标可以接受暂时的小小挫折。为了长久，它必须屈服于人类的武器和它作为雪橇狗的新生活，但这种屈服可以使它能够去战斗并最终赢得更大的战斗，这可能是巴克与其他狗最不同的品质。

133

3. 对善良人性的呼唤

《野性的呼唤》用大量的篇幅描写了狗、自然和人类，以狗喻人，表达了作者对人与自然复杂关系的独特理解以及对人性的深度思考。在《野性的呼唤》中，大自然是一种不可忽视的力量。在加拿大北部的冰冻地带，巴克经历了饥饿、疲惫，当然还有严寒。但是自然界并不完全是敌对的，它也刺激了这些狗，塑造了它们，把它们塑造成更为坚强、更为强大的生物。可以说，荒野既是一位对手同时又是一位向导。在大自然中巴克成为一只更强大、更有统治力的狗，可以和人类进行对抗。在对抗的过程中，巴克也懂得了友谊、忠诚、同情及自豪等各种情感。

自进入北国以来，巴克换了一个又一个主人，但在最后一个主人桑顿那里，它感受到了爱和温暖。"它第一次得到了爱，纯真热烈的爱。这种爱，它在阳光普照的圣克拉拉山谷米勒大法官的那片开阔高地上也从没得到。和大法官的儿子们去打猎、跋涉，也只是一个劳动的伙伴；和大法官的孙子们在一起也只是一个自负的保镖；和大法官本人在一起也只是一个高贵荣耀的朋友。但这种强烈炽热的爱，怀着敬慕的爱，疯狂的爱，只有约翰·桑顿才带给了它"（杰克·伦敦，2020：108）。桑顿具有仁慈善良、宽宏大量的性格，他不仅救了巴克的命，而且视巴克如自己的孩子一般，使巴克快乐无比。在巴克眼里，桑顿不仅是它的救命恩人，还是一位理想的主人。巴克对桑顿也怀着深深的爱，对他忠心耿耿。尽管巴克现在"是一个野性之物"，并且来自密林深处那"令它激动和富于诱惑力的呼唤"不断地召唤着它，"但每当它走到那未开垦的潮湿地带和绿色的树荫里时，对约翰·桑顿的爱又把它拉回到火边"（杰克·伦敦，2020：113）。

巴克渴望成为它的祖先所属的野性世界的一部分，但它又怕桑顿会从自己生活中消失。当它发现印第安人杀死了桑顿，它"因对约翰·桑顿的巨大的爱而失去了理性"，对印第安人大开杀戒。桑顿死了，它感到了巨大的空虚，这空虚也让它痛苦不止。"人和人的要求不再束缚着它了"（杰克·伦敦，2020：151），它和它的荒野兄弟并肩隐没到了森林中。但每年夏天，它还会回来，来到桑顿死去的地方，沉思一段时间后"发出一声悲哀的长嗥"。这长长的嗥叫所表达的既是巴克对桑顿深厚的爱，也是作者杰克·伦敦对善良人性的呼唤。

7.3.2 《格列佛游记》［英］乔纳森·斯威夫特

英裔爱尔兰作家乔纳森·斯威夫特（Jonathan Swift）是英国文学史上最著名的讽刺作家之一。他以著名的《格列佛游记》（Gulliver's Travels）和《一只木桶的故事》（A Tale of a Tub）等作品闻名于世，他曾被高尔基称为"世界文学创造者之一"。

《格列佛游记》，原标题为《在世界几个边远国家的旅行》（Travels into Several Remote Nations of the World），是斯威夫特创作的一部长篇游记体讽刺小说，首次于1726年匿名出版。《格列佛游记》把冒险与野蛮讽刺结合起来，对当时英国的习俗和政治进行了嘲讽。

这本书由四卷组成，四卷描述了四次冒险，以里梅尔·格列佛的视角写成，他原本是外科医生，后来做了船长。在第一次冒险中，格列佛是一场海难的唯一幸存者，他游到小人国，被绑了起来，带到了首都。小人国利立浦特人沉溺于荒谬的习俗和琐碎的辩论。例如，政治派别分为高跟党（代表英国保守党）和低跟党（代表英国辉格党），而宫廷职位则由最擅长跳绳舞的人担任。格列佛被请去帮助保卫利立浦特抵抗不来夫斯古帝国，利立浦特正在和不来夫斯古为磕鸡蛋的哪一端而作战，这是一个宗教教义的问题。格列佛把50艘巨大的敌舰拖回利立浦特皇家港口，从而阻止了他们的入侵，但他拒绝协助利立浦特皇帝征服不来夫斯古。后来格列佛在皇宫里撒尿，把火扑灭了。最终他失宠，被判刺瞎双眼和挨饿。他逃到不来夫斯古，找到了一艘正常大小的船，得以返回英国。

格列佛的第二次航行把他带到布罗卜丁奈格，那里住着一个巨人族。一个农场工人捉住了格列佛，把他交给了农场主人。农夫开始展出格列佛来赚钱，农夫的小女儿葛兰达克利赤负责照顾他。一天，王后命令农夫把格列佛带来见她，她把他买了下来，他成了宫廷里的宠儿。格列佛讲述他自己文明的辉煌成就时，国王的反应是轻蔑。对于格列佛对政府和英格兰历史的描述，国王的回应是：英国人是"最可憎的害虫中最有害的一类"。格列佛提议为国王制造火药和大炮，但国王一想到这些武器就感到恐惧。最终，格列佛被一只老鹰叼起，又被和他体型相仿的人在海上救起。

在格列佛的第三次航行中，他被海盗放逐，最终来到了勒皮他岛。勒皮他岛的人，头不是向右偏，就是向左歪，而且都一只眼睛往里凹，另一只眼睛朝天翻，整天忙着思考，必须提醒他们才能从沉思中惊醒。虽然他们非常关心数学和音乐，但他们的学习没有实际应用。勒皮他岛是位于它下面的大陆巴尔尼巴比国国王的家。格列佛获准离开该岛，前往巴尔尼巴比的首都拉格多。他发现那里土地荒芜，房舍倾圮，人民生活艰苦而穷困。居民们遵循着城市里一个学术机构的规定，那里的科学家们从事一些完全不切实际的项目，比如从黄瓜中提取阳光。后来格列佛拜访了"巫人岛"，在那里他与过去的伟人交谈，并从他们那里了解到历史的谎言。在拉格奈格王国里他遇见了"斯特鲁布鲁格"人，他们长生不老，但年龄大得已毫无生命意义，人人都轻视、痛恨他们。而后，他从拉格奈格航行到日本，然后从那里返回英国。

在第四部分，格列佛访问"慧骃国"的土地，一个由聪明的马组成的种族，它们比野蛮、肮脏、贪婪、堕落的类人种族"耶胡"更干净、更理性、更睿智、更仁慈，有些"耶胡"人已经被它们驯服。在"慧骃国"，"慧骃"是统治者，而"耶胡"是畜类。"慧骃国"对格列佛很好奇，因为他看起来既像"耶胡"又像文明人。但在格列佛描述了他的国家和历史之后，"慧骃"得出结论说，英国人并不比"耶胡"更理性。然后格列佛回到了英国，他是如此厌恶人类，以至于他避开了他的家人，买了马，与马们交谈。

《格列佛游记》一经出版便大受欢迎，几个月之内就有几次再版，每次都有文字上的细微改动。1735年出版的新版本包含了1726年版本中没有的寓言，这个版本通常被认为是更真实的版本。虽然对于斯威夫特的讽刺对象和这本书的寓意一直存在争议，特别是后两次冒险，但这部作品的受欢迎程度是毋庸置疑的。

1. 道德与伦理

斯威夫特在《格列佛游记》中证明，在当时的英国社会，道德可以被斯威夫特所看到的腐败所替代。斯威夫特坚决反战，他也鄙视奢侈和贪婪，但对他来说，最能保证一个社会道德的是"友谊和仁慈"。

在慧骃国，友谊和仁慈是两大美德。大自然赋予了这些高贵的慧骃以崇尚美德的天性。"从最遥远的地方来的客人和最亲近的邻人一样都会受到款待，不管它走到哪儿都像到了家里一样"（斯威夫特，1962：231）。慧骃们彬彬有礼，举止得当，它们遵从大自然的教导热爱自己的同类，而且遵从理性要求教育下一代。它们团结、向善、理性，它们的格言是：培育理性，让理性支配我们的一切。节制、勤劳、运动和清洁是青年男女的必修课。

斯威夫特在作品中强调，在选拔人才方面，品德是首位的。品行比卓越的才干更重要。真诚、公正、克己等美德是每个人都能具备的，"如果人人能实践这些美德，再加上经验和为善之心，人人就能为国家服务"（斯威夫特，1962：42）。小人国里好战的、好争论的，但本质上微不足道的利立浦特人，勒皮他岛上疯狂的、不切实际的学究和知识分子，都是些缺乏常识，甚至缺乏正派的失衡的人。相反，慧骃代表了理性和美德，但格列佛自己对这些马的骄傲认同以及随后对人类同胞的蔑视，表明他也变得不平衡了，同时也表明人类根本无法追求到格列佛见到的那种道德理性。《格列佛游记》本质上是喜剧性的还是对人类的一种愤世嫉俗的贬低？显然，斯威夫特是利用格列佛在旅行中遇到的各种种族和社会来讽刺人类的许多错误、愚蠢和弱点。斯威夫特"希望世人能够更加客观地思考'人是否真如自己宣称的那样，是理性的动物'这样一个的命题"（张陟，2011）。

2. 人性批判

《格列佛游记》是斯威夫特对人性和人类行为多角度的深刻批判。当格列佛环游世界的时候，他发现自己可能还不如待在家里：无论他走到哪里，都会出现熟悉的政治问题。在利立浦特，格列佛第一次体验人类事务的琐碎，也是他对人类日益感到不安的第一个迹象。斯威夫特把英格兰刻画成一个小小的国家，目的是引入一个新的视角来看待它的政治和党派之争。高跟鞋和低跟鞋之间的致命差别就是这种对英国政治新诠释的一个例子。基本上，这是对托利党和辉格党的抨击，这两个政党是 18 世纪早期英格兰的主要政党。托利党人是政治上的保守主义者，他们支持巩固王权，限制英国议会的权力。辉格党是相对自由的，希望获得更多的权力进入议会。斯威夫特显然拒绝使用意见分歧作为战争的借口，无论是宗教的（大端派与小端派）还是政治的（高跟鞋与低高跟鞋）。他还批评这些差异被用作迫害诚实、正直的公务员的借口。

137

到了大人国，没有人把他当回事。这使人们意识到，从更大的角度来看，格列佛和英格兰都没有那么伟大。在布罗卜丁奈格，他被迫为英国政府糟糕的道德价值做出解释。到了勒皮他岛，他目睹了为了金钱而对土地和殖民地的剥削。当格列佛第一次见到"耶胡"时，他感到十分厌恶，这是他第一次看到真正的人类，没有任何服装和精心打扮可能提供的伪装。他真正意识到他已经变得多么蔑视人类。另一方面，慧骃国的善良和理性为人类所不具备的一切提供了陪衬。格列佛完全失去了对人性的信心，他从一个非常友好的人变成了一个完全的、彻底的讨厌人类的人。

可以说，斯威夫特的整部小说都在向这个启示进发：所有的人类本质上都是可怕的。

3. 科学批判

对格列佛来说，科学是真理性的，但真正重要的是如何应用科学。在这本书里我们看到了许多不同的科学：利立浦特人和格列佛都很擅长力学和工程学，大人国强调实用科学教育，勒皮他人喜欢数学和音乐胜过其他所有科目。正如格列佛在勒皮他飞岛的经历所告诉我们的那样，如果穿出来的衣服不合身、看起来很糟糕，那么用一个数学公式来裁剪又有什么意义呢？如果盲目崇拜科学，只能将人引向谬误。科学权力的滥用只会把人类社会变成一个人人唯恐逃之不及的牢笼。"《格列佛游记》中的'飞岛'显然就是专制统治者与御用的科学技术研究者合谋的产物"（孙绍先，2002）。如果有城市发生风潮或叛乱，引起剧烈政争，国王有两个降服他们的办法。第一个比较温和的办法，就是让飞岛悬浮在该城市及邻近地域上空，剥夺他们享受阳光和雨水的权利，这样居民就会闹饥荒、害瘟疫。如果罪当该罚，那就同时向他们投掷大石块，使他们无法自卫，只能躲进地洞或岩穴，听任头顶上的房屋被砸成碎片。若仍执迷不悟，或还想反抗，国王就采取第二种办法，让飞岛落到他们的头上，连房屋带人全部消灭。斯威夫特笔下的飞岛，实际上已经成了权力狂人进行残暴殖民统治的可怕工具。

斯威夫特对科学的批判，也是对人性和道德关怀缺失的忧虑。科学技术给人类带来了前所未有的物质繁荣，但科学技术也极大地助长了我们这个世界的灾难。科学家如果不问技术发明的目的，甚至明知是危害公众和社会的研究也照做不误，只会把人类社会变成掌握科学的少数人任意宰割的对象，把大自然变成"科学可以控制的中性客体的领域"（肖伟胜，2002）。

7.3.3　《达洛卫夫人》［英］弗吉尼亚·伍尔夫

英国著名女作家弗吉尼亚·伍尔夫（Virginia Woolf），被誉为 20 世纪现代主义与女性主义的先锋，意识流小说家的代表之一。其小说通过非线性的叙述方式对这一体裁产生了重大影响。她以小说著称，尤其是《达洛卫夫人》（*Mrs. Dalloway*，1925）和《到灯塔去》（*To the Lighthouse*，1927），她也撰写了一些艺术理论、文学史、女性写作和权力政治方面的开拓性的文章。

《达洛卫夫人》于 1925 年出版。伍尔夫运用意识流手法潜入她笔下人物的思维，从而展现出一战后那个时期的文化与个人的变化。小说最著名的可能就是伍尔夫对意识流叙事的运用，其中尤其受詹姆斯·乔伊斯《尤利西斯》的影响。许多评论家认为，在写这部小说的过程中，伍尔夫找到了自己的声音，并在随后的小说中进一步完善了她的声音。《达洛卫夫人》基本上没有情节，有什么行动主要发生在人物的意识里。小说通过多个相互交织的故事，尤其是克拉丽莎准备生日晚宴的故事，以及精神受损的战争老兵塞普蒂默斯·沃伦·史密斯的故事，在个人经历中探讨了时间的本质，这两个人物可以看作是彼此的衬托。小说的叙述是第三人称的全知，但它自始至终都在改变它的关注点。故事以克拉丽莎开始并以克拉丽莎结束，详述了她生活中的一天。

"达洛卫夫人说她自己去买花"，这是六月中旬，战争已结束。达洛卫夫人沿邦德街进入一家花店挑花时，街上一辆汽车发出巨大的爆炸声，是首相的汽车。达洛卫夫人向窗外张望，路上的塞普蒂默斯·沃伦·史密斯和他的妻子卢克丽西娅也在看。飞机在上空写字，塞普蒂默斯抬头观望，认为是在给他发信号。看着半死不活的塞普蒂默斯，卢克丽西娅在心里经受着孤寂的煎熬，离开了。

克拉丽莎·达洛卫回到了家。布鲁顿夫人邀请达洛卫先生共进午餐，而没有请她。克拉丽莎前情人彼得·沃尔什意外光临来看她，两人交谈，他们仍然对彼此有强烈的感情。彼得问克拉丽莎她是否快乐，还没来得及回答，她的女儿伊丽莎白进来打断了他们，彼得离开。

因要去看威廉·布雷德肖爵士，卢克丽西娅回到塞普蒂默斯身边，两人一起回到家里。塞普蒂默斯是名一战老兵，为了拯救英国，去法国作战，不到三十岁得到晋升，但受到最后一批炮弹震动，失去了感觉能力，患上了弹震性精神病（创伤后应激障碍）。他从战场上回来后一直遭受着他人无法理解的巨大痛苦。他的知心朋友埃文斯阵亡时，他满不在乎，他不爱妻子，却同她结了婚。他认为人性已判处他死刑。霍姆斯大夫来出诊，认为他没病。威廉爵士看过后，认为他应该去疗养院。

一点半的钟声敲过，理查德·达洛卫与休·惠特布雷德同时到达布鲁顿夫人家。在这个午后的盛宴上，老夫人把惠特布雷德送的康乃馨放到菜盘边，蓦然问候起了克拉丽莎，然后又提到彼得·沃尔什到了伦敦。布鲁顿夫人有项宏大计划，"让上等人家年轻的子女们出国，帮她们在加拿大立足，并且相当顺利地发展。"然后休与理查德一起完成了给《泰晤士报》的信件。尔后理查德同休离开布鲁顿夫人家。理查德突然想给妻子买礼物，表达自己倾注于妻子的心思，他要买鲜花献给她，告诉克拉丽莎他爱她。

大本钟的钟声响彻了三下，理查德进来把玫瑰花递给克拉丽莎。他们坐下来交谈，然后他回到屋子里要静躺一小时。克拉丽莎尊重自己和理查德之间的鸿沟，因为这给了他们自由和独立，同时也让他们不必关注生活的某些方面。她要请客设宴，彼得认为她爱突出自己，理查德认为她爱热闹，但她认为她爱简朴生活，"设宴是一种奉献"。克拉丽莎对待贫穷的基尔曼小姐非常之好，但她们却成为冤家，克拉丽莎认为基尔曼小姐抢去了她的女儿伊丽莎白。伊丽莎白在街上登上公共汽车准备回家参加宴会。

塞普蒂默斯正躺在起居室沙发上，与雷西娅交谈。他记得布雷德肖的话，他们俩必须分开，但雷西娅坚持不能把他俩拆分开。霍姆斯来了，塞普蒂默斯打开窗户，纵身跳了下去，结束了生命。

车辆在克拉丽莎的居处汇合了，人们纷纷来参加克拉丽莎的盛宴。彼得·沃尔什的到来令她不安，彼得与理查德相见甚欢。首相驾到，使克拉丽莎不胜荣幸。她来到布雷德肖夫妇跟前，布雷德肖太太却告诉大家塞普蒂默斯自杀的消息。克拉丽莎不高兴地进入斗室，想象着塞普蒂默斯自杀的情形，认为他保住了生命的中心，然后她又回到了即将结束的宴会。当人们离开时，彼得认为克拉丽莎仍让他心动。

1. 社会批判

伍尔夫在《达洛卫夫人》中贯穿了对英国社会和战后保守主义的批评。在伍尔夫的时代，大英帝国是世界上最强大的，殖民地遍布全球（包括加拿大、印度和澳大利亚），但第一次世界大战后，英国的权力开始瓦解。严格来说，英国在这场战争中取得了胜利，但成千上万的士兵阵亡，国家遭受了巨大的经济损失。伍尔夫在赞颂帝国文明秩序、塑造英雄形象的同时，也讽刺了帝国统治者的愚蠢自大和傲慢。

《达洛卫夫人》展示了英国上层阶级是如何假装什么都没有改变、试图固守陈旧过时传统的。这在塞普蒂默斯身上得到了可悲的体现。战后的塞普蒂默斯一直生活在恐怖之中，没有人了解他的创伤后应激障碍和内心的混乱。在战争中，"当埃文斯于停战前夕在意大利牺牲时，塞普蒂默斯却显得无动于衷，甚至没有看作一场友谊的终止，反而庆幸自己能泰然处之，颇为理智"（弗吉尼亚·伍尔夫，2011：82）。这使战后的塞普蒂默斯心中充满悲叹，他认为他应该被人性判为死刑。他经常自言自语与死人对话，他无法正视那些战争中的死者。他认为这个国家充满了罪行。什么"没有什么罪行"，什么"没有什么死亡"，"那里死者在徘徊呢。"战后的他孤苦伶仃，孑然一身。他曾为他的国家而战，但现在这个国家试图假装战争的恐怖没有在士兵身上留下任何持久的痕迹。霍姆斯大夫给他治疗了六个星期，认为他什么病都没有，社会忽视了他的创伤后应激障碍症，他成了"替罪羊"，"永恒的受难者"。

阶级优越论和过时的保守主义的徒劳无功在首相形象的描写中达到了顶峰。首相首先被提到是彼得对克拉丽莎的批评，"他说她会嫁给一个首相，站在楼梯顶上迎接宾客。他称她为地地道道的主妇，还说她天生具有这种平庸的气质"（弗吉尼亚·伍尔夫，2011：5），然后他的"伟大"被街上的人们所议论，而且当首相出现在克拉丽莎的宴会上时，没有人瞧他，也没有人理会他讲些什么。首相的形象在塞普蒂默斯这里也得到了极力讽刺。塞普蒂默斯认为，人间的真理与正道，经过文明社会的全部辛勤劳动——希腊人、罗马人、莎士比亚、达尔文代代相传，传给了他，"第一，树木有生命；第二，世上没有罪恶；第三，爱和博爱"，而今应该"传给谁呢？"他大声问道，"传给首相"（弗吉尼亚·伍尔夫，2011：63）。这说明这三点正是这个国家所缺乏的。

2. 时间

《达洛卫夫人》的故事发生在一天之中，伍尔夫在这个框架中强调了时间的流逝。书中没有真正的章节划分，叙事中最显著的分界线是随着时间推移大本钟的钟声。所有小说的情节都被压缩得非常紧凑，几分钟就可以填满很多页。大本钟的钟声提醒着人们时光不可避免地前进着，这也与克拉丽莎对死亡的恐惧以及活下去哪怕一天都感到危险相吻合。

过去的循环存在也与时钟前进的滴答声深深交织在一起。克拉丽莎、彼得、理查德和萨利现在很少互动，但克拉丽莎和彼得深刻地重温了他们在布尔顿的青春，所以他们过去的关系给他们现在的互动增加了分量和复杂性。塞普蒂默斯甚至被过去无情地追逐着，因为他实际上看到了他死去的朋友埃文斯的幻象。伍尔夫通过同时强调时间的钟声和无处不在的过去的记忆，最终展现了时间的流动性，它可以是线性的，也可以是圆形的。

《达洛卫夫人》也探索了人类永生的途径。"对伍尔夫而言，时间是个体生命最大的敌人，时间带来死亡，带来不可阻挡的颓败，令青春消逝，生命衰老。但伍尔夫渴望个体生命能够战胜时间，获得永生"（谢江南，2008）。伍尔夫认为，人的整体生命生生不息，个体生命通过不同的方式与人类整体生命相结合，就可以超越具体生命的局限而获得永生。在《达洛卫夫人》中，个体生命通过友谊融入他人的记忆中，从而相互依存。正如达洛卫夫人所说，"设宴是一种奉献：联合，创造"。

3. 死亡

在《达洛卫夫人》中，死亡始终是人物思想和行动的潜流。最明显的例子就是塞普蒂默斯，他患有精神疾病，最后自杀。在他的内心对话中，塞普蒂默斯将自己视为一个从生到死的神一样的人物，"他，塞普蒂默斯，乃是人类最伟大的一员，刚经历了由生到死的考验，他是降临人间重建社会的上帝"（弗吉尼亚·伍尔夫，2011：23）。他作为一名退伍军人的身份显示了第一次世界大战的死亡和暴力是如何腐蚀了他的思想。彼得·沃尔什害怕变老和死亡，所以试图通过生活在幻想中和追求年轻女人来假装自己年轻无敌。克拉丽莎从一开始，就感到活着的危险，哪怕是一天。她在享受生活、闲聊、开宴会的时候，也一直在想着死亡。当塞普蒂默斯死亡的消息传来，她认识到，"生命有一个至关重要的中心，而在她的生命中，它却被无聊的闲谈磨损了，湮没了，每天都在腐败、谎言与闲聊中虚度。""如果现在就死去，正是最幸福的时刻"（弗吉尼亚·伍尔夫，2011：178）。

另一方面，塞普蒂默斯也代表了这样一种社会崩溃：他要被送到疗养院，由于无法忍受被监禁的想法，他选择了跳窗自杀，塞普蒂默斯将自杀作为一种反抗行为。克拉丽莎没有面临同样的限制，但她的自由有时被证明是一种幻觉。一些批评人士认为，她身体上没有自杀，但是却通过逃避令人不舒服的现实，从而在精神上自杀了。在一个小房间里，她独自一人，反复思考塞普蒂默斯的情况，感受到了塞普蒂默斯的不堪重负，她觉得她理解他，她尊重他选择死亡，而不是让他的灵魂被禁锢而损害了它的完整性。对塞普蒂默斯的认同也暗示着克拉丽莎多少意识到了她的自由受到的限制。

7.3.4 《人鼠之间》［美］约翰·斯坦贝克

美国小说家约翰·斯坦贝克（John Steinbeck）以《愤怒的葡萄》（*The Grapes of Wrath*，1939）而闻名，小说总结了大萧条时期的痛苦，引起了人们对迁徙农场工人困境的广泛同情。斯坦贝克于 1962 年获得了诺贝尔文学奖。《人鼠之间》（*Of Mice and Men*）是斯坦贝克的中篇小说，于 1937 年出版。这个悲剧故事讲述了两个农业工人之间的复杂关系，客观的叙述给人以辛酸的感觉。

在加州索莱达南部一个炎热的夜晚，有两个人来到萨利纳斯河边一个泳池旁。小个子叫乔治·弥尔顿，手脚敏捷、眼神灵动；大个子叫莱尼·斯莫，身材庞大、智力迟钝。他们乘车去农场找工作，司机在索莱达停了车。两人是从威德农场逃出来的，因为莱尼有喜欢摸柔软东西的习惯，他拽着女孩裙子不放，被告强奸，结果被人追赶，不得不逃到这里。乔治告诉莱尼他们有美好的未来，因为他们可以彼此照顾，等攒够钱，就"靠种我们自己的地过日子"，莱尼可以照看兔子。他也告诉莱尼，一旦有了麻烦就到这个地方来藏在树丛里。

第二天早晨，他们来到农场宿舍。老清洁工坎迪接待他们。老板来了，把他们分配给斯林姆的收粮队。老板的儿子柯利来了，他跟许多小个子男人一样，恨大块头的人。他刚结了婚，老婆喜欢跟人眉来眼去。乔治告诉莱尼不要和柯利有任何瓜葛。柯利的老婆来了，乔治警告莱尼离她远点儿，以防致命之灾。斯林姆和卡尔森来了，斯林姆说他家的母狗下了小狗，卡尔森认为坎迪应该杀了他那条老狗，而养一只小狗。莱尼也想要一条小狗，这时柯利进来找他老婆，注意到了乔治。傍晚，人们在玩马蹄铁投掷游戏，斯林姆和乔治走回宿舍。斯林姆认为乔治和莱尼在一起让人觉得有趣，因为"现在几乎没有人结伴而行了。"坎迪的老狗因又老又臭，被卡尔森射杀。黑人马夫卡鲁克斯来告诉斯林姆，骡子的蹄子开裂了，莱尼在谷仓里鼓弄他的小狗。斯林姆去了，莱尼就回来了。莱尼与乔治又谈起了他们未来美好的生活，坎迪也要加入进来。此时斯林姆与柯利、卡尔森等人进来，柯利问斯林姆是否见过他老婆，人们不断嘲笑奚落柯利，柯利看到了依然笑眯眯地沉浸在憧憬中的莱尼，认为莱尼是在笑话他，于是挥拳打得莱尼鼻子流血。乔治让莱尼揍他，莱尼捏碎了柯利的手。斯林姆告诉柯利不要把此事说出去，然后把他送往医院。

莱尼来到管马厩的卡鲁克斯的马具间。卡鲁克斯告诉他，很多人都想有一块地，但没有一个有了一块地。坎迪也来了，沉浸在自己描绘的愿景里，以至于卡鲁克斯也想加入。这时柯利的妻子进来，问起了莱尼脸上的伤，说她很高兴废了柯利一只手，这是他的报应，然后消失在黑暗里。一个星期天的下午，莱尼一人坐在谷仓尽头，抚摸死去的小狗，柯利的妻子来了，便让莱尼摸她的头发，但当他的抚摸变得粗糙时，她尖叫着要他停下，莱尼吓坏了，用手捂住她的鼻子和嘴。当她继续尖叫时，他摇晃着她直到拧断她的脖子。然后他逃到树丛里藏了起来。人们都涌进了谷仓，柯利要去拿他的鲁格手枪亲手杀死莱尼，卡尔森跑进来说，他的手枪被偷。

莱尼突然从萨利纳斯河旁的灌木丛中钻了出来，他脑海中出现了克莱拉姨妈，姨妈责怪他给乔治带来了麻烦，然后又出现了一只大兔子，告诉他乔治要离开他了。乔治来了，他让莱尼看着河对岸，就好像看到了他们将来会拥有的那块地，他掏出卡尔森的鲁格手枪，扣动了扳机。斯林姆对乔治说，"有的时候，人不得不这么做"。

1. 美国梦

小说的标题《人鼠之间》暗示了梦想的徒劳。自《独立宣言》第一次出现以来，每个人都有"生存、自由和追求幸福"权利的美国梦就已在美国社会根深蒂固。乔治和莱尼的梦想是努力工作，攒足够的钱买自己的地，"靠种我们自己的地过日子"，这象征着美国梦在最黑暗、最艰难的时期成为美国穷人和工人阶级理想目标的具体方式。但现实注定了他们的梦想会落空。小说标题来源于苏格兰民族诗人罗伯特·彭斯的诗《致鼹鼠》："但是也不止你一个，鼹鼠，证明预见也许没用处；最妙的策划，不管人和鼠，都会常常落空，留下的不是预期的乐趣，而是愁闷苦痛！"乔治和莱尼"同鼹鼠一样只是微不足道的生命体，面对机械化这只巨大'铁犁'，他们无法拥有土地，更无法依靠一小片土地过活，他们的梦想是无法实现的"（郑燕虹，2004）。如同卡鲁克斯告诉莱尼的："每个人都他妈的想着将来要有一块地。可他们中没有一个有了一块地的。就像天堂难以企及一样。每个人都想有一块地。我在这里读了不少书。没有一个人进到天堂的，也没有一个人得到了土地的。这仅是存在于他们的脑瓜子里。他们总是这么讲，可没有一个人实现的"（约翰·斯坦贝克，2020：80）。斯坦贝克认为，尽管纵观美国历史——尤其是大萧条时期——美国梦往好了说是一种幻觉，往坏了说是一个陷阱，但在某种程度上，难以实现的梦想仍然是必要的，它可以让生活变得可以忍受。

莱尼天真烂漫的天性使他喜欢柔软、愉快、可爱的东西，但他巨大的力量和庞大的身体使他成为一个令人恐惧的对象。乔治知道，在某种程度上，莱尼的真相——他是一个负担，而且是一个危险的负担——迟早会把他们分开。结果，他陷入了一个他和莱尼拥有自己土地的梦想中，这是一个独特的美国梦：自力更生、富足与和谐。坎迪是乔治和莱尼找工作的牧场上的另一名工人，他也沉浸在拥有一块土地的浪漫幻想中，拿出自己的积蓄来帮他们弄到一块地。以任何标准来衡量，这个梦想都是不现实的，是不可能实现的。然而，为了使他们的无根、危险、无方向的存在更能忍受，乔治和莱尼紧紧抓住他们共同创造的美国梦。

尽管乔治和莱尼从未实现过他们的梦想，但这是他们在最黑暗的时刻坚持下去的动力。在小说的最后，乔治要求莱尼把目光移开，望向远方，望向他们共同梦想的那块土地，然后他用手枪射杀了莱尼，以保护莱尼不被愤怒的农场主残害。乔治和莱尼"梦想"中的这一悲剧暴力行为表明，对乔治来说，他所承诺的美国梦的愿景，最终只是一个幻想——难以实现，但为了承受现实生活的艰难又是必要的。斯坦贝克以这种方式描绘了贫穷的流动工人试图在美国取得成功的残酷现实。

2. 友谊

《人鼠之间》探讨了男性之间的友谊。莱尼和乔治之间的男性友谊，在一个个人主义、不信任和为生存而斗争的社会环境中，被认为是反常的。"现在没有多少人能结伴而行了"斯林姆说，他是索莱达牧场的骡夫，乔治和莱尼就是在那里上班的。"我也不知道怎么会成这样。或许是这世界上的每个人都彼此戒备了"（约翰·斯坦贝克，2020：37）。斯林姆对大萧条时期美国景观的简单、直接的评价反映了那个时期的不信任和自私，也显示出乔治和莱尼的忠诚友谊是多么不寻常，甚至令人怀疑。他们两人的合作让牧场上的许多男人感到困惑和惊讶——斯林姆，当然，还有卡鲁克斯和柯利。乔治告诉老板的儿子柯利，他和莱尼是表兄弟，这样做是为了让人觉得他们是出于家庭责任而联系在一起的。在大萧条时期，其他任何对彼此的责任都显得很奇怪——这样的情况下，忠诚和团结是出人意料的，甚至是可疑的。

面对社会动荡和经济灾难，男性友谊成了一种必要的分散注意力的方式，甚至是生存机制。乔治说"像我们这样在农场打零工的人，是世界上最孤独的人。他们没有家人，也不属于任何一个地方"（约翰·斯坦贝克，2020：14）。然而，乔治和莱尼就不同了，"因为我有你照顾我，你有我照顾你"，他们"有人说话，有人关心"。况且，乔治有着敏锐的头脑，能够帮助莱尼避免社会灾难和野蛮的美国西部的残酷，而莱尼身躯魁梧，力量巨大，在很多方面，他对乔治负责就像乔治对他负责一样。乔治和莱尼在很多方面都需要彼此，他们一起旅行无论是在现实层面还是在情感层面都是必要的。

乔治和莱尼的到来也稍稍改变了索莱达牧场的气氛。当其他的劳动者和农场工人看到乔治和莱尼的相互信任，他们开始怀疑，但慢慢地，农场的社会动态开始改变。莱尼坚持要和卡鲁克斯待在一起，这让这个每天与同事隔绝、受到同事嘲笑的黑马夫一开始很怀疑，但随后敞开了心扉。坎迪也一样，由于他的年龄和残疾，他被其他人孤立，他试图通过把他事故中得到的钱交给他们，让他来参与他们的合作。坎迪和卡鲁克斯对友谊、陪伴和相互信任的渴望表明了男性友谊的重要性，特别是在大萧条时期。为了别人而冒生命危险的想法与美国的个人主义和独立的价值观是对立的，但在《人鼠之间》中，斯坦贝克认为，如果没有人类普遍的礼仪，社会就会崩溃。

3. 边缘化

在《人鼠之间》，斯坦贝克通过对被边缘化群体的描写"极为有力地渲染出一种感伤落寞的氛围，昭示了健全生活的缺失，从而强化了作品的主题"（刘国枝和胡雪飞，2004）。《人鼠之间》的故事背景设定在20世纪30年代，在这个时期，女性、少数族裔和残疾人几乎没有权利。大萧条时期的社会经济不稳定进一步加剧了这一时期的压迫性。在这部小说中，斯坦贝克认为，艰难的时代使替罪羊成为必然——而且那些首当其冲遭受社会挫折、猜疑和不确定性冲击的人，正是那些已经被周围世界边缘化的人。

在《人鼠之间》有几个被边缘化的群体。第一个被边缘化和当作替罪羊的人物是莱尼。莱尼庞大的身躯与他稚嫩的天性形成了鲜明的对比，他有智力缺陷，因此他的行为和意图经常被误解。在小说开头，因为莱尼渴望抚摸一个女孩子的裙子，导致她告诉警察他试图强奸她。由于莱尼的外表，他想要触摸和抚摸柔软物体的愿望完全被误解。莱尼的巨大力量，以及他无法控制的能力，使他既是一个奇迹，也是一个威胁，最终他被射杀。

农场里第二个，也可以说是最边缘化的角色是卡鲁克斯，一个黑人马夫。他的老板和其他工人都用种族辱称来称呼他，就连给他起的绰号也是拿他的驼背开玩笑。卡鲁克斯被双重边缘化：他是黑人，他也有残疾，这双重作用使他变得软弱，成为同龄人嘲笑的对象。卡鲁克斯大部分时间都待在自己的房间里，他的房间与铺位被隔离在谷仓外一个铺着干草的小角落里。卡鲁克斯读书，独来独往，即使有人邀请他，他也不愿与人交往。卡鲁克斯向莱尼解释说，在他还是孩子的时候，他和他的家人是整个加州小镇上唯一的黑人家庭——现在，作为牧场上唯一的黑人工人，他面临着他一生都面临的孤立和边缘化。

坎迪是另一个被边缘化的角色。由于他的年龄和他在一次事故中失去的手，他被迫成为一名清洁工。坎迪的困境表现在他的狗的象征上——一只又老又臭又瞎又瘸的牧羊犬。坎迪一直陪伴着这只狗，因为它一直陪伴着他，但当这只狗要被杀死时，坎迪盯着天花板，一种沉默的否认，甚至是游离的状态，因为他听说他的同伴遭遇到了一个坎迪知道他自己可能有一天也会遇到的厄运，他意识到自己和牧场上的其他人不一样。

柯利的妻子虽然是白人，身体健全，却是农场上唯一的女性，她也因此被边缘化。柯利的妻子穿着迷人，卷着头发，化着妆，假装找她的丈夫，在房子周围闲逛，其实她想和牧场上的男人聊天和调情。这些男人很快就给她贴上了淫乱的"骚货"标签，并拒绝与她交往。然而，柯利的妻子后来透露，她在农场里过得很痛苦，她一直梦想着成为世界各地大银幕上的电影明星。柯利的妻子只想要陪伴和逃离社会的排斥，然而她得到的回报却是蔑视和死亡。

《人鼠之间》中的边缘人物反映了弥漫在社会氛围中的恐惧、不稳定和不信任。由于工作少之又少，甚至身体健全的白人男性也找不到工作，社会开始在这么多人幻想破灭的重压下崩溃。把少数族裔、残疾人、有色人种和妇女边缘化，让社会上占主导地位的群体有了替罪羊，使他们更容易承担强者未能在摇摇欲坠的体制中兴旺发展的耻辱。在《人鼠之间》中，斯坦贝克直指这些问题的核心，并警告说，任何社会都不应该为了安抚最强大的人的傲慢而欺负最弱小的人。斯坦贝克的"同情心始终赋予被压迫者，赋予不合时宜者和不幸者"（约翰·斯坦贝克，2020：118）。

7.3.5 《弗兰肯斯坦》［英］玛丽·雪莱

玛丽·沃斯通克拉夫特·雪莱（Mary Wollstonecraft Shelley, 1797 ~ 1851），英国著名小说家、剧作家、随笔家、传记作家及旅游作家，以《弗兰肯斯坦》（*Frankenstein*; or, *The Modern Prometheus Frankenstein*）一书而闻名。

玛丽·雪莱的父亲是政治哲学家威廉·戈德温，母亲是女权主义者和哲学家玛莉·沃斯通克拉夫特。作为家中的独生女，玛丽·雪莱在

1812 年遇到了年轻的诗人珀西·比希·雪莱（Percy Bysshe Shelley），在雪莱的第一任妻子自杀后，他们于 1816 年结婚。1822 年，雪莱去世后，玛丽回到英国，致力于宣传雪莱的作品，教育他们唯一幸存的孩子珀西·弗洛伦斯·雪莱。1824 年，她出版了丈夫的《雪莱诗遗作》，1839 年又发行一套《雪莱诗集》。她的日记是雪莱传记的丰富来源，信件则是必不可少的补充。

玛丽·雪莱最著名的著作是《弗兰肯斯坦》（全名是《弗兰肯斯坦——现代普罗米修斯的故事》，其他译名有《科学怪人》《人造人的故事》等）。《弗兰肯斯坦》部分是哥特式小说，部分是哲学小说；它也被认为是科幻小说的早期范例。她还写过其他几部小说，包括《瓦尔珀加》（1823）、《珀金·沃贝克的财富》（1830）、《洛多尔》（1835）和《福克纳》（1837），《最后一个人》（1826）是一部描述未来人类因一场瘟疫而毁灭的作品，常被认为是她最好的作品。20 世纪后期，她的随笔出版物出版，包括《玛丽·雪莱日记 1814~1844》（1987）和《玛丽·沃斯通克拉夫特·雪莱书信选集》（1995）。

小说《弗兰肯斯坦》是哥特式恐怖故事和科幻小说的结合体。它讲述了瑞士自然科学专业的学生维克多·弗兰肯斯坦的故事，他用尸体的碎片创造了一个人造人，并使他的创造物有了生命。虽然它最初寻求的是感情，但它激起了每个遇到它的人的厌恶。孤独而痛苦的怪物转向了它的创造者，最终它与他都失去了生命。小说探讨了生命的根本意义以及人性的伦理边界问题。

1. 孤立

《弗兰肯斯坦》是一部充满谋杀、悲剧和绝望的小说，所有这些悲剧、谋杀和绝望的发生，都是因为缺乏与家庭或社会的联系。换句话说，《弗兰肯斯坦》中真正的邪恶不是胜利者或怪物，而是孤立。

当维克多迷失在他的研究中时，他就把自己从人类社会中孤立出来，因此也就忽略了自己的责任和行为的后果。正如怪物所说，"你最应该公平、宽厚，甚至慈爱对待的人，就是我"（玛丽·雪莱，2016：107）。然而怪物却遭到了他的厌弃。不仅如此，它也遭到了整个社会的鄙弃。随处所见都是幸福，只有怪物被关在门外，"我孤独，我痛苦，别人都不和我来往。"怪物说，只要有一个人对它怀有善心，它就会和全人类讲和。怪物原本是个满怀善意的人，但一次又一次，怪物发现自己遭到了整个村庄和家庭的攻击和拒绝，尽管它试图传达它的善意，唯一接受怪物的人也是一个盲人，德拉塞。

怪物开始报复，不是因为它是邪恶的，而是因为对它的孤立让它充满了压倒性的仇恨和愤怒，"我的种种邪恶都产生于被迫的孤立"。那怪物的报复是什么？让维克多孤立无援。综上所述，《弗兰肯斯坦》认为，与家庭和社会隔绝是可以想象到的最糟糕的命运，也是仇恨、暴力和报复的根源。

2. 复仇

怪物以一颗温暖、开放的心开始了它的生命。但在先是被维克多，然后是德拉塞家族遗弃和虐待后，怪物开始了复仇。怪物的行为是可以理解的：它被人类不公平的拒绝所伤害，因为人类看不到自己的偏见。当费利克斯攻击怪物并和德拉塞家族的其他成员一起逃跑时，复仇和仇恨的情绪充满了怪物的内心，它想到了伤人和杀人，"我发誓永远仇恨整个人类，而且要报复"（玛丽·雪莱，2016：156）。但在复仇的过程中，怪物身上发生了两件事。首先，它确保它永远不会被人类社会所接受。其次，因为通过复仇，怪物消灭了任何加入人类社会的希望，这是它真正想要的，复仇成为它唯一拥有的东西。就像怪物说的，复仇变得"比阳光和食物更珍贵"。

然而，复仇并不只是消灭了怪物，它也吞噬了维克多，怪物复仇的受害者。怪物杀死了维克多的亲人后，维克多发誓要报仇雪恨。从某种意义上说，人类的复仇欲望将胜利者和怪物都变成了除了摧毁敌人之外没有任何感情或欲望的真正怪物。

3. 科技异化

《弗兰肯斯坦》是一部杰出的哥特式小说，也是现代西方科幻小说的先驱。小说蕴涵着一个重要主题即科学技术发明和成就所造成的异化。《弗兰肯斯坦》写于1816年，当时，欧洲经历了文艺复兴之后的又一次启蒙运动，对科学技术的发展抱着非常乐观的态度。工业革命使经济增长加速，物质生活丰富。然而，科技进步对环境的破坏和由此产生的新社会矛盾日益凸显。玛丽·雪莱对科技发展表示担忧，人类是否会毁于自身所创造的东西？

小说的副标题为"现代普罗米修斯的故事"，指出了小说中的主人公弗兰肯斯坦是以普罗米修斯为原型的。埃斯库罗斯在《被缚的普罗米修斯》中描绘了普罗米修斯，他不仅是火和文明的使者，而且是人类的保护者，赋予人类一切艺术和科学，以及生存的手段。在普罗米修斯的传说中，主神宙斯被普罗米修斯所骗，接受了祭牲的骨头和脂油而不是肉，因而对人类隐藏了火。然而，普罗米修斯把它偷走并再次带回了地球。为了报复普罗米修斯，宙斯把他钉在高加索的一座山上，并派一只鹰来吃他那不朽的肝脏（他的肝脏可不断自我补充生长）。普罗米修斯盗火是为了保护人类，而弗兰肯斯坦的造人却完全是对人类的不负责任。很明显，玛丽·雪莱在继承古老神话的同时对现代科技成果提出了质疑。

在玛丽·雪莱的心中，科技发展非但不能给人类带来幸福，反而有可能导致不可避免的灾难。它是一只"灵魂燃烧着爱与人性"的怪物。"我是谁呀？""我的亲戚朋友在哪里？婴儿时期我没有父亲望过我，没有母亲用微笑和爱抚给我幸福"（玛丽·雪莱，2016：132），它渴望得到友善人类的理解和喜爱，渴望看见人类对它笑脸相迎，渴望人类深情地看着它。"我所需要的不是食物和休息，而是更宝贵的东西：关爱与同情"（玛丽·雪莱，2016：144）。悲情的控诉表达了作者对人类真情的渴求、对技术失控的忧虑和对科学家社会责任的追问。如果科技的力量离人类的感情越来越远，那将只能导致人类的自我毁灭。弗兰肯斯坦自己直接承担了科技失控后的后果。弟弟威廉、女佣贾斯汀、好友克莱瓦尔、新娘伊丽莎白都没有逃脱怪物报复的魔掌。弗兰肯斯坦最终为自己的"创造物"，失去了爱人、亲人、朋友和自己的生命。科学初衷是为了人类的福祉，但如果科学家不能承担社会责任，不能在研究之初融入对自然和人类的伦理关怀，其结果不是灾难就是毁灭。

7.3.6　《喜福会》［美］谭恩美

谭恩美（Amy Ruth Tan），美国华裔作家，1952 年出生于美国加州奥克兰。谭恩美在加州和瑞士长大，分别在圣何塞州立大学学习英语和语言学（1973 年获文学士学位；1974 年获硕士学位）和加州大学伯克利分校学习。1987 年，谭恩美带着母亲再次访问中国，第一次见到了她的两个同父异母的姐妹，这次旅行和会面启发了她的小说《喜福会》（*The Joy Luck Club*，1989）的创作灵感。小说讲述了四位中国母亲的经历、她们的华裔美国女儿，以及两种截然不同的文化和世代之间相互联系的挣扎。

小说分为四部分，每部分四个故事，共十六个故事。每一部分的开始，由一个简短的寓言介绍一个共同的主题，连接接下来的四个故事。每个故事都由七个主要人物中的一个讲述，这些故事被编织成一个更大的故事，讲述了移民的中国母亲和她们在美国出生的女儿之间复杂的、经常被误解的关系。

在母亲吴宿愿意外去世几个月后，吴菁妹（茱恩）被要求坐在母亲的座位上参加每周的麻将游戏，这样的情况在四个朋友之间持续了将近四十年。每周例会被称为喜福会，其他成员有许安梅、江林多和莹映·圣克莱尔。这四名女性在"二战"期间从中国移民到美国后，由于共同的悲伤和坚韧，走到了一起。吴宿愿的特别悲伤与她失去双胞胎女儿有关，在日本入侵桂林期间，她与双胞胎女儿失散了，吴宿愿秘密地寻找她的两个女儿，直到她的余生，而茱恩却不知道。

宿愿去世后，茱恩应该在朋友圈里扮演她母亲的角色，但茱恩觉得自己在年长女性的餐桌上不合适，尤其是当她们开始谈论与茱恩一起长大的自己的女儿时。当游戏之夜结束时，三位年长的母亲告诉她，宿愿的双胞胎女儿已经在中国找到了，现在是茱恩去中国实现她母亲与家人团聚夙愿的时候了。茱恩担心她不了解母亲的个人历史，无法与她失散已久的同父异母姐妹交流，这是年长的母亲们强烈否认的，因为她们害怕她们自己的女儿会像茱恩一样对自己母亲的真相和期盼一无所知。

在小说的第一部分，安梅、林多和莹映讲述了她们在中国遭受创伤的童年是如何影响她们生活方式的。安梅最初是在她母亲不光彩地改嫁后由她的外婆抚养长大的。几年后，安梅的母亲回来照顾临死的外婆，从自己的手臂割下一片肉来煮汤，希望能救她的妈妈。安梅目睹了这种牺牲，重新定义了女儿的爱。林多的人生在她两岁的时候就决定了，媒人为她和天余定了亲，天余是一个富有但被惯坏的男孩。林多十二岁时搬到了天余家，成为天宇残暴母亲黄太太的契约仆人。在她和天余结婚后，林多掌握了自己的命运，策划了一个计划来恐吓黄太太取消了婚约。当莹映只有四岁时，她在中秋节时从家里的船上掉下来，与家人走散。不久，她遇到了在舞台上表演的月亮娘娘，并相信它是实现愿望的女神。然而，当莹映去找她时，却惊恐地发现这是一个男扮女装的演员。对迷路的恐惧终于渗入脑海，莹映在故事的结尾说，她不确定自己是否被完全找回。

　　第二部分和第三部分是女儿们的故事：韦弗里·江，罗丝·许·乔丹，丽娜·圣克莱儿和茱恩。这些故事讲述了她们与移民母亲一起的成长，以及源自中国传统的母性智慧是如何塑造她们长大成人的。韦弗里在 9 岁时已成为全国象棋冠军，并在竞争的压力下茁壮成长。尽管如此，她还是被母亲林多的夸夸其谈和沾沾自喜激怒了，于是做出了罢棋的决定。林多动摇韦弗里信心的能力继续影响着韦弗里成年后的感情生活，但最后韦弗里还是希望与母亲一起回中国度蜜月。丽娜记得她的母亲莹映有"能在所有事物中看到危险"的能力，并强调了关于她母亲死胎婴儿的不祥预感。在她痛苦的中国母亲和困惑的美国父亲之间充当翻译，丽娜未能传达莹映的悲伤，使母亲失去了亲人，失去了支持。莹映还预言丽娜会嫁给一个坏男人，多年后这一预言成真。罗丝的故事涉及她母亲安梅那尽管命运残酷但坚持不懈的信念。罗丝的弟弟在罗丝的监护下意外溺水，安梅试图用祈求神灵，甚至将宝石戒指投入大海来救他，无不体现作为母亲内心的坚强。安梅的尝试虽然没成功，但激发了罗丝在后来的离婚中掌握自己命运的决心。茱恩回忆起宿愿想把茱恩变成韦弗里那样的神童，但最终事与愿违。在她生命中的大部分时间里，茱恩相信她母亲认为她是一个让人失望的人，直到宿愿在她去世前举办了一个春节晚宴。全蟹晚餐代表着来年的好运，晚宴上韦弗里为她和她的家人挑选了最好的螃蟹，而茱恩则把最后剩下的两只中的最好的螃蟹留给了母亲宿愿。

　　最后一部分回到母亲的视角，试图通过提供满足两种价值观的解决方案来调和中美文化之间的差异。安梅的母亲用古老的迷信来操纵她那虐待她的丈夫，控制着安梅命运的结局。她的自杀是对坚强极致的阐释。莹映的中国生肖是虎，老虎的坚韧激励着莹映在中国生存下来，莹映相信这能帮助丽娜度过离婚危机，这个观念也适用于美国的情况。在最后一个故事中，茱恩飞到中国见她失散已久的同父异母姐妹。刚抵达上海，茱恩就感到自己与这个国家、与母亲的联系比以往任何时候都更加紧密。当她最终见到春花和春雨时，她们三个感觉到了母亲的存在，代表了中国传统的真正含义：与家庭的联系超越时空。

1. 母女关系

《喜福会》主要聚焦于母女之间复杂的关系，以及尽管存在代沟和文化冲突，但母女之间始终存在的内在纽带。小说以吴菁妹对已故母亲宿愿生活的探索为主线，辅以她母亲的三个好朋友林多、安梅和莹映的故事。宿愿在第二次世界大战期间有一对双胞胎女儿，但在日寇入侵期间，为了她们的安全，她不得不把她们留在中国，这让茱恩对母亲的记忆变得复杂起来。茱恩问是否真的了解母亲，但是三个年长的女性坚持认为宿愿存在于茱恩的骨子里。事实上，这部小说暗示了母女之间的联系超越了对个人事件的了解，它浸透在一生中的遗传行为和无私中。安梅讲述了被放逐的母亲回家照顾安梅年迈的外婆的故事，她的母亲甚至割下她手臂的肉来准备特殊的药，身体上的牺牲是一些女儿们为了她们的母亲做出的牺牲。

相比之下，喜福会成员的女儿们则与移民母亲分享成长困难的故事。因为在美国出生的女儿想要从她们母亲的传统信仰中获得自由，文化价值观发生冲突。然而到了最后，女儿们发现她们专横的母亲总是把女儿们的最大利益放在心里。莹映的女儿丽娜试图隐藏她即将离婚的事，但她的母亲想帮助她重新发现她那中国身份"老虎"的一面，那就是战斗而不屈服于悲伤。虽然一开始羞于向母亲透露这样的失败，但丽娜意识到母亲从根本上理解她的决定，因为她们有着相似的个人经历和价值观。《喜福会》中独立的故事交织在一起，揭示了母爱的无穷无尽，即使是在女儿们误解或低估母爱的时候。

当茱恩第一次在中国见到她同父异母的姐妹们时，她感到母亲就在她们身边，消除了她了解母亲终生意图的任何疑虑。虽然茱恩不可能知道母亲历史的每一个细节，但她保留了宿愿小时候给予她的教导，以及与她同父异母姐妹分享的对家庭的深深的爱。

2. 传统

在《喜福会》中，传统对于个人价值观的发展至关重要。贯穿全书的简短寓言反映了母亲们自己的养育风格，她们通过可以内化的故事来教导女儿，而不是用直接的意见或警告。孩提时代，韦弗里就学会了运用无形的力量，因为母亲告诉她："聪明的人，从不顶风蛮干。用我们中国话说，就是要学会见风使舵，因势利导。最厉害的风都是不易被察觉的"（谭恩美，2017：82）。这一斯多葛主义的教训使韦弗里最终获得了成功，无论是作为一个儿童象棋冠军还是一个意志坚定的职业选手。这种风格模仿了中国传统的口述故事，家族的历史代代相传。

随着女儿们长大，她们意识到所有的故事与她们自己生活中继承的习俗的相关性和力量，传统对她们来说也逐渐变得重要起来。母亲们在每一部分中都用较长的篇幅讲述她们的女儿，而讲故事是通过个人经历传递智慧的一种方式。宿愿向茱恩重复了一个关于逃离桂林的故事，随着茱恩长大，每一次都会改变结局。当她终于成熟到能够理解宿愿遭受创伤的严重性时，茱恩被告知了关于双胞胎被抛弃和她母亲的第一任丈夫死亡的全部故事。这个故事让茱恩更发自内心地面对牺牲、爱和绝望的意义。

3. 文化冲突

文化冲突，通过语言障碍表现出来。虽然在《喜福会》中讲故事是主要的交流方式，但小说中一直存在的矛盾就是中英文之间的语言障碍。当第一次移民到美国时，母亲们希望他们的孩子能说完美的英语，成为成功的美国人。然而，在融入美国文化的过程中，她们的女儿失去了对中国文化和语言的认识，甚至失去了完全理解中国文化遗产或语言的能力。在小说的开篇，茱恩记得她把母亲的话都记在脑子里，但没有记住任何意思。虽然会说一些英语，但母亲们觉得用母语中文表达想法和讲故事最为舒服，因为这些往往无法翻译成英语。虽然女儿们懂中文，但她们没有花时间去学习中文的复杂性，因此很难理解抽象的概念，由此导致了不可避免的挫折或误解。

谭恩美强调了语言障碍在生活和对话中带来的困难。由于母亲们的蹩脚英语，她们很难融入美国主流社会中，然而，家庭内部的误译才是最具破坏性的。当丽娜的母亲生下一个死胎的儿子悲痛哭泣时，丽娜的美国白人父亲让她为他翻译，丽娜没有用她母亲近乎疯狂的话去伤害父亲，而是撒了谎，告诉了父亲更为积极的信息。这种误译致使丽娜的父亲无法在丽娜母亲后来的抑郁症中给予她正确的支持，导致了莹映退出家庭和生活。语言障碍体现了异质文化的冲突。

4. 命运与自治

《喜福会》中充斥着命运观。小说的主要人物在接受单一命运的传统观念和决定自己命运的机会之间摇摆不定。母亲们经常提到中国人对结果的预期，特别是，她们经常提到决定性格的中国十二生肖。尽管如此，所有故事的一个共同点是，人们都有能力打破自己命中注定的生活，去追求更为积极的方向。

小时候，林多被安排嫁给了被宠坏的富家男孩天余，一旦她融入了这个家庭，她更多的是作为一个仆人而不是妻子而存在。林多最初屈服于严酷的生活，当婚姻蜡烛被吹灭时，预示了她婚姻的不祥。当蜡烛在清晨再次点燃时，她知道有人为她点亮了这盏灯，而不是命运本身。然后她便设计吓唬公婆解除了她的婚约，并为她支付了去美国的旅费。虽然命运把她带到这样的境地，但她自己的意志和智慧构建了解决方案，并改变了她的人生历程。

同样，安梅的母亲拒绝接受她受虐待的命运，特别是当她的孩子在她身边受苦时。虽然安梅的母亲似乎注定要带着她的耻辱生活，但她一直为争取孩子的幸福而抗争，最后安梅的母亲决定自杀，从而使安梅和她的小弟弟处于权力的地位。安梅的母亲死了，但安梅的母亲却因此决定了自己的命运和孩子们的命运。虽然中国传统的命运观念是存在的，并且在很大程度上决定了一个人的生活，但《喜福会》提醒读者，自由意志总有把未来变得更好的空间。

7.3.7 《小城畸人》［美］舍伍德·安德森

美国作家舍伍德·安德森（Sherwood Anderson，1876~1941），出生于俄亥俄州卡姆登，是一位在第一次世界大战和第二次世界大战期间强烈影响了美国写作的作家，特别是在短篇小说技巧方面。他的作品对欧内斯特·海明威、威廉·福克纳、约翰·斯坦贝克、J. D. 塞林格和阿摩司·奥兹等著名作家产生了重要影响。《小城畸人》（*Winesburg, Ohio*，1919）是舍伍德·安德森的第一部成熟作品。小说中相互关联的故事是由一个新闻记者兼叙述者讲述的，他在某些方面和他所描述的人物一样情感发育不良。

《小城畸人》由 25 个既相互独立又彼此联系的短篇故事组成，年轻记者乔治·威拉德贯穿全书。故事发生在 19 世纪 90 年代的俄亥俄州瓦恩堡镇。《瓦恩堡之鹰》的记者乔治·威拉德精力充沛、不谙世事，既好奇敏感，又富有同情心，他梦想成为一名作家。这让他在瓦恩堡镇有了非凡的地位，人人都把他当作可以吐露秘密的朋友。于是撰写《怪癖者之书》的老人、飞翅比德尔鲍姆、里菲医生、母亲伊丽莎白·威拉德、哲学家帕希瓦尔医生、耶西·本特利、售货员艾丽丝·欣德曼、电报员沃什·威廉斯、思想者塞思·里奇蒙、柯蒂斯·哈特曼牧师、教师凯特·斯威夫特、酒鬼汤姆·福斯特等依次登场，讲述了小城居民们遭受的各种恐惧和压抑的故事。

1. 成长

安德森在《小城畸人》中"成功地呈现出一个小城男孩成长为青年男人的生命过程"。安德森将小城男孩乔治·威拉德的成长作为主要线索，串联起了《小城畸人》25 个独立的故事，"使其成为一个完整的有机体。因此，成长是《小城畸人》的一个重要主题"（于承琳，2018）。作为《小城畸人》的主人公，乔治·威拉德是这部小说众多故事的共同纽带。乔治充满了青春和潜力，总是被他从他的亲人和熟人那里得到的关于什么才是真正成年人的复杂印象所迷惑。尽管镇上几个年长的男人觉得有必要指导乔治，向他吐露心声，并将他们的生活观念传授给他，但乔治认为只有通过自己的个人经历和反思才能成熟并获得离开瓦恩堡的信心。通过乔治从一个小男孩到一个成年人并离开他的家乡开始他的生活旅程，安德森认为打破狭隘的环境和确立独立是成年的必要条件。

对于乔治，成长是实现心智上成熟的过程。乔治是瓦恩堡镇许多年长男人的可爱密友，他散发出的年轻活力，与困扰着这些人并笼罩着他们家乡的被压制的、愤世嫉俗的态度形成了鲜明对比。帕希瓦尔医生曾经也是记者，他喜欢乔治，与他分享来自他不正常的家庭和可疑的过去的人生教训。他和乔治成为朋友，希望这个年轻人不会"变成另一个傻瓜"，在他的生活中犯同样的错误。他提醒乔治心中应充满"仇恨和轻蔑"，这样就能"成为人上人"，当然在乔治看来这不过是一种"卑鄙"

157

之道。帕希瓦尔厌倦的、自我迫害的观点与乔治的天真和开放的思想对比明显。许多上了年纪的人都想保护乔治，沃什·威廉斯是其中的另一个例子。沃什看到乔治亲吻贝尔·卡彭特，便告诉乔治"在我身上发生的事情下一步可能就轮到你了"。沃什"曾经是个勇敢的人"，可现在"他以诗人般的放纵从心底里痛恨生活"，痛恨女人，"一心一意恨所有的女人"。他警告了乔治"婊子们"对男人的操纵和背叛。沃什曾发疯似地爱着他的妻子，却不想被她深深地背叛，从此他看见女人就恶心。沃什的怨恨和厌女症是如此强烈，以至于乔治在谈话中感到"心里有点害怕"。瓦恩堡流行的幻灭感不断地腐蚀着乔治相对天真的心态。

作为一个即将独立的年轻人，乔治的母亲伊丽莎白·威拉德是他困惑和沮丧的最具影响力的来源之一。伊丽莎白既要儿子"远离失败"、不要像她一样变成"无聊的废物"，又不想"让他变得精明，也不要让他成功"（舍伍德·安德森，2011：21）。虽然伊丽莎白希望她的儿子实现他的梦想，但她也对丈夫汤姆鼓励乔治长大并离开瓦恩堡而感到愤怒。伊丽莎白公开嘲笑乔治渴望离开他童年的家，反映出她害怕在儿子实现自己的潜能时被他抛弃和遗忘。瓦恩堡的两名青少年塞思·里奇蒙和埃尔默·考利也嫉妒乔治的未来，但他们却没有安全感，无法与之相比。塞思嫉妒乔治与海伦·怀特的萌芽关系，而埃尔默憎恨乔治，因为他刚到这个社区就感到被排斥，他认为"乔治·威拉德属于这个小镇，是小镇的典范，在他身上体现了小镇的精神"（舍伍德·安德森，2011：174）。而他在这个小镇上显得很"古怪"。乔治母亲伊丽莎白的不安，以及他的同辈塞思·里奇蒙和埃尔默·考利的怨恨和误解，突出了瓦恩堡生活的绝望，以及乔治为了过有意义的生活而走向成熟和独立的必要性。乔治从他的家人和朋友那里得到的愤怒和混乱的信息让他感到困惑，挑战了他独立思考的能力，也重申了逃离狭隘的家乡成为一个独立的人的必要性。

尽管乔治面临着外部的影响和反对，但他最终成功了。通过小说结尾乔治的自省式的成长以及后来的离家，安德森展示了独立思考和掌握自己的命运对于实现从男孩到男人的转变的重要性。就在离开瓦恩堡之前，乔治和海伦来到集市广场，望着小镇，他不断反省："当你意识到生活毫无意义，你会不寒而栗，但同时，假如小镇上的人都是你自家的人，你如此强烈地热爱生活，你也会潸然泪下"（舍伍德·安德森，2011：219）。乔治感到了生命的虚无，同时意识到了同胞之爱的意义。最终，他决定离开小镇，把过去的生活归入一个"描绘他成年梦想的背景"。乔治想要从生活中获得更多，他拒绝被周围的失败和痛苦所影响，拒绝接受降临在他父母和许多其他老人身上的平庸命运。小说以乔治走向成熟和离开瓦恩堡去追逐梦想作为结尾，安德森强调了克服外部影响、培养独立成熟的直觉和智慧、实现从童年到成年转变的重要性。

2. 异化

异化也是小说表达的一个重大主题。《小城畸人》深深地植根于"美国那个时代生活的土壤"，反映了 19 世纪后期美国由农业社会向工业社会转变在人们生活中所造成的深刻影响。"在资本主义物质文明恶性膨胀的时代，人与人的关系越来越多地失去了其自然性，人与人之间的隔阂妨碍了人们之间的正常的情感交流，人的异化和绝对孤独已逐渐折射在现实生活中"（杜平，1997）。《小城畸人》讲述的是美国中西部小镇居民日常生活中一系列相互关联的故事。通过这些美国乡村生活的小插图，安德森颠覆了人们对小城镇的固有印象，即小城镇是田园诗般的、建立在牢固关系之上的紧密社区。尽管瓦恩堡的居民彼此很亲近，但这里明显缺乏人与人之间的交流与联系，几乎每个主要角色都是孤独地度过他们的日子，感觉与他们的邻居彼此隔绝。这种疏离感挑战了人们对古雅农业社区的传统看法，并在瓦恩堡镇居民的生活中起到了腐蚀力量的作用，导致了广泛的不满，甚至精神的不稳定。

在整部小说中，异化往往是悲剧、失败和其他不可预见的生活事件的结果。尤其是对飞翅比德尔鲍姆和里菲医生来说，这种持续的、通常是自我强加的孤独造成了一种麻痹感，并阻止他们走出他们艰难的过去。飞翅比德尔鲍姆曾是宾夕法尼亚州的一名教师，在一名学生指控他性骚扰后，被赶出小镇，逃到了瓦恩堡。二十年过去了，他现在对自己充满争议的过去和声名狼藉的不安分的双手感到羞耻，这让他与市民隔绝。由于缺乏与社区的融合，他觉得自己"在那里已经生活了二十年，却不把自己看作小镇生活的一部分。"这表明了异化所产生的深远而持久的影响。同样，在年轻的妻子去世后，里菲医生也将自己孤立起来，他忽视了自己的医疗工作，整日独自待在巴黎纺织品公司商店楼上一间闷热、满是蜘蛛网的办公室里，"一个人在散发着霉味的诊室里不停地忙碌着"。他不是忙于治疗病人，而是忙于"建起一样东西然后自己又将其破坏"。他会把自己的一些想法写在纸片上，当口袋里的纸片变成坚硬的纸球，他便将纸球倒掉，然后再重新来过。十年来他只交了一个朋友，纸团游戏是他排遣烦恼的唯一方式。《小城畸人》中的大多数畸人都"属于对他人封闭、对自我倾诉的人"，"形形色色的主人公在不同程度上都期望与人亲近以期排解自己的孤独和悲伤，但他们渴望爱与理解的努力都被交流的障碍不费吹灰之力地化解殆尽"（杨秀丽，2017）。

当俄亥俄州瓦恩堡的大多数人物都陷入了疏离的集体困境时，镇上的年轻人也感染了他们长辈这种看似具有传染性的无意义和厌倦。"我不再忍受了"，埃尔默·考利在小镇上没有人跟他说话，他决定离开小镇，离家出走，寻找有温暖有意义的生活。塞思·里奇蒙也要离开他"一直很厌烦"的瓦恩堡，找个地方去工作。乔治目睹了母亲一生与他人的疏远、小镇上人们普遍的孤独以及小镇生活的黑暗现实，便产生了逃离的欲望，如果他继续待在瓦恩堡的话，他就会变成一个孤独的幽灵。除了助长消极的痛苦和导致人们逃离，孤独也在长期孤独的人的头脑中培育疯狂。伊丽莎白·威拉德和伊诺克·鲁滨孙是两个与周围人疏离的典型人物，由于他们所经历的疏离，他们被逼得精神错乱。伊丽莎白对她儿子乔治产生了不健康的附体以至于当她的丈夫汤姆鼓励乔治离开瓦恩堡去实现梦想时，她密谋刺杀她的丈夫。而不成熟和失去的爱使伊诺克陷入了永久的孤独和疯狂，因为他的快乐不过是与"和他想象出来的人们在一起"。伊丽莎白和伊诺克的精神错乱反映了社会异化已使人的思想堕落到暴力和自我毁灭的程度。

3. 悲伤

丧失、孤独、不满、恐惧、悲伤、幻灭等是构成《小城畸人》的要素。死亡、悲剧和失败困扰着瓦恩堡镇的居民，他们因丧失而孤独，因孤独而恐惧，因恐惧而悲伤，因悲伤而幻灭。所有这些都使小城弥漫着忧郁的气氛和绝望的感觉。安德森利用俄亥俄州瓦恩堡中众多的人物来探索19世纪90年代社会变化对人类心灵造成的伤害，体现了那个时代人类所处的困境。悲伤对人类的伤害是广泛而持久的。

160

瓦恩堡的一些居民在悲痛之后变得消极和停滞不前，而另一些人的反应是怨恨、报复和逃避现实。安德森描绘了这些应对丧失的不同方式是为证明创伤对心理的重大影响和人类情感的复杂性和流动性。艾丽丝·欣德曼在她的情人内德·柯里离开她去城里开始新生活时，一直不忘内德立下的"我们必须忠贞不渝"的爱情誓言，在日复一日、年复一年的等待中，孤独的恐惧不断侵袭着她。有一天她穿上最漂亮的衣服来到田野旁，突然"她意识到自己芳华已逝"，产生了受骗的感觉，悲伤涌上心头，她明白了她"永远也不会找到幸福的"。在被内德·柯里抛弃后，悲伤对她的影响是强烈的，以至于在一个雨夜里，她心里产生了一股疯狂的冲动，跑到大街上裸奔，"她想找到别的也同样感到孤独的人，然后拥抱他。"故事最后，她强迫自己勇敢面对"很多人，即使在瓦恩堡，都得孤独地活着，孤独地死去"的事实，暗示了她的生活因失去内德而不可挽回地受到的损害，说明悲伤带给人们生活的损害是持久的。

与那些被动地处理悲伤的人不同，像帕希瓦尔医生和沃什·威廉斯这样的人物对他们生活中的悲剧和失败做出的反应是外在的。在来到瓦恩堡之前，帕希瓦尔经历了父亲在精神病院病死、哥哥被铁路货车轧死以及充满错误和个人失败的混乱的过去。当一个小女孩在一场马车事故中丧生时，他怨恨到了极点，他不想让病人来他的诊所看病，也拒绝帮助城里的其他医生。帕希瓦尔的负面生活经历影响了他的世界观，他认为自己和其他人都是绝望的受害者，他告诉乔治·威拉德"世界上人人都是基督，他们都将被钉死在十字架上"（舍伍德·安德森，2011：37）。沃什·威廉斯是另一个以他的态度和行为表现个人伤害的人。沃什虽然外貌丑陋，但却是一个值得尊敬的人。在被自己的妻子背叛后，他变成了一个痛恨女人的人，甚至想把他看见的女人全都杀死。这种怨恨反映了悲伤对受害者施加的强大的情感控制，以及人们因背叛和丧失而变得更加痛苦的倾向。

在俄亥俄州的瓦恩堡，大多数人物都受到了丧失的负面影响，但小说接近结尾时伊丽莎白·威拉德的去世却对她儿子乔治的生活起到了积极催化剂的作用。乔治在他母亲去世后所感受到的复杂情感，在成熟和自我发展中达到了顶峰，这促使乔治迅速成长。伊丽莎白死了，乔治"还不懂得母亲的死意味着什么"，他只是感到空虚和麻木。很快，他

161

经历了几个不同的悲伤阶段，陷入了从怀旧、对未来的不确定到对自己死亡的恐惧的情绪波动之中。然而，伊丽莎白的死既没有使乔治变得衰弱，也没有使他痛苦，相反，这是一个关键的结束时刻，让他在十八岁这年完全脱离了自己的童年，迅速长大成人，他"毅然决定要改变他的生活，要离开瓦恩堡"（舍伍德·安德森，2011：209）。小说结尾乔治离开了瓦恩堡，提供了一种乐观愈合的信息，因为这个年轻人能够在他母亲去世后仍然保持积极的人生态度，最终显示了悲伤对人类心理广泛而不同的影响。

7.3.8 《宠儿》［美］托妮·莫里森

美国著名非裔女作家托妮·莫里森（Toni Morrison，1931～2019），以审视黑人社区的黑人经历，尤其是黑人女性的经历而著称。主要作品有《最蓝的眼睛》（*The Bluest Eye*，1970）、《秀拉》（*Sula*，1973）、《所罗门之歌》（*Song of Solomon*，1977）和《柏油娃》（*Tar Baby*，1981）等。广受好评的《宠儿》（*Beloved*）出版于1987年，1988年获普利策小说奖。托妮·莫里森于1993年因"在小说中以丰富的想象力和富有诗意的表达方式使美国现实的一个极其重要方面充满活力"而获得诺贝尔文学奖。

《宠儿》改编自一个名叫玛格丽特·加纳的女黑奴的真实故事，她于1856年与丈夫以及他们的孩子逃离了肯塔基州的一个种植园，去俄亥俄州寻求庇护，但他们的主人和执法人员很快就追上了他们，在重新被捕之前，她杀死了自己的小女儿，以阻止她重新成为奴隶。在小说中，塞丝是一个充满激情的母亲，她带着孩子逃离了一个被称为"学校老师"的虐待狂主人。他们被抓住了，她也试图杀死她的孩子，以防止他们被奴役。然而，只有她两岁的女儿死了，"学校老师"相信塞丝疯了，决定不让她回去。后来，塞丝把"宠儿"刻在了她女儿的墓碑上。虽然她本来打算刻的是"亲爱的宠儿"，但她连刻这三个字的钱都付不起。

小说开始于1873年，这些事件以闪回的方式展现出来。塞丝和她十几岁的女儿丹芙住在俄亥俄州，他们在蓝石路124号的房子被那个被塞丝杀死的孩子的鬼魂所困扰。保罗·D的到来减轻了她的困扰，他和塞丝曾在同一个种植园工作，两人开始了一段关系。短暂的相对平静结束于一个年轻女子的出现，她说她的名字叫宠儿。她所知道的事情表明，她是塞丝失去的女儿的转世。塞丝痴迷于减轻她的内疚，并试图安抚日益苛刻和控制欲强的宠儿。有一次，宠儿勾引了保罗·D。在得知塞丝杀了自己的女儿后，保罗·D 离开了她。

蓝石 124 号的情况更糟了。塞丝丢了工作，把全部注意力都集中在宠儿身上，很快她发现宠儿怀孕了。当丹芙和宠儿成为朋友时，塞丝开始担心起来。丹芙到外面去寻求社会的帮助，得到了食物和工作。一群妇女聚集在 124 号周围，开始唱歌，就像驱魔一样。鲍德温先生走近房子，塞丝误把他当成"学校老师"，试图攻击他，被丹芙和其他女人阻止，在骚动中宠儿消失了。宠儿离开后，塞丝几近失常，但丹芙还在工作和学习，希望有一天能上大学。保罗·D 回到了 124 号，答应永远照顾塞丝。124 号的居民和周围社区的居民逐渐完全忘记了宠儿。

《宠儿》以令人痛苦的视角审视了奴隶制及其持久的影响。这部小说充满了强烈的震撼和感动，用各种不同的声音和冗长的、支离破碎的独白写成，就像宠儿这个角色一样，有时是模棱两可的。然而，莫里森在这部经典作品中的优美语言和强烈意象备受推崇。

163

1. 奴隶制

《宠儿》的女主人公塞丝过去是个女奴，为了不让自己的女儿沦为奴隶，在被抓回的时候她杀死了她。值得注意的是，孩子是被黑人、被自己的母亲杀害，并非被白人所杀。莫里森选择这一不同寻常的杀婴事件，有力地揭露了奴隶制对黑人身心的摧残。

在《宠儿》这本书里，我们看到了奴隶制残酷的方方面面。首先是这个制度赤裸裸的残暴和滥用。"六千万，甚至更多"这是莫里森在扉页给出的被美国奴隶制残害的黑人同胞的数字。在从非洲被强掳至美洲的海上航程中，有多少人死于这充满苦难、疾病和死亡的航程？有多少女奴在这漂浮的人间地狱被白人蹂躏至死？又有多少人在种植园生不如死的日子里消失？从主人公塞丝对其母亲的回忆中，从被杀婴儿的意识流席卷处，人们看到了血腥的答案。塞丝的母亲在海上被水手多次凌辱，她把其他许多跟白人生的孩子都扔掉，只留下和另一黑奴所生的塞丝，塞丝也是取自那个黑人的名字，可见母女的命运如出一辙。宠儿是塞丝爱女的婴魂，她也是运奴船上无数被虐杀的黑人冤魂的化身。在这个灵魂的意识流动之处，我们看到了在大西洋上蜷缩着的肮脏的黑奴：他们因缺水不得不喝白人的晨尿，因缺粮不得不吮吸石块；饿死的黑奴堆成了堆，堆成了小山包；男奴女奴混合挤在一起窒息而死，女奴被蹂躏，掉入海里的黑奴则被白人用竿子捅穿，水上漂浮着的是黑奴的尸体。莫里森告诉人们，即使"到了1874年，白人依然无法无天，整城整城地清除黑人；仅在肯塔基，一年里就有87人被私刑处死；4所黑人学校被焚毁；成人像孩子一样挨打；孩子像成人一样挨打；黑人妇女被轮奸；财物被掠走，脖子被折断……"（托妮·莫里森，2006：208）。字字泣血，字字流泪，莫里森把控诉的长矛投向了罪恶的奴隶制。

奴隶制下的黑人不过是奴隶主手里的工具而已，任人宰割，没有任何人格尊严可言。老女奴贝比·萨格斯生过八个孩子，四个被逮走了，四个被人追捕。无论是男还是女都像棋子一样任人摆布："只要是没有跑掉或吊死，就得被租用，被出借，被购入，被送还，被储存，被抵押，被赢被输被掠夺"（托妮·莫里森，2006：27）。看到塞丝臌胀的奶水，"学校老师"便派人把塞丝的小女儿送走，然后让他的两个侄子把她按倒强行吸走她的奶水。当塞丝告发他们，"学校老师"又让人用皮鞭抽打她，划开了她的后背，后来伤疤结成了一棵树，一颗苦樱桃树。"甜蜜之家"的奴隶被残暴的新主人接管后，奴隶们便策划了一次逃亡，但逃亡的结果是保罗·F被卖，保罗·A被绞死，西克索被烧死，保罗·D被卖去做苦役。"这个世界除了白人没有别的不幸。"正如贝比所说，"在这个国家里，没有一座房子不是从地板到房梁都塞满死人黑鬼的悲伤。"

2. 母爱

在书中，托妮·莫里森通过塞丝、宠儿及丹芙的内心独白，"展现了黑人心底深处深厚的母爱及浓浓的亲情。作者成功地把三股内心独白汇聚在一起，让读者体会到黑人们丰富的情感世界"（章汝雯，2000）。"124号充斥着恶意。充斥着一个婴儿的怨毒。"小说开头告诉读者124号塞丝的家在闹鬼，社区邻居都因她18年前杀死自己的亲生女儿而不愿与她来往。"我没有朝自己孩子动锯子的朋友。"对一个杀死自己孩子的母亲，邻里朋友的蔑视是可以理解的。但通过塞丝的内心独白，莫里森展现在读者眼前的是一个充满母爱、愿意为孩子付出任何代价、做出任何牺牲的高尚无私的母亲。

"宠儿，她是我的女儿。她是我的。看哪，她自己心甘情愿地回到我的身边了，而我什么都不用解释。我以前没有时间解释，因为那事必须当机立断。她必须安全，我就把她放到了该待的地方"（托妮·莫里森，2006：232）。母爱是人的天性，对于塞丝，孩子是最宝贵的。当她拖着被毒打后的怀孕身躯再次出逃，激励着她的力量是为宠儿送去奶水、同儿女们生死与共的母爱。只因为她受尽了白人的屈辱，她要保护自己的孩子不再去受自己曾经受过的罪；白人对黑人的奴役、杀戮、残害或玷污，她不允许再次发生在自己的孩子们身上，白人可以玷污她，却不能再玷污她的孩子。因此，当奴隶主带着刽子手们出现在她的面前时，她毅然决然割断了宠儿的咽喉。这个世界上再也没人敢把女儿的属性列在动物一类了。为了保护自己的骨肉不受摧残、不受奴役，把孩子送到上帝那儿是她唯一的选择。此举把塞丝的母爱推到了一个新的高度。为了让宝贝女儿的墓碑上刻上"亲爱的宠儿"字样，她答应了刻字工的要求，付出了七个字母十分钟在墓石中间出卖肉体的代价——她痛恨这样的屈辱，可为了死去的女儿却心甘情愿。宠儿之死使她一直承受着心理负担，无法走出阴影，但她始终认为自己 18 年前的做法是对的，因为它源自真诚的母爱。

像所有民族的人们一样，黑人也是有血有肉、充满恨、更懂得爱的人类。莫里森不仅从母亲的角度展现了黑人内心丰富的情感世界，也从宠儿对母爱的需求和丹芙对姐姐的爱上展示了黑人孩子的情感心理。"我是宠儿，她是我的。我看见她从叶子中间摘下花来她把它们放进圆篮子叶子不是给她的她装满了篮子她拨开草我要帮她可云彩挡住了道我怎么能把看到的图画说出来我跟她并未分离我没有任何地方停留她的脸就是我自己的……"（托妮·莫里森，2006：244）。宠儿像所有的孩子一样渴望得到母爱，渴望与母亲在一起，而且她认为她们也从未分离。宠儿曾对丹芙说："她才是我所需要的。你可以走开，可我绝对不能没有她。"她想独占母亲的爱。只要塞丝在周围什么地方活动，宠儿的眼睛就只盯着她，并如饥似渴地吸收母亲身上的一切，来填补她内心的那块情感空白。她甚至用色相引诱保罗·D，只要保罗·D 单独和塞丝在一起，宠儿都会不失时机地出现在他们眼前，最终她赶走了他。不可否认，宠儿在惩罚母亲当年的行为；但换个角度看，宠儿两岁时离开人世，她渴望得到母爱、渴望享受母爱的温暖，她的渴望是非常可以理解的。丹芙也是一个有爱心的姑娘，她很理解姐姐对母爱的贪婪，而且非常愿意与她在一起："我的确爱。爱她。的确。她和我一起玩；无论我什么时候需要，她总会来跟我在一起。她是我的，宠儿。她是我的"（托妮·莫里森，2006：243）。

莫里森以她丰富、完整、涵盖一切的视野，告诉那些至今仍抱有种族歧视的人，黑人民族具有人类真实感人的情感，有着强大的生命力，这是一个充满希望的民族。

3. 自由意识

莫里森小说的中心主题是美国黑人的经历，在一个不公平的社会里，她笔下的人物在努力寻找自我和他们的文化身份，表现出了黑人自由意识的觉醒及他们为争取自由而作的种种努力。

托妮·莫里森对自己所属的这一多灾多难的民族充满了信心。小说中的贝比·萨格斯奶奶是她那一代黑人的典型代表，她生的八个孩子有六个父亲，他们被吊死的吊死，被拍卖的拍卖，最后只剩下一个孩子——第八个黑尔。她也不知道自己的孩子被埋在哪里，她只能把悲哀埋在心中。尽管受尽了奴隶制的压迫和折磨，对白人有着刻骨铭心的仇恨，但只是仇恨而已，没有任何反抗。她曾说，白人们"不懂得适可而止"，她对白人的要求只是希望他们不要太过分，而对自己的地位似乎已经认命。小说中她自始至终没有为自己的命运抗争过，是她的儿子黑尔用他的劳动和他的生活把她从奴隶制中赎了出来。当她双脚踏上自由的土地时，她还没有摆脱困惑："一个混到六十岁、走起路来像三条腿的狗似的女奴要自由干什么？""她不能相信黑尔比自己知道得更多；不能相信从没呼吸过一口自由空气的黑尔，居然懂得自由在世界上无可比拟。她被吓着了"（托妮·莫里森，2006：164）。

但她的下一代"不认命"。较之于贝比奶奶，塞丝、黑尔和保罗·D在反抗的路上迈出了很大的一步。白人对黑奴的折磨和压迫促使他们开始思考自己的命运。保罗·D曾问斯坦普·沛德："就告诉我一件事，一个黑鬼到底该受多少罪？告诉我，多少？""能受多少受多少，"斯坦普·沛德说。斯坦普属于贝比·萨格斯奶奶那一代的人，他也已经接受了自己的命运，能受多少罪就受多少罪已成为他那代人的态度。但保罗·D 发出了他来自心底的呐喊：“凭什么？凭什么？凭什么？凭什么？凭什么？”这是他争取自由的起点。他曾有过五次出逃，逃离“甜蜜之家”，逃离“白兰地酒”，逃离佐治亚的阿尔弗雷德，逃离威尔明顿，逃离“北极”银行，尽管每一次出逃都遭到挫败，但这是他对自由的向往。对于自由，黑尔、保罗和塞丝他们的想法是朴素而现实的。按照塞丝的想法，自由就是“到一个你想爱什么就爱什么的地方去——欲望无须得到批准”，所以当被人追捕，孩子有可能重新沦为奴隶时，她毅然结束了幼小女儿的生命，把孩子送到了“想爱什么就爱什么的地方”。

丹芙的爸爸黑尔在孩子心中是一个天使般的存在。他有思想，热爱知识。他不仅爱动物、工具、庄稼、字母表，而且还能写会算。最令人感叹的是他的自由意识。他竟然想办法说服奴隶主把自己的母亲赎了出来，恢复了自由之身。黑人对自由意识的觉醒，对知识的认知，让人们看到了他们在追求自由方面的进步，看到了黑人民族的希望。这是《宠儿》鼓舞人心的地方，也是该书的力量所在。

7.3.9 《名利场》〔英〕萨克雷

英国小说家威廉·梅克皮斯·萨克雷（William Makepeace Thacker-ay），是 19 世纪批判现实主义小说家，主要以小说《名利场》（*Vanity Fair*，1847 ~ 1848）闻名于世。《名利场》是萨克雷创作的 19 世纪早期英国社会的小说，从 1847 年到 1848 年以每月分期连载的形式出版，1848 年以成书的形式出版。萨克雷以前的作品要么是未署名要么就是用笔名发表，《名利场》是他以自己的名字出版的第一部作品。小说的标题取自约翰·班扬 17 世纪的寓言作品《天路历程》中被指定为人类腐败中心的地方，它表明萨克雷的写作雏形就是自己时代那个追名逐利、物欲横流的社会。这本书密集地呈现了人性和人性弱点的多层次全景；副题是“没有英雄的故事”，隐喻地代表了当时人类的处境。

小说主要讲述了两个截然不同的女人交织在一起的命运。一个是出身高贵、消极被动、富商的女儿爱米丽亚·赛特笠（Amelia Sedley），另一个是出身贫寒、野心勃勃、本质上不讲道德的蓓基·夏泼（Becky Sharp）。女投机者蓓基是小说的中心人物和所有人都围绕着的人物。小说的副题"没有英雄的故事",使得小说故意带有反英雄色彩:萨克雷说,在这部小说中,他的目标是表明"……我们在很大程度上……愚蠢而自私的人们……都贪图虚荣。"

爱米丽亚嫁给了乔治·奥斯本,但就在他在滑铁卢战役中阵亡之前,乔治准备为了蓓基而抛弃他年轻的妻子,而善于见风使舵的蓓基一路奋斗,最终嫁给了来自贵族家庭的年轻军官罗登·克劳莱。可幻想破灭的克劳莱最终离开了蓓基。在最后,美德显然胜利了,爱米丽亚嫁给了她一生的仰慕者威廉·都宾船长,蓓基最终获得一笔保险金安定下来,安享晚年。

这幅 19 世纪早期社会全景图的丰富动感和色彩,是萨克雷《名利场》的最大成就。但《名利场》不仅仅是对一个特定社会的写照和富有想象力的分析,小说自始至终使我们微妙地意识到人类动机的矛盾。因此,我们要为萨克雷的结论做好准备:"唉,浮名浮利,一切虚空!我们这些人里面谁是真正快活的?谁是称心如意的?就算当时遂了心愿,过后还不是照样不满意?"正是它的悲剧性的反讽使《名利场》对人类抱负和经验的评价持久而深刻。

1. 社会批判

《名利场》展示了一个人们几乎完全被他们所处的社会经济地位所定义的世界。"故事取材于很热闹的英国 19 世纪中上层社会。当时国家强盛,工商业发达,由压榨殖民地或剥削劳工而发财的富商大贾正主宰着这个社会,英法两国争权的战争也在这时响起了炮声。中上层社会各式各样的人物,都忙着争权夺位,争名求利"(萨克雷,1957:1)。在小说中,有些人试图爬上去,结果却摔了下来;有些人在命运中浮起又沉下;有些人只是待在原地,目睹着周围人的起起落落;但没有人能逃避这样一个事实:人类互动都是基于一种详细的、最新的算计,即参与者之间是怎样的关系,处于怎样的位置。在小说中,追求社会地位是一种不分性别的活动,男人和女人都有相同的目标,并使用相同的策略来实现它们。正可谓"天下攘攘,皆为利往,天下熙熙,皆为利来"。

这就是《名利场》揭露的丑恶社会。萨克雷认为这个社会上多的是那种没有信仰、没有希望、没有仁爱的人;他们或是骗子,或是傻瓜,可是他们很吃得开。"满身铜臭的大老板,投机发财而又破产的股票商，吸食殖民地膏血而长得肥肥胖胖的寄生虫""他们或是骄横自满，或是贪纵懒惰，都趋炎附势，利之所在就翻脸无情，忘恩负义"（萨克雷，1957：663）。有的人为了家产，你争我夺、钩心斗角。有的人紧盯纨绔子弟，骗取他们的钱财。《名利场》所揭露的社会是一个没有道义，没有情分，弱肉强食的社会，是一个唯势是趋、唯利是图的社会，是一个追名逐利、物欲横流的社会。

2. 野心

在社会领域中不断上升的欲望，是人物在名利场中行动或活动的唯一动机。除非是为了找到一个地位更高的赞助人、争取一个新职位或获得一个新地位象征，否则没有人会付出努力。在《名利场》中，那些在向上攀爬旅程中停滞不前的人，或者那些从来没有真正想要提升自己的人，会成为停滞不前的、无聊的、居家的人，他们的生活没有奋斗者激动人心的冒险。

《名利场》把所有的野心都描绘成必然有邪恶和自私的一面。小说里的人物都愚昧自私，一心追慕荣利。例如老奥斯本爱自己甚于爱他的儿子，他在儿子身上不过想实现自己那种鄙俗的心愿而已。爱米丽亚为了占有都宾的爱，忠于战死的丈夫，只和都宾做朋友，不肯用爱情回报他。这的确创造了一种非常黑暗的人类景象。当然，在《名利场》里，这些野心到头来却又毫无价值。爱米丽亚一心想和她所崇拜的英雄结婚，可遂了心愿后带来的也只是失望和后悔。都宾和他魂思梦想的爱米丽亚结婚了，可他看到的却是个浅狭而愚昧的女人。蓓基具有超乎寻常的勇气和野心，她玩弄男人于股掌之间，为了金钱和地位，她花尽心思，但她钻营了一辈子也没有趁愿，即便趁了愿，也不会有真正的幸福。世上名利场中，原是一座迷魂阵，名利场里的人在迷魂阵里也是枉费心机。萨克雷"无情地揭出名利场中种种丑恶，使各种人自知愧怍；同时又如实写出追求名利未必得逞，费尽心机争夺倾轧，到头来还是落空，即使如愿以偿，也未必幸福、快乐"（萨克雷，1957：1）。

3. 道德与伦理

因为《名利场》是一部讽刺作品，所以它是对当时的道德和伦理问题的探索。萨克雷轻蔑的眼光审视着猎獭的物质主义、势利和残酷的

169

社会等级制度的内在逻辑。财富的影响和新富阶层向上流动的欲望，正在搅乱过去那个时代严格的社会差别。

传统小说里往往有个令人惬意的公道：好人有好报，恶人自食其果。但萨克雷认为，这不符合事实。这个世界上荣辱成败全是偶然，全靠运气。温和、善良、聪明的人往往穷困不得志，自私、愚笨、凶恶的人却常常一帆风顺。《名利场》里的都宾和爱米丽亚等温驯的人在社会上是不得志的，不成功的；丑恶的斯丹恩勋爵到死也富有而有权势。"《名利场》上的名位利禄并不是按着每个人的才能品德来分配的"（萨克雷，1957：663）。在小说中，萨克雷把蓓基的勇气和野心刻画的超乎寻常，而品德高尚的爱米丽亚则被刻画成一个多愁善感的弱者，"这既是一种悖论，也是作者的真实意图所在。在他看来，为了在一个缺少社会公正、道德堕落的世界上生存下来，像蓓基那种毫无家庭背景的女子除了利用自己的姿色和聪明之外没有任何别的办法。这就是名利场上的残酷现实"（王守仁和方杰，2006：137）。

萨克雷认为环境能改变一个人的道德。环境能改变一个人的性格，蓓基的性格就非常具有复杂性。她在克劳莱家四面奉承，工于心计，多才多能。当她爬上高枝，稍微得意时，便露出浅薄的本相，去踩踏从前谄媚的人。但在困难中，她又会表现出坚硬、风趣和幽默的一面。乔治·奥斯本在爱米丽亚心目中是仪表堂堂的英雄，可在蓓基眼里却浮薄虚荣；在他父亲眼里是光耀门户的好儿子，但到了罗登这里却成了一个可欺的冤大头；在律师看来他又是个十足的纨绔子弟。又如赛特笠夫妇，他们得意时、失意时以及多年落魄后是完全不同的样子。罗登早年是个骄纵的富家子弟，后来却变得驯顺、木讷。

在小说中萨克雷不仅是揭露"真实"，同样也宣扬了"仁爱"。在小说中，几乎没有一个行为恶劣或做错事的人物受到惩罚，这使得这部小说充满了黑暗的讽刺意味。萨克雷认为这个社会上很少有光明，不过他写的阴暗之中也透露一些阳光。都宾是一位带了几分堂吉诃德气息的人物，"如果读者到现在还没有发现都宾少佐是个傻瓜，那么我这本书真是白写了"（萨克雷，1957：634）。但他为了朋友热心奔走，办事非常能干，最后他收获了他十八年来日夜盼望的爱情。蓓基呢，晚年成为了一个热心慈善的人，"在所有大善士的名单上，总少不了她的名字。对于穷苦的卖橘子的女孩儿，没人照顾的洗衣服女人，潦倒的煎饼贩子，她是一个靠得住的、慷慨的施主"（萨克雷，1957：658）。萨克雷暗示了这样的人生教训："浮名浮利，一切虚空，只有舍己为人，才是美好的，同时也解脱了烦恼，得到真正的快乐"（萨克雷，1957：665）。通过《名利场》，萨克雷宣扬了"忘掉自己、爱护别人"的仁爱思想。

4. 名利场

人生就是一个剧场，就是一个名利场。故事从祖孙三代人物、前后20 年的变迁反映出英国 19 世纪一部分社会、一段时代的面貌。"利蓓加从未见世面的姑娘变成几经沧桑的老奸巨猾的人；爱米丽亚从天真女孩子变为饱经忧患的中年妇女；痴心的都宾渐渐心灰；一心信赖老婆的罗登对老婆渐渐识破。成功的老奥斯本、失败的老赛特笠，他们烦扰苦恼了一辈子，都无声无息地死了。下一代的小奥斯本和他的父亲、他的祖父一样自私；下一代的小罗登承袭了他父亲没有到手的爵位和产业；他们将继续在名利场上活跃"（萨克雷，1957：670）。

在《名利场》中，活动和表演是相辅相成的。从叙述者开始，任何想要为观众表演的人，显然都是在努力让某件事发生。同样，不采取任何行动的角色是被动和惰性的，他们只是等待着生活降临到他们身上。虽然从表面上看，小说似乎支持这种不活跃的生活，但实际上，它所看重的是活跃的生活。这部小说的角色都是受环境和时代宰制的普通人，他们的悲苦命运不是悲剧，只是人生的讽刺。小说中的人物可分为三种类型：那些在公共场合和私人场合都是纯粹真实的人；那些只有在私下里才露出真实面目或个性的人；还有那些深陷社会角色的人，他们根本就没有一个真实的自我。

在《名利场》中，没有什么是被禁止的，也没有什么关系是神圣到不会受到残酷地对待。儿子对父亲嫉妒，兄弟姐妹在经济上对彼此嫉妒。人们建立了深厚的友谊，但当他们的相对地位稍有变化时，友谊会立即消失。在小说的世界里，角色必须选择表现或压抑他们的嫉妒和其他情绪，将这些情况视为选择并做出战略上适当选择的能力，是在社会等级中获得成功的必要品质。诚如萨克雷所说，"人类啊，看看你们追求的东西多么无聊，追求那些东西的人也多么无聊。"萨克雷所描写的那个社会、那个时代启人深思、促人改善。

7.3.10 《米德尔马契》[英] 乔治·艾略特

乔治·艾略特（George Eliot）是英国维多利亚时代的小说家，她的小说《米德尔马契》（*Middlemarch*），全名《米德尔马契：外省生活研究》（*Middlemarch*：*A Study of Provincial Life*），于 1871～1872 年分八期出版，1872 年出版了四卷，它不仅是乔治·艾略特公认的代表作，而且是英国小说中最出色的作品之一。这部现实主义作品是对米德尔马契镇上社会各个阶层的研究，展示了 1832 年议会改革法案后英国小镇的生活图景和社会变迁，而重点是关于它的两个主要人物——多萝西娅·布鲁克和特休斯·利德盖特——受挫的理想主义，他们两个人的婚姻都是灾难性的。

多萝西娅是一个理想主义者。多萝西娅嫁给卡苏朋时，以为自己走上了实现理想的道路，却不想犯了一个严重的判断错误。她希望积极参与他的工作，但他只要她做他的秘书，她开始怀疑他的才华和他所谓的巨著，发现丈夫并无真才实学。不仅如此，卡苏朋还是一个性格孤僻而阴冷的人。当她与他理想主义的表亲威尔·拉迪斯拉夫建立起友谊时，控制欲强的卡苏朋变得嫉妒起来，婚姻变成牢笼。虽然感到失望，但多萝西娅仍对这段婚姻保持承诺，并试图安抚她的丈夫。卡苏朋心脏病发作后，多萝西娅显然对他很忠诚，但卡苏朋禁止拉迪斯拉夫来拜访他，因为他相信他死后表亲会追求多萝西娅。卡苏朋随后要求多萝西娅承诺，即使在他死后，也要追随他的意愿。她迟迟没有答复，但最终还是决定答应他的要求。但是，她还没来得及告诉他，他就死了。多萝西娅后来发现，他的遗嘱中有一项规定，如果她嫁给拉迪斯拉夫，她将被剥夺继承权。由于害怕丑闻，多萝西娅和拉迪斯拉夫一开始是分开的，然而，他们最终相爱并结婚。拉迪斯拉夫后来成为一名政治家，尽管她做出了牺牲，多萝西娅还是感到满足，"因为世上善的增长，一部分也有赖于那些微不足道的行为"。

利德盖特也是一位理想主义者。他是一个积极进取的年轻医生，满怀干一番事业的抱负，对医学，尤其是对他的研究充满热情。在到达米德尔马契后不久，他认识了罗莎蒙德·文西，他发现她"优雅、文雅、温顺"，这些都是他想要的妻子具备的品质，他们结了婚。就罗莎蒙德

而言，她认为嫁给利德盖特会提高她的社会地位，她并不知道利德盖特
很穷。后来利德盖特意识到他选择罗莎蒙德是一个错误。她是一个有着
温柔外表但执意追求奢华的肤浅之人，她对他的工作根本不感兴趣，她
昂贵的生活方式迫使利德盖特濒临破产。他向银行家尼古拉斯·布尔斯
特罗德寻求贷款，但遭到拒绝。布尔斯特罗德被约翰·莱佛士勒索，因
为他了解布尔斯特罗德不光彩的过去。当莱佛士生病时，布尔斯特罗德
照顾他，并叫来了利德盖特。在一次来访时，布尔斯特罗德提出可以借
钱给利德盖特，利德盖特接受了他的钱。布尔斯特罗德随后无视利德盖
特的医嘱，导致莱佛士死亡。当布尔斯特罗德和莱佛士的真实故事浮出
水面时，人们开始怀疑利德盖特是否与莱佛士的死亡有关。多萝西娅是
少数相信他清白的人之一，他被她的同情和善良所吸引。利德盖特最终
放弃了科学研究计划，和罗莎蒙德离开了米德尔马契，搬到了伦敦。虽
然利德盖特在那里变得富有，但他认为自己是个失败者，最终在 50 岁
时去世。

　　艾略特不仅对 19 世纪早期小镇的生活进行了全面而丰富的描绘，
还创作了一部本质上属于现代的小说，具有深刻的心理洞察力和道德模
糊性。艾略特还打破了传统，拒绝以当时女性浪漫小说作家都期望的大
团圆结局来结束作品。她详细描述了婚姻的现实。虽然男性评论家批评
这种大胆的叙述对于一个女作家来说太过阴郁，小说家弗吉尼亚·伍尔
夫则称它"是为数不多的为成年人写的英语小说之一"。

1. 婚姻

　　在《米德尔马契》中，婚姻是重要的主题之一。评论家弗朗西
斯·乔治·斯坦纳（Francis George Steiner）认为，"这两个主要情节都
是失败婚姻的案例研究"。这一陈述也表明，"灾难性的婚姻"使多萝
西娅和利德盖特的愿望都没有实现。

　　与多萝西娅相比，这种说法更适合利德盖特。利德盖特在婚姻伴侣
选择上的错误，致使他屡遭挫败。利特盖特虽然是一名孤儿，但他对出
身看得很轻。他学医从医，自食其力，一心埋头研究病理学和解剖学，
追求事业上的成功。他认为一个完美的妻子应该是"会唱歌，会弹钢
琴，能给丈夫在工作后提供一个柔软的靠垫"。因此，他娶了"小说中
与多萝西娅形成鲜明对比的女人"米德尔马契市市长的女儿罗莎蒙德·

文西为妻，结果他"从伦敦热心的研究者堕落成了时髦的医生"。在利德盖特看来，罗莎蒙德天生丽质，楚楚动人，是一个理想的女子，"她是美的化身，她生得花容月貌，人才出众"，"像一只美妙的乐曲"。然而，这位花容月貌的罗莎蒙德却有着一颗浮名浮利培育出来的世俗之心。她的世俗要求和花销像钳子一样死死夹住利德盖特，致使利德盖特债台高筑。更不幸的是，因他的资助人早年私吞他人财产的丑闻暴露，他不得不中断医学研究。在债务和舆论的压力下，为了负起家庭责任，他只得迁居伦敦，为富贵人看富贵病，结果不到 50 岁便抑郁死去。

多萝西娅的婚姻悲剧也折射了"社会挫败人"的主题。在多萝西娅所处的社会里，女子从事社会工作几乎是不可能的。她想改革社会的不平等现象，却处处受挫，只能寄希望于缔结一桩好姻缘。她希望嫁一个在见解和一切知识上都超过她的人。当老的可以做她父亲的卡苏朋教区长出现时，她认为他是个不同寻常的人物，愿意以自己的青春和才华帮助卡苏朋完成他的宏伟著作。然而，事情往往出人意料，婚后她意识到自己的梦想破灭，"把一位博学的长者作为心灵寄托的美好愿望开始动摇，变成了不安的挣扎"。又老又丑又自私的卡苏朋不过是"一只空心大葫芦"，他所需要的不过是一个盲目崇拜者。他夸夸其谈的那部"传世之作"，他根本写不出来也不准备写出来。多萝西娅的心"不断滑进愤怒和厌恶的漩涡，或者滑进凄凉失望的深渊。"他们夫妇日益疏远，互存戒心。当卡苏朋的远房侄子向多萝西娅揭穿了卡苏朋写书的实质，多萝西娅深感震动。发现多萝西娅看透了自己，卡苏朋便在遗嘱中对多萝西娅提出了苛刻的要求，直到临死他还让多萝西娅成为他嫉妒心的牺牲品。

在某种程度上，《米德尔马契》是一部成长小说（关注主人公的道德成长）。多萝西娅是一位圣特蕾莎（Saint Theresa）式的人物，她出生在一个错误的世纪，生于偏僻的米德尔马契，她在理想主义的热情上犯了错误。多萝西娅在谈及人生信仰时感叹道："向往伟大的目标，企图达到它，可是仍以失败告终，这是最大的不幸"（乔治·艾略特，1987：726）。

2. 责任观念

责任是 19 世纪英国文化中的一个核心观念。乔治·艾略特在《米德尔马契》中反复阐述的一个观念即责任。透过艾略特笔下的责任，我们可以看到责任观念在维系社会方面的作用。

19世纪，伴随着工业化进程，英国逐渐由农业社会过渡到工业社会。在这一过程中，出现了社会解体之势，乡村中共同体性质的生活也在消弭。艾略特深刻感受到社会凝聚力的减弱，和现代化躁动所带来的断裂。因此，如何维系社会，成为她小说所探讨的主题之一。

《米德尔马契》以19世纪30年代的英国乡村为背景，描写了包括多萝西娅和利德盖特在内的众多的人物，并借此展现了一幅社会图景。"《米德尔马契》中营造'网'状世界，固然象征社会关系之复杂，人生理想之羁绊，但更特意强调人与人之间的相互关联。这种关联蕴含着一种责任感"（乔修峰，2009）。艾略特在小说中始终把人与人之间的关系看作一种责任。读着卡苏朋的信，多萝西娅首先想到的是责任，"如今她可以致力于伟大明确的责任，可以生活在她所崇敬的心灵旁边，不断靠他的光芒照亮自己了"（乔治·艾略特，1987：042）。她把帮助卡苏朋完成他的著作看成是她的责任，而且是自己分内应做的事，从来也不会推卸责任。卡苏朋病逝后，孀居的多萝西娅便把目光转向"邻人"，她也了解了责任的真正意义。当利德盖特为银行家布尔斯特罗德治疗的一位病人死去后，有人怀疑是银行家指使利德盖特杀人灭口，因为利德盖特曾向银行家借了一千镑还债，他被怀疑是接受贿赂干了坏事，遭到了舆论的大加讨伐，以至于让他难以立足。多萝西娅坚信利德盖特是清白无辜的，于是准备了一张支票，决定为利德盖特洗脱冤屈。此时的多萝西娅也是出于一种责任意识，正如叙述者所言："'如果你不好，那就没有好人了'，这句简单的话可以使人战战兢兢，永远记住自己的责任，也可以使人为悔恨痛心疾首，不再重犯过错"（乔治·艾略特，1987：733）。即使是银行家布尔斯特罗德的妻子，在布尔斯特罗德的丑行曝光后，也没有在舆论压力下离他而去，而是选择和他一起承担耻辱，默默地尽着责任。

对责任观念的思考始终贯穿在《米德尔马契》之中，体现在人物的内心挣扎和选择上。当多萝西娅告诉布鲁克先生她要嫁给拉迪斯拉夫时，布鲁克显得有气无力，但他还是强调了自己的责任："我向她指出了它的严重性。我尽了我的责任"，詹姆士爵士也是从责任的角度对拉迪斯拉夫进行谴责："他能够在这一带立足，我们是有责任的。多萝西娅这样一个女子，居然不惜降低身份嫁给他，我们也是有责任的"（乔治·艾略特，1987：775）。

在《米德尔马契》所表现的世界中，越是想在社会上显身手的人，结局越是可悲，但一方面，艾略特又主张人应该在有限的范围里认识自己的责任和义务，使生活具有新的意义。多萝西娅、利德盖特、布尔斯特罗德夫妇以及高思一家，这些人物一方面在强大的社会面前做着愚蠢可笑的事，显得无能为力；另一方面在日常生活中又尽责任尽义务，正是这些人物在生活中默默地巩固着责任的定义，在社会上形成了一股有力的潜流，推动着社会不停地运转。

乔治·艾略特将责任视为挽救 19 世纪英国社会分裂的力量，她所阐释的责任观念正是针对如何凝聚世道人心，成为维多利亚时代一种极有代表性的思想。

3. 同情和宽恕

同情，宽恕，同理心——这些都是《米德尔马契》中的重要思想。多萝西娅的部分问题是她过多的感情。多萝西娅和每个人都有同感，而且她无法消除这种感觉。虽然"同情"在《米德尔马契》的道德准则中很重要，但过度的"同情"，就像多萝西娅的"狂热的同情心"，可能会导致一个人无缘无故地牺牲自己的幸福。

多萝西娅单纯可爱，富有同情心，而且"她只要能够给人以同情，从不愿错过机会。"她就像天使的化身，心和灵魂坦率而真诚。多萝西娅逐渐钟情于卡苏朋的原因之一便是卡苏朋具有的同情，多萝西娅认为，在卡苏朋身上她可以找到理解、同情和指导。当她发现她丈夫的真实命运后，她萌发的也不是自己梦想的破灭，而是生发了一种对丈夫的怜悯惋惜之情。她甚至对一切不能发挥抱负的人都深感同情。

虽然多萝西娅的同情有时可能有些过分，但她仍然被视为所有人都应该追求的理想。当利德盖特陷入困难处境，她用高尚的人格、慷慨的胸怀、与人为善的仁慈，使利德盖特过去的自我复活。利德盖特在想"这位年轻妇女有着宽阔的胸怀，简直比得上圣母玛利亚。她显然毫不考虑自己的未来，只想马上把一半的收入捐献出来，仿佛她什么也不需要，只要一张椅子，可以让她坐在上面，用那对清澈的眼睛，俯视世上嗷嗷待哺的众生。她似乎有一种东西，那是我以前从没在任何女人身上看到过的，这便是对人的丰富同情"（乔治·艾略特，1987：730）。

多萝西娅不仅具有同情心，而且保持对至善的追求："我相信，只要我们对真正的善怀有希望，哪怕我们不知道怎么办，也不能做我们所要做的事，我们已成了对抗恶的神圣力量的一部分，因为这便将扩大光明的范围，缩小跟黑暗斗争的规模"（乔治·艾略特，1987：378）。多萝西娅那高尚纯洁的精神、完整的人格将不绝如缕地影响着他人。她诠释了世上善的增长一部分也有赖于那些微不足道的行为。

附录：《英国卫报》最新百佳小说

1. *The Pilgrim's Progress* by John Bunyan（1678）

《天路历程》约翰·班扬

2. *Robinson Crusoe* by Daniel Defoe（1719）

《鲁滨孙漂流记》丹尼尔·笛福

3. *Gulliver's Travels* by Jonathan Swift（1726）

《格列佛游记》乔纳森·斯威夫特

4. *Clarissa* by Samuel Richardson（1748）

《克拉丽莎》塞缪尔·理查森

5. *Tom Jones* by Henry Fielding（1749）

《汤姆·琼斯》亨利·菲尔丁

6. *The Life and Opinions of Tristram Shandy*, *Gentleman* by Laurence Sterne（1759）

《特里斯特拉姆·姗蒂的人生与观点》劳伦斯·斯特恩

7. *Emma* by Jane Austen（1816）

《爱玛》简·奥斯汀

8. *Frankenstein* by Mary Shelley（1818）

《弗兰肯斯坦》玛丽·雪莱

9. *Nightmare Abbey* by Thomas Love Peacock（1818）

《梦魇修道院》托马斯·洛夫·皮科克

10. *The Narrative of Arthur Gordon Pym of Nantucket* by Edgar Allan Poe
（1838）

《南塔开特亚瑟·戈登·皮姆的故事》埃德加·爱伦·坡

11. *Sybil* by Benjamin Disraeli （1845）

《西比尔》本杰明·迪斯雷利

12. *Jane Eyre* by Charlotte Brontë （1847）

《简·爱》夏洛蒂·勃朗特

13. *Wuthering Heights* by Emily Brontë （1847）

《呼啸山庄》艾米莉·勃朗特

14. *Vanity Fair* by William Thackeray （1848）

《名利场》威廉·萨克雷

15. *David Copperfield* by Charles Dickens （1850）

《大卫·科波菲尔》查尔斯·狄更斯

16. *The Scarlet Letter* by Nathaniel Hawthorne （1850）

《红字》纳撒尼尔·霍桑

17. *Moby – Dick* by Herman Melville （1851）

《白鲸》赫尔曼·梅尔维尔

18. *Alice's Adventures in Wonderland* by Lewis Carroll （1865）

《爱丽丝漫游奇境记》刘易斯·卡罗尔

19. *The Moonstone* by Wilkie Collins （1868）

《月亮石》威尔基·柯林斯

20. *Little Women* by Louisa May Alcott （1868 – 9）

《小妇人》路易莎·梅·奥尔科特

21. *Middlemarch* by George Eliot （1871 – 2）

《米德尔马契》乔治·艾略特

22. *The Way We Live Now* by Anthony Trollope （1875）

《我们现在的生活方式》安东尼·特罗洛普

23. *The Adventures of Huckleberry Finn* by Mark Twain （1884/5）

《哈克贝利·费恩历险记》马克·吐温

24. *Kidnapped* by Robert Louis Stevenson （1886）

《绑架》罗伯特·路易斯·史蒂文森

25. *Three Men in a Boat* by Jerome K Jerome（1889）

《船上的三个人》杰罗姆·K·杰罗姆

26. *The Sign of Four* by Arthur Conan Doyle（1890）

《四签名》阿瑟·柯南·道尔

27. *The Picture of Dorian Gray* by Oscar Wilde（1891）

《道林·格雷的画像》奥斯卡·王尔德

28. *New Grub Street* by George Gissing（1891）

《新格拉布街》乔治·吉辛

29. *Jude the Obscure* by Thomas Hardy（1895）

《无名的裘德》托马斯·哈代

30. *The Red Badge of Courage* by Stephen Crane（1895）

《红色英勇勋章》斯蒂芬·克莱恩

31. *Dracula* by Bram Stoker（1897）

《德古拉》布莱姆·斯托克

32. *Heart of Darkness* by Joseph Conrad（1899）

《黑暗的心》约瑟夫·康拉德

33. *Sister Carrie* by Theodore Dreiser（1900）

《嘉莉妹妹》西奥多·德莱塞

34. *Kim* by Rudyard Kipling（1901）

《吉姆》鲁德亚德·吉卜林

35. *The Call of the Wild* by Jack London（1903）

《野性的呼唤》杰克·伦敦

36. *The Golden Bowl* by Henry James（1904）

《金碗》亨利·詹姆斯

37. *Hadrian the Seventh* by Frederick Rolfe（1904）

《哈德良七世》弗雷德里克·罗尔夫

38. *The Wind in the Willows* by Kenneth Grahame（1908）

《柳林风声》肯尼斯·格雷厄姆

39. *The History of Mr Polly* by H G Wells（1910）

《波利先生的故事》赫伯特·乔治·威尔斯

40. *Zuleika Dobson* by Max Beerbohm（1911）

《祖莱卡·多布森》马克斯·比尔博姆

41. *The Good Soldier* by Ford Madox Ford（1915）

《好士兵》福特·马多克斯·福特

42. *The Thirty - Nine Steps* by John Buchan（1915）

《三十九级台阶》约翰·巴肯

43. *The Rainbow* by D H Lawrence（1915）

《彩虹》D. H. 劳伦斯

44. *Of Human Bondage* by W Somerset Maugham（1915）

《人性枷锁》W·萨默塞特·毛姆

45. *The Age of Innocence* by Edith Wharton（1920）

《纯真年代》伊迪丝·华顿

46. *Ulysses* by James Joyce（1922）

《尤利西斯》詹姆斯·乔伊斯

47. *Babbitt* by Sinclair Lewis（1922）

《巴比特》辛克莱·刘易斯

48. *A Passage to India* by E M Forster（1924）

《印度之行》爱·摩·福斯特

49. *Gentlemen Prefer Blondes* by Anita Loos（1925）

《绅士爱美人》阿尼塔·鲁斯

50. *Mrs Dalloway* by Virginia Woolf（1925）

《达洛卫夫人》弗吉尼亚·伍尔夫

51. *The Great Gatsby* by F. Scott Fitzgerald（1925）

《了不起的盖茨比》F. 斯科特·菲茨杰拉德

52. *Lolly Willowes* by Sylvia Townsend Warner（1926）

《巫女长成记》西尔维亚·汤森·沃纳

53. *The Sun Also Rises* by Ernest Hemingway（1926）

《太阳照常升起》欧内斯特·海明威

54. *The Maltese Falcon* by Dashiell Hammett（1929）

《马耳他之鹰》达希尔·哈米特

55. *As I Lay Dying* by William Faulkner（1930）

《我弥留之际》威廉·福克纳

56. *Brave New World* by Aldous Huxley（1932）

《美丽新世界》奥尔德斯·赫胥黎

57. *Cold Comfort Farm* by Stella Gibbons（1932）

《令人难以宽慰的农庄》斯黛拉·吉本思

58. *Nineteen Nineteen* by John Dos Passos（1932）

《一九一九年》约翰·罗德里戈·多斯·帕索斯

59. *Tropic of Cancer* by Henry Miller（1934）

《北回归线》亨利·米勒

60. *Scoop* by Evelyn Waugh（1938）

《独家新闻》伊夫林·沃

61. *Murphy* by Samuel Beckett（1938）

《墨菲》塞缪尔·贝克特

62. *The Big Sleep* by Raymond Chandler（1939）

《长眠不醒》雷蒙德·钱德勒

63. *Party Going* by Henry Green（1939）

《结伴游乐》亨利·格林

64. *At Swim – Two – Birds* by Flann O'Brien（1939）

《双鸟渡》布莱恩·奥诺兰

65. *The Grapes of Wrath* by John Steinbeck（1939）

《愤怒的葡萄》约翰·斯坦贝克

66. *Joy in the Morning* by P G Wodehouse（1946）

《晨趣》佩勒姆·G·伍德豪斯

67. *All the King's Men* by Robert Penn Warren（1946）

《国王班底》罗伯特·佩恩·沃伦

68. *Under the Volcano* by Malcolm Lowry（1947）

《在火山下》麦尔坎．劳瑞

69. *The Heat of the Day* by Elizabeth Bowen（1948）

《炎炎日正午》伊丽莎白·鲍恩

70. *Nineteen Eighty – Four* by George Orwell（1949）

《一九八四》乔治·奥威尔

71. *The End of the Affair* by Graham Greene（1951）

《恋情的终结》格雷厄姆·格林

72. *The Catcher in the Rye* by J D Salinger（1951）

《麦田里的守望者》杰罗姆·大卫·塞林格

73. *The Adventures of Augie March* by Saul Bellow（1953）

《奥吉·马奇历险记》索尔·贝娄

74. *Lord of the Flies* by William Golding（1954）

《蝇王》威廉·戈尔丁

75. *Lolita* by Vladimir Nabokov（1955）

《洛丽塔》弗拉基米尔·纳博科夫

76. *On the Road* by Jack Kerouac（1957）

《在路上》杰克·凯鲁亚克

77. *Voss* by Patrick White（1957）

《探险家沃斯》帕特里克·怀特

78. *To Kill a Mockingbird* by Harper Lee（1960）

《杀死一只知更鸟》哈珀·李

79. *The Prime of Miss Jean Brodie* by Muriel Spark（1960）

《简·布罗迪小姐的青春》穆丽尔·斯帕克

80. *Catch – 22* by Joseph Heller（1961）

《第二十二条军规》约瑟夫·海勒

81. *The Golden Notebook* by Doris Lessing（1962）

《金色笔记》多丽丝·莱辛

82. *A Clockwork Orange* by Anthony Burgess（1962）

《发条橙》安东尼·伯吉斯

83. *A Single Man* by Christopher Isherwood（1964）

《单身男子》克里斯托弗·伊舍伍德

84. *In Cold Blood* by Truman Capote（1966）

《冷血》杜鲁门·卡波特

85. *The Bell Jar* by Sylvia Plath（1966）

《钟形罩》西尔维娅·普拉斯

86. *Portnoy's Complaint* by Philip Roth（1969）

《波特诺的主诉》菲利普·罗斯

87. *Mrs Palfrey at the Claremont* by Elizabeth Taylor（1971）

《爱在夕阳下》伊丽莎白·泰勒

88. *Rabbit Redux* by John Updike（1971）

《兔子回家》约翰·厄普代克

89. *Song of Solomon* by Toni Morrison （1977）

《所罗门之歌》托妮·莫里森

90. *A Bend in the River* by V S Naipaul （1979）

《大河湾》V. S. 奈保尔

91. *Midnight's Children* by Salman Rushdie （1981）

《午夜的孩子》萨尔曼·拉什迪

92. *Housekeeping* by Marilynne Robinson （1981）

《管家》玛丽莲·罗宾逊

93. *Money*：*A Suicide Note* by Martin Amis （1984）

《金钱：绝命书》马丁·艾米斯

94. *An Artist of the Floating World* by Kazuo Ishiguro （1986）

《浮世画家》石黑一雄

95. *The Beginning of Spring* by Penelope Fitzgerald （1988）

《初春》佩内洛普·菲茨杰拉德

96. *Breathing Lessons* by Anne Tyler （1988）

《呼吸课》安·泰勒

97. *Amongst Women* by John McGahern （1990）

《在女人中间》约翰·麦加恩

98. *Underworld* by Don DeLillo （1997）

《地下世界》唐·德里罗

99. *Disgrace* by J M Coetzee （1999）

《耻》约翰·马克斯韦尔·库切

100. *True History of the Kelly Gang* by Peter Carey （2000）

《凯利帮真史》彼得·凯里

183

第8章 个案研究

8.1 艾米莉·勃朗特艺术创新个案研究——论《呼啸山庄》

创新精神是英国文学吸引全世界读者的重要因素之一。维多利亚时期见证了英国小说的繁荣兴旺，被称为英国小说创作的黄金时代。优秀作家如狄更斯、萨克雷、勃朗特姐妹、乔治·艾略特、哈代等大量涌现，与广大读者水乳交融，可以说是当时文坛的盛景之一。"他们直面社会现实，表现出强烈的使命感、道德感和忧患意识"（王守仁等，2006：130）。而维多利亚时代的女性作家，作为英国女性文学的先行者和开拓者，使得英国文学更为丰富，更为深邃，更为精妙，也使英国文学远远走在了同时期世界文坛的前列。

勃朗特姐妹的名字在维多利亚时期众多小说家中占据着十分醒目的位置。按年龄长幼，勃朗特姐妹分别是《简·爱》（*Jane Eyre*）的作者夏洛蒂·勃朗特（Charlotte Brontë，1816～1855）、《呼啸山庄》（*Wuthering Heights*）的作者艾米莉·勃朗特（Emily Brontë，1818～1848）和《安格涅斯·格雷》（*Agnes Grey*）的作者安妮·勃朗特（Anne Brontë，1820～1849）。姐妹三人都表现出令人艳羡的创造力。艾米莉·勃朗特也许是勃朗特姐妹中最伟大的一个，她的《呼啸山庄》是一部充满激情和仇恨的极富想象力的作品。

艾米莉·勃朗特在英国文学史上占据了一个独特的位置，可以说艾米莉·勃朗特是一位富有创新精神的女性小说家。她首先是个诗人，她的诗有的已选入英国19世纪及20世纪中22位第一流的诗人的诗选内，

《朗曼英国文学指南》介绍她"被公认为是英国文学中最伟大的女诗人"。然而她唯一的一部小说《呼啸山庄》奠定了她在英国文学史以及世界文学史上的地位。

《呼啸山庄》以旁观者回顾的叙事方式，讲述了 18 世纪末在约克郡一个偏远地区的弃儿希刺克厉夫对恩萧和林惇两个家庭带来的动荡。希刺克厉夫在恩萧家受到了虐待，还因为凯瑟琳的婚姻而感到痛苦。希刺克厉夫和凯瑟琳之间的爱情故事与 19 世纪英国生活的种种限制和社会习俗背道而驰。最终凯瑟琳对财富和社会地位的迷恋战胜了对希刺克厉夫的爱。当凯瑟琳嫁给温柔、富有的埃德加·林惇，希刺克厉夫倾尽一生寻求复仇。希刺克厉夫计划报复这两个家庭，即使凯瑟琳难产死亡也并没有让他从他与她的爱恨关系中解脱出来。他将报复延续到第二代，这种执着的纠缠一直持续到他死亡，最后幸存的恩萧和林惇继承人的婚姻恢复了人间的和平。

这部充满激情、想象力丰富的小说，以其戏剧性和诗意的呈现以及不同寻常的结构而不同于同时代的其他小说。"《呼啸山庄》在英国文学中是独一无二的……《呼啸山庄》激荡淋漓的力量更接近莎士比亚的悲剧和弥尔顿的史诗"（钱青，2006）。《呼啸山庄》可以说是一部引人入胜的传奇，是对浪漫传奇之意义的探索与延伸。因此，研究艾米莉·勃朗特，会使我们对维多利亚时期的文坛盛景有更深入的了解，并对英国文学天才的创新精神，尤其是女性作家的艺术创新有一个比较全面的认识。

8.1.1　国内外研究现状

勃朗特三姐妹在英国文学史上是一个奇特现象，据统计，在所有英国作家中，除莎士比亚和狄更斯，勃朗特姐妹是世界范围内最广为人知和深受喜爱的。近几十年，以她们的作品和生活背景为题材创作的戏剧、电影、小说更是层出不穷。尽管维多利亚时代的批评家皮特·贝恩在比较勃朗特三姐妹的成就时，最推崇夏洛蒂，但以后的评论家则认为艾米莉是最具独创性的作家。的确，艾米莉在《呼啸山庄》中表现出的谜一般的神话与诗歌素质是夏洛蒂所不及的。小说在 1847 年 12 月出版时反响并不好，评论界持反对态度，后来终以其野性的、感人肺腑的强烈情感征服了 19 世纪后期的英国文坛。

英国著名诗人及批评家马修·阿诺德（Matthew Arnold）认为，艾米莉心灵中的非凡激情、强烈的情感、忧伤和勇气是自从拜伦死后无人可以比拟的。英国著名女作家弗吉尼亚·伍尔夫（Virginia Woolf）写道："在《呼啸山庄》里，既没有'我'，也没有家庭女教师，又没有雇主。那里面有的是爱，但不是男女之间的那种爱。艾米莉的灵感来自某种更为广阔的构思。促使她创作的动力并不是她自己所受到的痛苦，也不是她自己所受到的伤害。她放眼身外，但见世界四分五裂、陷入极大混乱，自觉有力量在一部书里将它团在一起。这种雄心大志在整个小说里处处可以感觉出来——它是一场搏斗，虽然遭受挫折，仍然信心百倍，定要通过人物之口说出一番道理，那不仅仅是'我爱'，'我恨'，'我受苦'。而是'我们——整个人类'，'你们——永恒的力量……'但这句话并没有说完"（弗吉尼亚·伍尔夫，2008：111）。

英国著名小说家毛姆（W. Somerset Maugham）在《伟大小说家及其小说》（*Great Novelists and Their Novels*）中写道，"我想不出还有哪部小说能把爱的痛苦、狂喜和残酷如此有力地展现出来。你不能把《呼啸山庄》和其他任何小说相比，只能把它比作埃尔·格列柯（El Greco）的一幅伟大的画作：在阴郁、干旱的景色中，在雷声密布的乌云下，身体拉长了的、扭曲的人物被一种超自然的情感所迷住，他们屏息着。一道闪电掠过铅灰色的天空，给眼前的景象增添了一种神秘恐怖的气氛"（W. Somerset Maugham，1972）。艾米莉在《呼啸山庄》中表现出来的极大的想象力和创造力，也引起 20 世纪许多现代评论家的关注，如英国结构主义批评家弗兰克·克莫德（Frank Kermode）、美国结构主义批评家米勒（J. Hillis Miller）等。

美国当代著名小说家乔伊斯·卡罗尔·欧茨（Joyce Carol Oates）在《直言不讳：观点和评论》（*Uncensored：Views and Reviews*）中表达了她的敬意："在经典英文小说中，《呼啸山庄》是我们青春激情的伟大的罗曼司，而艾米莉·勃朗特是我们文学中一位难以捉摸，而又萦绕着我们的人物。和美国近现代作家艾米莉·狄更生一样，这位与世隔绝的天才作家也是死后才确立自己的名声，并且她已经成为各种神话、传说和臆测的焦点。还有比《呼啸山庄》更令人惊叹的处女作吗？当然，每一部文学天才的作品都是自成一格的，但是《呼啸山庄》仍然让我们感到它是独一无二的。"的确，《呼啸山庄》是一部伟大的作品，无论就内容还是形式而言它都十分独特。可以说，在当时的文坛，艾米莉远远地走在了人们前面。

国内学者对《呼啸山庄》进行了多维度的研究。其中著作包括《荒原上短暂的石楠花：勃朗特姐妹传》（张耘，2002），《英国的石楠花在中国》（冯茜，2008），《艾米莉·勃朗特研究》（高万隆等，2010），《勃朗特姐妹》（郭征难，2014），《女性主义视角下的宗教人格与创作：勃朗特姐妹研究》（张静波，2015），等等。对《呼啸山庄》的研究论文更是层出不穷，根据"中国知网"统计，《呼啸山庄》的相关论文时至今日已多达 2095 篇，其中包括对《呼啸山庄》作品本身的研究，也包括对作者艾米莉·勃朗特的研究，还有对作品中的人物凯瑟琳和希刺克厉夫的研究。如《无穷尽的符号游戏——20 世纪的〈呼啸山庄〉阐释》（韩敏中，1992），《〈呼啸山庄〉与哥特传统》（蒲若茜，2002），《自我的认同与回归——再读〈呼啸山庄〉》（马坤，2003），《〈呼啸山庄〉主题与叙事》（高继海，2008），《两种生成观：兼论〈呼啸山庄〉中的女性歇斯底里》（胡素情，2013），等等。尽管人们运用不同的新的理论，从各个角度解读《呼啸山庄》，但整体来看，还缺乏对艺术表现手法创新的系统研究。本部分拟从小说对哥特小说的超越、意象的运用和非同寻常的叙事方法几个方面展开研究，探索艾米莉·勃朗特的艺术创新。

8.1.2 《呼啸山庄》对哥特小说的超越

《呼啸山庄》可以说是维多利亚时代杰作中哥特色彩最强的作品。艾米莉广泛运用哥特式艺术手法，把人物放到极端险恶的环境中，把野性与文明、想象与现实结合起来，对感情与理智、人性与道德之间的冲突进行了深入的表现和探索。"与更加传统的哥特式情感的似是而非相比较，《呼啸山庄》至少是一首真实世界中的美与神秘的赞歌。它将'真实的'与'浪漫的/怪诞的'完美地融合在一起，将生者与死者之间的障碍化解掉。宇宙之中似乎没有超越一切的上帝，有的只是超越所谓'死亡'的强烈、巨大的人类感情"（乔伊斯·卡罗尔·欧茨，2006：210）。为更好地理解艾米莉的《呼啸山庄》，首先对英国哥特小说作一管窥。

1. 英国哥特小说

哥特式小说，是欧洲浪漫主义虚构的中世纪小说，弥漫着神秘和恐怖的气氛。它的全盛时期是 18 世纪 90 年代，但在随后的几个世纪里不断复兴。被称为哥特式是因为它的想象力来源于中世纪的建筑和废墟，这类小说通常使用带有地下通道、黑暗的城池、隐藏的嵌板和暗门的城堡或修道院。这一时尚是由霍勒斯·沃波尔的《奥特朗托城堡》（1765）在英国引起的，它获得了极大的成功。他最可敬的追随者是安·拉德克厉夫，她的《尤道弗之谜》（1794）和《意大利人》（1797）是这类小说中最好的例子。一种更耸人听闻的哥特式浪漫主义利用恐怖和暴力在德国兴盛起来，并由马修·格雷戈里·刘易斯的《修道士》（1796）传入英国。其他哥特式小说的里程碑是威廉·贝克福德的《瓦泰克》（1786）和查尔斯·罗伯特·马图林的爱尔兰浮士德的故事《流浪者梅尔莫斯》（1820）。玛丽·沃斯通克拉夫特·雪莱的经典恐怖小说《弗兰肯斯坦》（1818）和布拉姆·斯托克的《德古拉》（1897）都是哥特式小说，但却以神秘和恐怖的方式介绍了人类存在的本质。

早期的哥特式浪漫小说很容易成为讽刺的对象，因为情节的奢侈而夭折，但哥特式的氛围机制继续出现在许多大作家的小说中，如勃朗特姐妹，埃德加·爱伦·坡，纳撒尼尔·霍桑，甚至是查尔斯·狄更斯的《荒凉山庄》和《远大前程》。

哥特式是一种源于建筑的名称，它与意大利风格的新古典主义建筑相反，更适合于奥古斯都时代的粗犷和原始的宏伟。哥特式小说的氛围应该是黑暗、狂暴、阴森，充满疯狂、愤怒、迷信和复仇的精神。值得注意的是，哥特小说一直是在一种故意搁置正常品味标准的精神下进行创作的。一部哥特小说被要求应视作是一种巧妙的娱乐，怜悯和恐惧不是一种宣泄的过程，而是一种短暂的情感，某种程度上是反常的，是为了它们自己而享受。

（1）哥特小说的主题。

英国哥特小说讲述的大多是中世纪发生于地中海沿岸的故事，涉及宗教迫害、篡夺和复仇等题材。"主题大多是通过家族仇恨、继承权的争夺揭示人性的邪恶和阴暗面，情节上大肆渲染暴力与恐怖"（蒲若茜，2002）。在有些论者看来，"英国哥特小说虽然不旨在对理想社会和价值观念做正面表现，而是竭力渲染、暴露社会罪恶，赤裸裸地展示人性的阴暗与丑陋，但是善作为一股道义力量从未泯灭，始终与恶冲突搏斗，伴随着紧张的道德探索"（李伟昉，2005：13）。

（2）哥特小说的主人公。

哥特小说的主人公最突出、最引人注目的人物形象之一便是暴君式的恶棍英雄。这些人物大多身居显贵却又身世不明，利用非法手段向上爬升，且嗜财如命，虽然位高权重，但往往无法长久占其所夺，相反，还往往会为其觊觎之物所害。在大多数小说中，篡夺权力和财产的人最终会受到被篡夺者或其后代的惩罚，地位和传统的非法继承人最终会被传统释放出来的力量推翻甚至摧毁。这类形象的共同性格特征是冷酷无情，专横残暴，为达目的，不择手段。与暴君形象构成鲜明对立的是柔弱不幸的少女形象。这些少女，多是或因争夺财产继承权或因维护教义或因疯狂肆虐而成为受害者。哥特小说对这些形象的塑造大多过于直露和简单化，一切好像是明明白白，缺乏其内在心理层面的深入挖掘和揭示，显得有些苍白和无味（李伟昉，2005：131~133）。

（3）哥特小说的主要叙事特征。

①主观性叙事特征。所谓主观性叙事特征，突出体现在叙述者在叙述过程中毫不掩饰自己的身份，常常中断情节插入自己的评论或诠释，呈现出最大程度的显露，使读者在接受故事的同时始终强烈感到有一个讲述者在场。这种主观性叙事，自文艺复兴伊始至19世纪前，一直居于西方小说创作的主流地位，成为西方小说的一大叙事传统。这一传统自然会影响到英国哥特小说的创作。英国哥特小说的主观性叙事特征不仅表现在"指点干预"上（对叙述形式的干预），更集中表现在"评论干预"上（对叙述内容的干预）。强烈的评论干预，使英国哥特小说表现出了鲜明的主观性叙事特征。这种主观性叙事特征，除了自然出现在第一人称视角叙事外，最集中地表现在全知视角叙事中。

②"时间倒错"的预叙。任何一部叙事文学作品都内含着叙事时间与故事时间两种时间。当故事时间与叙事时间相一致时，称之为"正叙"或"直叙"；当表现出来的是差异性的时候，称之为"时间倒错"。"时间倒错"通常是由叙事中的"倒叙"或"预叙"引起的。倒叙是指对往事的追述，而预叙则是对未来事件的暗示式预期。国内有学者认为，在西方小说中，与倒叙相比，预叙较为少见。但在英国哥特小说经

典文本中，预叙就被作为一种显然是常规的叙事方式运用着。预叙会引导读者特别去关注人物的命运，关注事件的发展与变化，从另一个层面上引起读者更大的阅读兴趣。

2. 继承与超越

在《呼啸山庄》中，艾米莉对哥特小说创造性地应用，把哥特形式与小说的内容主题完美地结合起来，表现人生中难以忍受的悲痛、失落和残酷。她对小说主题的深化，对主人公心里深度的开拓，小说别样环境的刻画，使《呼啸山庄》远远超越了传统的哥特小说，显示出其独有的艺术魅力。

（1）对主题的深化。

《呼啸山庄》的主题涉及了仇恨、阴谋和继承权的争夺。希刺克厉夫是凯瑟琳的父亲老恩萧在利物浦码头捡到的一个被遗弃的野孩子。他是这个家庭的一个外来者，因此，除了凯瑟琳，其他人都憎恨他，疏远他，尤其是凯瑟琳的哥哥辛德雷成为呼啸山庄的新主人后，对他更是恨之入骨，用各种方式虐待他。但是凯瑟琳和他变得很亲密，他们一起在荒原上玩耍长大，并发展出了一种互为自我的恋人关系。这时，富有、英俊、体面的林惇出现了，凯瑟琳移情别恋，决定嫁给他。失去凯瑟琳，希刺克厉夫痛心不已，在雷雨之夜悄悄离开了山庄。三年后，希刺克厉夫回到呼啸山庄实施他的复仇计划。他拐走林惇的妹妹伊莎贝拉，在婚后肆意虐待她。他多次去见凯瑟琳，对林惇进行精神上的折磨。凯瑟琳夹在林惇和希刺克厉夫的相互仇恨间日渐消损，生下女儿后死去。凯瑟琳去世后，希刺克厉夫更是变成了一个灵魂分裂的人，成为一股破坏一切、摧毁一切的复仇力量。他通过赌博把辛德雷的财产掠到自己名下，使辛德雷在仇恨和负债累累中死去。他统治着呼啸山庄，对昔日的仇人以其人之道还治其人之身，他如魔鬼般疯狂地破坏着一切和谐美好的东西，直到他为了追求与凯瑟琳的超凡之爱而自绝于世。可见，《呼啸山庄》的主题——复仇和争夺继承权——属于传统的"哥特主题"。

但在《呼啸山庄》中，艾米莉超越了传统的哥特式主题，用巨大的激情刻画了希刺克厉夫和凯瑟琳那种完全超越道德规范、不受任何人类文明准则与理性约束的强烈而狂热的爱情。希刺克厉夫是一个非常复杂的人物。幼年的他饱尝人间冷暖，形成了倔强而执拗的性格。这种性格使我们不难想象他对家的渴望，对爱的渴望。老主人恩萧给了他父亲般的关爱，凯瑟琳给了他纯真的友爱，在老恩萧死后，他却被剥夺了受教育的权利，降为仆人。然而，凯瑟琳对他不弃不离，是凯瑟琳的爱给了他忍受一切、顽强地生存下来的力量。虽然在呼啸山庄备受虐待，但有凯瑟琳，他就有着完整的自我和完整的世界，凯瑟琳就是他的生命和灵魂。凯瑟琳临死前，他去见她，他大步走到她身边，把她搂在自己怀里，感到痛苦不堪。他对凯瑟琳的情感在凯瑟琳死后被他用一种更加强烈的语言表达了出来："把我逼疯吧！只要别把我撇在这个深渊里，这儿我找不到你！啊，上帝！真是没法说呀！没有我的生命，我不能活下去！没有我的灵魂，我不能活下去啊！"[1]

　　失去凯瑟琳，希刺克厉夫生命中的光和温暖也随之消失，他的世界不再完整，他要报复，他要破坏。于是他以复仇的形式和变态的行为去追忆他心灵深处的爱情，去寻找那失去的另一半灵魂。

　　凯瑟琳与希刺克厉夫一起在呼啸山庄的荒原上长大，她对希刺克厉夫有某种难以言说的亲缘感，她身上就具有希刺克厉夫的某些品质，正如她自己所说，"我就是希刺克厉夫！他永远永远地在我心里！"。她爱希刺克厉夫是因为他更像她自己，他的灵魂和她的一模一样。他们互为彼此，互为灵魂。画眉山庄林惇的出现使她的感情天平发生倾斜。虽然在本质上她更喜欢希刺克厉夫，但他毕竟是英国社会中的一个异类，身世不明，一贫如洗，没有受过教育。当凯瑟琳顺从自己的天性和内心的声音时，她深深地爱着希刺克厉夫，但当她从画眉山庄所代表的文明宁静的角度来看他的时候，她却无法忍受他低下的地位和粗野的举止。最终，她选择了林惇。选择了林惇，本质上也选择了与自己的另一个自我在精神上的分离。背弃了深层的自我，她便从此遭受着自我失落的痛苦。

　　一边是代表着她原始自然天性的希刺克厉夫的爱，一边是应遵守的社会道德与理性，凯瑟琳处在内心极度的冲突之中，不得安宁。很明显，他们之间的爱情是不会也不可能为世俗社会所容的，唯有解脱肉体才能达到精神的解放、灵魂的合一。凯瑟琳痛苦而死，二十年后希刺克厉夫也自己结束了徒具空壳的生命，跟随爱人而去，两人最终在超验世

---

[1]　艾米莉·勃朗特：《呼啸山庄》，杨苡译，译林出版社 1990 年版，第 156 页。以后只在文中注明页码，不再一一做注。

界里实现了灵魂的相合……小说向人们揭示出了人性的冲突，表现了人类悲痛与渴望的强烈主题。

（2）对主人公心理深度的开拓。

《呼啸山庄》对于哥特传统的超越还体现在对主人公心理深度的开拓上。尽管艾米莉采用了哥特小说的人物模式，但在她笔下，僵化的哥特小说人物变成了丰满的艺术形象。

①自我失落的凯瑟琳。凯瑟琳是一个矛盾的统一体，她的人格发展大大超越了以前的哥特式女主人公。典型的哥特女主人是娇小乖巧，天真无邪，操守贞节的。而凯瑟琳却是复杂难懂、善做分析、不被约束的。她对自己本性的背弃可以说是书中一切悲剧的起源。凯瑟琳虽然深爱着希刺克厉夫，但她也有着常人所具有的虚荣心。遇到林惇后，内心便发生变化，她决定嫁给林惇，因为林惇漂亮，因为林惇又年轻又活泼，因为林惇可以使她成为附近最了不起的女人，因为有这么一位丈夫她就会觉得骄傲！可同时她又告诉耐莉她离不开希刺克厉夫，甚至从心底发出了"我就是希刺克厉夫"的呐喊。希刺克厉夫就是占据凯瑟琳整个心灵的荒原的化身。显然，希刺克厉夫才是她的真爱，是她的另一个"自我"。这样她不仅把自己置于了两个爱人之间，也不可避免地被两个爱人所分裂：她嫁给了林惇，同时背叛了她的最爱，她只能在自己制造的困境中遭受违背自由的原始天性的悔恨和自我失落的痛苦。这与惯有的哥特模式是不同的，她的婚姻不仅没有解决反而加剧了她的心理冲突——希刺克厉夫的归来使她包藏在平静的外表下的那颗心悸动不已，他毕竟是她的真爱所在！可现在她是画眉山庄的女主人，她心力交瘁。当林惇逼迫她在他与希刺克厉夫之间作出选择时，她的心理冲突达到了高潮：认不出镜中的自己，分不清自己是在呼啸山庄还是在画眉山庄，分不清是白天还是黑夜，连续三天三夜处在痛苦和迷幻之中。她心碎神伤，失去理性，精神恍惚：她扯出枕芯里的羽绒撒得漫天飞舞，仿佛这些囚禁在枕套芯里的死去的鸟儿的羽毛在她的幻觉中又化作自由飞翔的鸟群。

现实与梦幻交缠纠结，表现了凯瑟琳禁囿迷失的心情，反映了凯瑟琳被两个爱人分裂的心理状态。她痛苦不堪，盼望通过死摆脱自造的困境和尘世的桎梏，达到与希刺克厉夫在一个超验世界里的合一。对这超现实的三天三夜的细腻描写可以说是艾米莉超越哥特体裁的顶点。

②拜伦式英雄希刺克厉夫。希刺克厉夫是艾米莉塑造的一个拜伦式英雄人物。他是个风暴之子,生性沉默寡言,不愿受一切道德的束缚以及社会惯例的制约,他的所作所为无不带有哥特式色彩。

他是英国文明社会的异者,他的到来像一枚石子投进原本平静的湖水在呼啸山庄激起了猜忌与争斗、渴慕与仇恨。他得到了老主人恩萧父亲般的关爱和凯瑟琳纯真的爱情,也受到了辛德雷不应有的摧残和侮辱。当凯瑟琳接受林惇的求婚后,他的人格便开始走向扭曲,他决心报复,重新找回本该属于自己的爱以及失去的人格。他采取了一种极端的方式,把自己异化成"食尸鬼",在他疯狂报复的时候,他的恶魔性质展露无遗。他不仅报复了两个山庄的主人,甚至将魔掌伸向两个家族的后代。他对待仇人们及其后代的复仇狂热几乎到了无以复加的地步。他残忍地告诉伊莎贝拉,他不是一个浪漫的英雄,而是一个卑鄙的、一心只想复仇的人。别人越是感到痛苦,他越是感到痛快,他的复仇之路一如魔鬼般疯狂。

他与凯瑟琳之间的爱情也由热烈转为病态。他们的爱是在童年时建立的,没有任何成年时的诱惑,他们是灵魂的伴侣。后来他变成了一个偏执狂的悲剧人物,自我憎恨,永远地、无助地哀悼一份永远失去的"爱"。凯瑟琳生病后他去看她,他像个疯狗似的带着贪婪的嫉妒神色把她抱紧。得知凯瑟琳死讯后,他像野兽一般痛苦地吼叫着。他甚至让教堂司事挖开凯瑟琳的坟墓,打开她的棺材,以便能再看一眼她的脸,即使凯瑟琳已经化作了尘土,他也希望和她一起化掉,对他这也是一种幸福。

希刺克厉夫代表了原始、狂野、情感的不羁和生命力,他的性情与狂风暴雨的荒原是一致的,既严厉又无情,既暴烈而又有力量。他就像一个拜伦式英雄,集叛逆、罪犯以及道德规范的摧毁者于一身,但又富有激情和勇气,愤然与命运抗争,与压迫和不公正顽强抗争。他的身上集聚了残忍与忧伤,阴郁、狂野、报复欲和身心消损的巨大激情糅合在一起,散发出一股动人心魄的危险魅力。正是艾米莉对希刺克厉夫这种撒旦式魔鬼性格的哥特式创作风格的深化,使得人物变得立体丰满,栩栩如生,令人难忘。

(3)别样环境的刻画。

艾米莉在环境刻画方面也采用了典型的哥特手法,但故事发生的背景由遥远的中世纪切换到了艾米莉所生活的时代，刻画了一个具体得令人感到亲切的世界。这种不同于哥特传统的小说手法，增加了小说的现实意义，突出了时代感。

艾米莉出生在约克郡的桑顿，后搬到哈沃斯，住在位于一个小山顶的哈沃斯牧师住宅。小山的后面就是一片荒原。"这片荒原上几乎没有树木……这片荒原除了终年大风呼啸之外还有一个特点，那就是这里一年当中见不到几个阳光灿烂的日子，一会儿下雨，一会儿下雪，一会儿下雾。大风控制着天气，因而天气变化多端。浮云被大风吹得四处飘动，把不同形状的影子投在荒原之上。风才是主宰这片土地的主人，它从山上吹过又穿过谷底，翻动着四季变化着颜色的草地"（张耘，2002）。艾米莉把她家附近的荒原移到了小说里。因为艾米莉崇拜大自然，所以在小说中她对大自然的刻画生动而细致。首先，她运用丰富的想象力把情感注入大自然，把情与景紧密结合起来。老恩萧去世的那天晚上，大风绕着房子咆哮着；希刺克厉夫出走的午夜，暴风雨隆隆地席卷山庄；凯瑟琳下葬的夜晚，狂风大作，风雪交加；希刺克厉夫死的深夜，也是暴雨如注。"……沉沉的夜幕，呼啸的狂风，猛烈的雨雪，峻峭的岩石……艾米莉笔下的大自然不只是人物活动的背景，也是一种活生生的充满生命力的自然，一种神秘的力量"（蒋永国，2000）。

不仅如此，她还运用哥特式的天气、环境、建筑等描写，使爱与恨、生与死、真实与梦幻浑成一气。读者第一次接触到的呼啸山庄是这样的："呼啸山庄是希刺克厉夫先生的住宅名称。'呼啸'是一个意味深长的内地形容词，形容这地方在风暴的天气里所受的气压骚动……从房屋那头有几棵矮小的枞树过度倾斜，还有那一排瘦削的荆棘都向着一个方向伸展枝条，仿佛在向太阳乞讨温暖，就可以猜想到北风吹过的威力了。"（2）山庄的主人性格怪僻，正如洛克乌德所说："要是这屋子和家具属于一个质朴的北方农民，他有着顽强的面貌，以及穿短裤和绑腿套挺方便的粗壮的腿，那倒没有什么稀奇……但是希刺克厉夫先生和他的住宅，以及生活方式，却形成一种古怪的对比。"（3）晚上睡在山庄里的洛克乌德开始做梦。梦里一张小孩的脸向窗里望，一支冰凉的小手抓住他不放，一个极忧郁的声音抽泣着："让我进去！让我进去！""我回家来啦，我在旷野上走迷路啦！"（21）动荡不安的情绪和神秘意蕴的各种奇特现象的描写使全书弥漫着强烈的恐怖气氛，产生出动人心魄的力量，令人感到呼啸山庄的荒凉、偏僻、恐怖和神秘。

充满野性和生机的荒原对主人公有着强烈的吸引力。早年凯瑟琳和希刺克厉夫从清早就跑到荒原上一起玩耍，在荒原的怀抱里无拘无束，自由自在。荒原上的风景给了他们叛逆、执着、顽强的性格，也滋生了他们原始、野性、奔放的爱情。荒原是凯瑟琳的生命之源、精神家园。临死前她还喃喃着："啊，但愿我是在老家里我自己的床上！还有那风在窗外枞树间呼啸着。千万让我感受感受这风吧——它是从旷野那边直吹过来的——千万让我吸一口吧！"（116）林惇在她的枕头上放了一束金色的藏红花，"'这些是山庄上开得最早的花，'她叫。'它们使我想起轻柔的暖风，和煦的阳光，还有快融化的雪。'"（125）即使在死后，她的灵魂也在旷野上徘徊留恋，不肯离去，直到希刺克厉夫在一个暴雨之夜追随她而去，他们的幽灵相会在荒原上。艾米莉把对自然景物的如实描绘和人物超自然的归宿融合在了一起，创造出了神秘离奇、动人心魄的艺术情境。

8.1.3 《呼啸山庄》中的意象意蕴

艾米莉在小说的艺术表现方法上大量使用象征是《呼啸山庄》的另一个独特之处。伟大的文学源自伟大的，通常是受到挫折或失去的爱。没有渴望就没有幻想；没有幻想，现实就无法升华为艺术。艾米莉在她短暂的一生中完全沉浸在一种想象的激情里，她的小说也来自一种孤独的想象力。在小说中，实景的描写往往都同时笼罩着一层幻想的灵光，反射着她自由不羁的想象天地，象征着她遥遥思念的一个精神上的故乡。她用多种意象去描绘人物的精神和内心世界，反差对比以及极端化是她天然的表达方式，因为只有这种方式才能描述她个人强烈变幻的精神体验。意象的含义是丰富的、复杂的、深邃的。意象的营造，很好地刻画了人物、表现了主题，开拓了小说表现手法的新领域。

1. 两个山庄的名字

"呼啸山庄"（Wuthering Heights）和"画眉山庄"（Thrushcross Grange）分别象征两个截然不同的世界，两种截然相反的力量。"呼啸"（Wuthering）和"画眉"（Thrush）的意象构成了"动"与"静"的强烈对照。

Wuther，是风的呼啸声、咆哮声。Wuthering Heights 指风呼啸着的高地。"呼啸"，形容这地方在风暴的天气里所受的气压骚动。"呼啸山庄"里希刺克厉夫的名字（Heathcliff）寓意深刻。Heath，英文中指"石楠"，一种生长于英国等地荒野的开紫色、粉红色等钟形花的常绿灌木，它也指石楠属常绿灌木丛的"荒野"。Cliff 就是"悬崖、峭壁"。可以说希刺克厉夫始终和自然界中粗粝野性的一面联系在一起，体现着原始的天性，使人联想到悬崖荆棘，严冬寒风、石楠荒地和野狼。"画眉"（Thrush），鸣声悦耳，Thrushcross，使人联想起画眉鸟在林间山花丛中婉转啼鸣、自由自在飞翔的美好形象。"画眉山庄"如同它的名字一样是宁静、和谐的，其主人林惇是文雅、友善、体面的，是文明社会的代表。

"呼啸山庄"是书中许多角色（希刺克厉夫、凯瑟琳、辛德雷、丁耐莉和哈里顿）儿时的家，是一座拥有几百年历史的农舍，坚固的房子与周围的荒野融为一体，象征着简单、野性和激情。居住在"呼啸山庄"里的人都有自己原始的、自然的和动物的本能。"呼啸山庄"代表着无拘无束、原始的情感。

"画眉山庄"是林惇家的房子，它象征着文明、优雅、驯良的文化。与"呼啸山庄"的原始野性不同，"画眉山庄"代表着举止和礼貌。在小说中，当希刺克厉夫与凯瑟琳说话的时候，林惇骑马来到"呼啸山庄"，轻轻敲门走了进来，"凯瑟琳在这一个进来，另一个出去的当儿，看出来她这两个朋友气质的截然不同。犹如你刚看完一个荒凉的丘陵产煤地区，又换到一个美丽的肥沃山谷"（63），无疑，"呼啸山庄"和"画眉山庄"代表的是两种截然不同的文化，两种不同的自然力。

希刺克厉夫和林惇不仅象征着两种对立的自然力，还外化了人性的冲突。希刺克厉夫象征人性深处某种神秘而不可抗拒的原始力量，某种隔离的、非社会化的因素，这种力量拒绝受到人为的道德文明的压抑，而与自然界中的同样力量息息相通（李伟昉，2005：327）。林惇则是社会文明、道德和规范的象征。当两种截然相反的力量相遇时，冲突是不可避免的。

凯瑟琳曾说，"在这个世界上，我的最大的悲痛就是希刺克厉夫的悲痛，而且我从一开始就注意并且互相感受到了。在我的生活中，他是我最强的思念。如果别的一切都毁灭了，而他还留下来，我就能继续活下去；如果别的一切都留下来，而他却给消灭了，这个世界对于我就将成为一个极陌生的地方。"（74～75）她对希刺克厉夫和林惇的爱是两种不同的情感："我对林惇的爱像是树林中的叶子：我完全晓得，在冬天变化树木的时候，时光便会变化叶子。我对希刺克厉夫的爱恰似下面永恒不变的岩石：虽然看起来它给你的愉快并不多，可是这点愉快是必需的。"（75）

在凯瑟琳决定嫁给林惇的那个晚上，她一只手捶着前额，一只手捶着胸对丁耐莉说："在凡是灵魂存在的地方——在我的灵魂里，而且在我的心里，我感到我是错了！"（72）她认识到她的灵魂与希刺克厉夫的灵魂是一模一样的，而林惇的灵魂与她是完全不同的。她的心灵告诉她，画眉山庄不是她的天堂，有希刺克厉夫的荒原才是她真正的天堂。"我只是说天堂并不是像我的家。我就哭得很伤心，要回到尘世上来。而天使们大为愤怒，就把我扔到呼啸山庄的草原了。我就在那儿醒过来，高兴得直哭。"（73）

"呼啸山庄"在她心目中是原始的、狂野的、超越一切的爱的象征，她对希刺克厉夫的爱情充满着狂热和激情。凯瑟琳的生命原本属于荒原，在呼啸山庄的荒原上，她是个充满激情、野性和旺盛生命力的人。她背弃希刺克厉夫而选择嫁给林惇就意味着她背叛了她自由的原始天性，背叛了她深层的自我。离开了呼啸山庄，离开了希刺克厉夫，迷失了自我的凯瑟琳陷入了无尽的孤寂之中，灵魂不再完整，她只能由此遭受痛苦和悔恨。"画眉山庄"表现了温柔、宁静、和谐与文明的一致，但这种宁静却又是软弱、缺乏生气的。"呼啸山庄"体现了狂乱、动荡不安的灵魂，但却折射着人性的激情与充满风暴的大自然的融合。

临终前，她扑到窗前，顶着呼啸的北风，凝望着朦胧的黑暗中那根本看不到的"呼啸山庄"，渴望回到老家，渴望着呼吸到从"呼啸山庄"吹过来的风。尽管她选择了画眉山庄的林惇，林惇一家文雅友善，然而对凯瑟琳来说，这是个异己的世界（张志庆，2002：171）。"画眉山庄"对于她不过是一个金丝鸟笼，像牢狱一般束缚了她自由奔放的心灵："使我最厌烦的到底还是这个破碎的牢狱，我不愿被关在这儿。我多想躲避到那个愉快的世界里，永远在那儿：不是泪眼模糊地看到它，不是在痛楚的心境中渴望着它；可是真的跟它在一起，在它里面。"（149）

197

希剌克厉夫出走归来到"画眉山庄"看她时，她欣喜若狂。她与希剌克厉夫最后一次见面抱头痛哭、难分难舍。她说："我只愿意我们永远不分离。"一边是代表着她原始自然天性的希剌克厉夫的爱，一边是应遵守的社会道德与理性，凯瑟琳无力对抗，最终被野性自由与文明道德两股力量所撕裂。

2. 两代人的名字

《呼啸山庄》是一部想象力完全成熟的作品。它"并非在赞美叛逆，而是由于其浪漫性而出人意料地描述了年轻的激情如何融化为某种接近超越一切的和谐的东西。它是对莎士比亚《罗密欧与朱丽叶》的再想象，它不是悲剧，而是对立双方的矛盾如何平息的过程"（乔伊斯·卡罗尔·欧茨，2006：208）。艾米莉在《呼啸山庄》中不仅刻画了凯瑟琳与希剌克厉夫之间超自然的巨大激情，还探讨了"爱与人性"的关系，强调了其必然性。小说中第二代人物的名字全是第一代的重复，如小"凯瑟琳"、小"林惇"。更富有意义的是，凯瑟琳的女儿小凯瑟琳嫁给哈里顿之后，她的名字就变为"凯瑟琳·恩萧"，和她母亲未出嫁时的名字一样。名字的意象，象征了两种自然力冲突后达到的平静和谐，就像自然界中所有的循环过程一样。

由于凯瑟琳对财富和社会地位的痴迷战胜了她对希剌克厉夫的爱，导致一段爱情变成了悲剧。当凯瑟琳嫁给了富有的林惇，希剌克厉夫便将一生献给了复仇。希剌克厉夫作为弃儿在呼啸山庄饱尝人间冷暖。老恩萧死后，他被新主人辛德雷赶到了佣人中间去，被剥夺了从副牧师那儿受教诲的机会，并被强迫跟庄园里其他仆人一样辛苦地干活，"他对希剌克厉夫的待遇足以使得圣徒变成恶魔。"（59）然而，凯瑟琳一如既往地待他，也一如既往地爱他。凯瑟琳的爱给了他忍受一切虐待、顽强生存下来的力量。凯瑟琳死后，他变成了一股破坏一切、摧毁一切的复仇力量。他不宽恕任何人，以牙还牙、以眼还眼，灭绝人性地、野兽般地、血淋淋地吞噬着他的仇人的一切，来满足他复仇的愿望（钱青，2006：330）。

"然而《呼啸山庄》了不起之处就在于它将这一病态的、复杂的个人情感转化为了它的对立面小凯瑟琳和近乎孤儿的哈里顿之间那阳光明媚的、不那么强烈而又那么友好的、温柔的爱"（乔伊斯·卡罗尔·欧茨，2006：211～212）。在得到两个山庄后，希刺克厉夫得到的不是满足而是一种失落感。看到小凯瑟琳和哈里顿相爱之后，一个无所不在的思想缠绕着他，在哈里顿身上他仿佛看到了自己的影子和不朽的恋情，"是的，哈里顿的模样是我那不朽的爱情的幻影；也是我想保持我的权力的那些疯狂的努力，我的堕落，我的骄傲，我的幸福，以及我的悲痛的幻影……"（307）。年轻一代的相爱使希刺克厉夫逐渐明白他的复仇给他带来的成功是多么空虚，这更使他迫切地希望自己能同凯瑟琳永远在一起。他放下了复仇之手，追随爱人而去。"天堂和地狱的世界"都"定格"在这里，定格在充满激情的人性体验之中：希刺克厉夫从复仇的恋人转变为一个原谅自己敌人的人，变得宽宏大量，给他们希刺克厉夫自己都未能得到的爱的自由（蒋永国，2000）。

小凯瑟琳和她的未婚夫哈里顿变化之大，以至于洛克乌德羡慕地观察到"两人在一起，他们可以勇敢地应付撒旦和他所有的军队的。"（320）正如丁耐莉所说，合法的主人（哈里顿）与古老的世家（恩萧家族）又恢复了他们的权利，两代人的宿怨由此化为姻缘。原始的本性演化为宽容的社会，早期的、无差别的、毫不妥协的激情转变为成年人的爱与婚姻。"林惇家族和恩萧家族相互纠缠、近乎乱伦的历史随着不可避免的时光的流逝，通过年轻的凯瑟琳与受虐的哈里顿之间出人意料的结合演化为一种平衡"（乔伊斯·卡罗尔·欧茨，2006：208）。强烈的感情升华到朴素与宽容，从湍流转化为平和。幸福的结局显得如此自然和合情合理，就好似冬去春来，非常自然。这也暗示人们，生命是一个周而复始、循环不已的过程，最终会得到一个圆满的结局。在《呼啸山庄》里，人性因爱而扭曲，又由爱而回归。下一代相爱的人不会住在野性的呼啸山庄，而是住在更为高雅的画眉山庄，他们张开双臂，去拥抱一个文明的世界和一个新的时代。小凯瑟琳与哈里顿的爱情是凯瑟琳与希刺克厉夫的原始之爱和凯瑟琳与林惇的世俗之爱的融合与延续，象征着人类美好的希望和光明的前景。

艾米莉·勃朗特似乎在不知不觉中撰写象征文明的历史，意蕴丰富而深邃的意象的运用，使小说显示出特有的艺术力量。

3. 荒原

艾米莉在荒原上长大，深深眷恋着荒原的苍郁之美，她把对荒原的

199

感受，融合在了小说的意象中，以诗人敏锐独特的想象，营造出一种既真实又荒诞的奇异氛围，"一提起荒原，飒飒风声、轰轰雷鸣便自笔底而生"（弗吉尼亚·伍尔夫，2008：115）。

凯瑟琳和希刺克厉夫是荒原之子。充满野性和生机的荒原对他们有着强烈的吸引力。他们的生命属于荒原，在荒原的怀抱里他们无拘无束，自由自在。荒原的景色是荒凉也是美丽的，他们"从清早跑到旷野，在那儿待一整天，这已成为他们的主要娱乐之一"（40）。飞蛾在石楠丛和兰铃花中扑飞，柔风在草间吹动，只要他们聚在一起就把什么都忘了。荒原是他们释放天性的如天堂般美好的栖居之地，也是孕育他们自然而热烈感情的爱情摇篮。

在长满石楠草的荒原上，凯瑟琳是一个生命力旺盛的人，是一个充满激情、野性和原始力量的人。荒原上有她的爱情、她的幸福、她的生命、她的灵魂。儿时与希刺克厉夫在一起的美好记忆伴随了她的一生。即使在她死以后，她的灵魂也不肯离开荒原，久久徘徊在荒原上。

没有了凯瑟琳，希刺克厉夫的心变成了人间地狱，没有凯瑟琳的呼啸山庄对于希刺克厉夫来说也犹如地狱一般。荒原四周的天气呈现出一片悲惨的景象：黑夜降临，天空和群山混杂在一团寒冽的旋风和使人窒息的大雪中……山庄内的世界比外在自然的荒原更加令人不堪忍受：山庄里的人个个脸上冷若冰霜，没有亲切的交谈，没有会心的微笑，他们眼睛里流露出来是游移在轻蔑和近乎绝望之间的神色，彼此只有不正常的憎恨，整个山庄充斥着精神上的抑郁气氛……它是心灵荒原的投射。

二十年后，希刺克厉夫在一个暴雨之夜神秘地结束了自己徒具空壳的生命。在他死后，人们看见他在走来走去，有时在教堂附近，有时在旷野里，甚至在呼啸山庄的房子里。还有人看见希刺克厉夫和凯瑟琳两个人从卧室窗口向外张望。在快要有雷雨的乌黑的晚上，牧羊的牧童也看见"希刺克厉夫和一个女人在那边，在山岩底下"（320）。

希刺克厉夫与凯瑟琳的灵魂出没在荒原上，两人最终在超验世界里实现了灵魂的相合。艾米莉以荒原作为象征来表达她心中和人物心中巨大的激情和痛苦，使作品具有异乎寻常的艺术力量。

4. 暴风雨

《呼啸山庄》里频繁的暴风雨，象征着人物是如何受到他们无法控制的力量所支配的。艾米莉用天气来比喻自然，把天气描绘成一种可以征服人物的强大力量。暴风雨是大自然的奇特景观，也是人类灵魂中野性自由的象征。艾米莉用暴风雨的强烈印象描绘了一个充满激情的世界。

在小说中，艾米莉把狂风暴雨与人物命运紧密结合起来，情与景相互交融。老恩萧去世的晚上，大风绕着老房子咆哮，在烟囱里怒吼；希刺克厉夫出走的黑夜，暴风雨来势汹汹地在山庄顶上隆隆作响；凯瑟琳下葬的夜晚，风雪交加；希刺克厉夫死去的深夜，暴雨如注……暴风雨在艾米莉笔下是一种活生生的充满生命力的自然，一种神秘的力量。

凯瑟琳与希刺克厉夫是原始喧嚣的自然界的精灵，像风一样野性奔放。他们的爱情始终与疾风暴雨联系在一起。凯瑟琳是一个矛盾的统一体，她对自己本性的背弃可以说是书中一切悲剧的起源。她深爱着希刺克厉夫，但遇到林惇后，她内心便发生变化，决定嫁给林惇。希刺克厉夫听后痛不欲生，愤然出走。这一夜，疾风暴雨像千军万马一般降落到呼啸山庄。凯瑟琳嫁到了画眉山庄，"尽管林惇一家文雅友善，但对凯瑟琳来说，这是个异己的世界"（张志庆，2002：171），它如同牢狱一般禁锢住了她原始自由的天性。当希刺克厉夫再次回到呼啸山庄，再次进入她的生活，她的内心不断被矛盾和痛苦所分裂。林惇让她与希刺克厉夫断绝关系时，她失去理性，在她喃喃呓语时，外面刮着很厉害的东北风，风在窗外枞树间呼啸着……凯瑟琳死后的晚上天气变了，南来的风变成了东北风，先是带来了雨，跟着就是霜和雪。第二天早上，樱花和番红花被积雪覆盖，百灵鸟沉默了，幼树的嫩芽也被打得发黑。下葬那天，也下了雪，晚上风刮得阴冷如冬，四周一片凄凉。

希刺克厉夫和凯瑟琳是灵魂的伴侣。风雪交加之夜，凯瑟琳的幽灵来了，他一边开窗，一边涌出压抑不住的热泪呼喊着凯瑟琳："凯蒂，来吧！啊，来呀——再来一次！啊！我的心爱的！"（24）暴风雪猛烈地急速吹过……疾风呼啸裹挟了人物若近若远的悲吟，呼啸的疾风带来的是雄浑阔大的怆烈之情。希刺克厉夫死去的当晚倾盆大雨一直下到天亮，他的脸和喉咙都被雨水冲洗着，一只手放在窗台上，眼睛是那种可怕的、像活人似的狂喜的凝视，张开着的嘴巴似乎还在喊着他心爱的凯瑟琳。

艾米莉笔下的狂风暴雨具有丰富的意蕴。贯穿在凯瑟琳和希刺克厉夫强烈而狂热爱情中的暴风雨意象，使小说更富有神秘色彩，使他们的爱情更加震撼人心。

5. 迷路的孩子

迷路的孩子的意象暗示了凯瑟琳自我失落的痛苦。凯瑟琳第一次出现是呼啸山庄房客洛克伍德梦中一个无家可归的游魂,一个迷路的孩子。

> "让我进去——让我进去!""你是谁?"我问,同时拼命想把手挣脱。"凯瑟琳·林惇,"那声音颤抖着回答。"我回家来啦,我在旷野上走迷路啦!"……"已经二十年啦,"这声音哭着说,"二十年啦。我已经做了二十年的流浪人啦!"(21~22)

声声凄厉,让人毛骨悚然,不寒而栗。动荡不安的情绪、神秘奇特的现象,使人禁不住问:这个与尘世的喧嚣完全隔绝的山庄里,到底发生了怎样的故事?

不妨回到二十年前。早年凯瑟琳与希刺克厉夫常常到荒原上奔跑嬉戏,他们一起长大,两小无猜,感情的纽带也越系越紧。出生在呼啸山庄并在呼啸山庄的荒原上长大的凯瑟琳对希刺克厉夫具有某种难以言说的亲缘感,她身上就具有希刺克厉夫的某些品质。正如凯瑟琳自己所说,他们已成为互为自我的两个人,他们两个人的灵魂是一模一样的:"我就是希刺克厉夫!他永远永远地在我心里。他并不是作为一种乐趣,并不见得比我对我自己还更有趣些,却是作为我自己本身而存在。"(75)

"凯瑟琳与希刺克厉夫都说,他们了解对方一如了解自己一样,是不可分割的整体,而且其中一个的死亡必然会导致另一个的消亡"(王守仁和方杰,2006:140)。而这样她竟背叛了她最爱的人。然而,在凯瑟琳决定嫁给林惇的那个晚上,她意识到自己错了。她背弃希刺克厉夫,便意味着她背弃了深层的自我。尽管嫁到画眉山庄后,她曾一度收敛自己,试图成为画眉山庄高雅的女主人,可她本性里充溢着的还是荒野的气息。凯瑟琳在灵魂深处渴望回到家中,渴望与恋人在精神上的完全认同与合一,在对方中找到"我"。甚至在高烧时,她都渴望在狂风之夜飞过石楠荒地,回到幼时的家中,那点着蜡烛房子,那屋前摇摆的树,还有等她回家的仆人。对于凯瑟琳,荒原就是她的生命之源。呼啸山庄在她心目中是原始的、狂野的、超越一切的爱的象征,是她的精神家园，是她的灵魂归所。

　　凯瑟琳的生命原本属于荒原，她只有置身于呼啸山庄荒原一般的环境中，才能成为一棵强健的树。她本是个充满激情、野性和旺盛生命力的人，温柔敦厚、脆弱无力的林惇根本不可能使凯瑟琳真正感到幸福，相反只能加速她的死亡。希刺克厉夫是了解她的："他与其想象她他能在他那肤浅的照料中使她恢复精力，还不如说正像把一株橡树栽在一个花盆里！"她盼望离开这牢狱一般的画眉山庄回到充满了自由、激情和生命力的荒原：

　　　　"啊，我心里像火烧一样！但愿我在外面！但愿我重新是个女孩子，野蛮、顽强、自由，任何伤害只会使我大笑，不会压得我发疯！为什么我变得这样厉害？为什么几句话就使我的血激动得这么沸腾？我担保若是我到了那边山上的石楠丛林里，我就会清醒的。"（117）

　　临终前，她扑到窗前，顶着呼啸的北风凝望着朦胧的黑暗中那根本看不到的呼啸山庄，渴望回到老家，渴望着呼吸到从呼啸山庄吹过来的风。由于艾米莉笔下的人物往往是宇宙力量的象征，这种自我的失落与找寻，在深层意义上也意味着人在广漠宇宙中找不到自己位置的精神流放感，与恋人精神合一的渴望也是对回返到自己的渴望。

　　对于凯瑟琳，唯有解脱肉体才能达到与恋人灵魂的合一。最终，凯瑟琳走向死亡。在她死后的二十年里，她的灵魂不时在荒原上游荡，苦苦地寻找着、等待着……离开了呼啸山庄、离开了希刺克厉夫的凯瑟琳犹如一只迷途的羔羊，一个无家可归的孩子，只能承受流浪、漂泊之苦。

6. 窗户

　　"窗户"的意象在小说中有着不可抹杀的作用，它成为阻隔凯瑟琳和希刺克厉夫的阴阳之界。

　　凯瑟琳死后，希刺克厉夫成了一个灵魂不全的人，他坚信凯瑟琳的灵魂还没有安息，还在荒原上等待着自己。整整二十年，凯瑟琳不散的阴魂呼唤着希刺克厉夫，日日夜夜，从没间断。"让我进去！让我进去！"声声凄厉的呼喊把希刺克厉夫引到窗边，希刺克厉夫虽然硬是把窗户打开，朝着夜色呼喊，却不能到"外面去"；而凯瑟琳能够通过窗户向里张望，能够抓住窗玻璃，却不能到"里面来"。一窗之隔，意味着生与死的巨大距离，遥不可及。窗里窗外不仅是生之碌碌与死之寂灭的对照，更是两者的倒置，窗外的死者游魂不息，窗里的生者虽生犹死。

"窗"外的凯瑟琳在等着他，召唤着他，那才是他的天堂。希刺克厉夫临死前，"窗"不时地出现在小说中："可真是，倾盆大雨一直下到天亮。在我清晨绕屋散步时，我看到主人的窗子开着摆来摆去，雨都直接打进去了。"（318）希刺克厉夫是在凯瑟琳的房间死去的，窗子来回地撞，撞着放在窗台上的一只手……丁耐莉扣上窗子，梳梳他前额上的长长的黑发，想合上他的眼睛，可眼睛合不上，它们像是在嘲笑丁耐莉的企图。很显然，希刺克厉夫在死后已经与凯瑟琳在精神上合二为一。"窗户"再也不能把他们分开，他们又可以在山崖下、旷野中，在美丽的石楠丛中，牵手漫步，往返流连。

在小说中，艾米莉以诗性的笔触，创造出了众多丰富而深刻的意象。放荡不羁的意象与受难监禁的意象并列纷呈，表达出了艾米莉想表达的关于生死、关于人类悲痛与渴望的强烈主题，深化了小说的思想内涵。丰富而深邃的意象意蕴，极大地增添了小说的艺术感染力，使得《呼啸山庄》在英国文坛乃至世界文坛闪烁着经久不息的艺术魅力，让人体会到了文字的永恒。

8.1.4 《呼啸山庄》非同寻常的小说叙事方法

刻画凯瑟琳与希刺克厉夫之间这样超自然的巨大激情很容易使小说形式支离破碎，陷入哥特式小说奇怪恐怖的情节套式中，然而，《呼啸山庄》的伟大之处就在于它独特地结合了激情与次序。

1. 别具匠心的多角度叙事技巧

《呼啸山庄》特定的叙事技巧决定了它与众不同的风格魅力。《呼啸山庄》前后共叙述了三十一年的故事，艾米莉打破了当时常用的平铺直叙、直线叙述模式，别出心裁，创造性地采用了当时罕见的"多角度叙述模式"——从几个截然不同的角度来叙述故事。故事从中间1801年的冬天开始叙述——顺叙，然后故事情节朝两个方向发展：一边是过去——倒叙，一边是未来——顺叙，从1771年希刺克厉夫被带到呼啸山庄，到 1802 年秋小凯瑟琳和哈里顿相爱：朝两个方向发展的故事情节得到完整的衔接，到故事的结尾，小说的高潮来临，扣人心弦的悬念也解开了。这种多角度叙述模式使得整个故事一波三折、充满悬念，同时从多层次、多角度展示了人物的性格特征，揭示了作品的主题。

（1）多重叙述模式。

《呼啸山庄》主要追述了约克郡荒原上两户人家两代人之间的爱情纠葛。为了避免使她的小说显得耸人听闻、难以置信，艾米莉一反传统，采用了复杂的叙事技巧——洛克乌德和丁耐莉的双重叙事结构，并巧妙地利用多重视角转换，叙述者、听者与人物身份的层层移位，将故事成功地引向深入。

按出场顺序，洛克乌德为第一叙述者，丁耐莉在时间上属于第二叙述者，她也是故事的主要叙述者，由她对外来的洛克乌德讲述故事的主要情节。她应约所作的回忆包含在洛克乌德的叙述之中。艾米莉知道约克郡的奇异风情对一般读者很陌生，于是小说开始便通过房客洛克乌德的眼光来观察这一切，外来者洛克乌德的叙述把读者一下子就引入她创造的小说氛围。丁耐莉作为女仆的身份和她平常理智的性格特征使书中的狂暴激情被置于一种充满了家常细节般的现实主义框架中，显得真实可信。而且，由于她拒绝同情凯瑟琳和希剌克厉夫，读者必须深入小说的气氛后做出自己的评价，这样洛克乌德和丁耐莉的双重叙述仿佛赋予这个强烈戏剧化的故事一个舞台框架，使读者以台下的观众的角度来欣赏评判台上的戏，更增添了小说的吸引力。除了洛克乌德和丁耐莉，艾米莉该设置了一些次要叙述者：伊莎贝拉、凯瑟琳和希剌克厉夫本人等。

洛克乌德的直接陈述在叙事结构上起着举足轻重的作用。首先，他是故事开端和结尾的叙述者，没有他就没有读者听到的整个故事。其次，作为故事中的人物，他总是出现在关键时刻，适时见证了山庄的人事变迁。最重要的是在于他与丁耐莉相互配合，使内外叙事环环相扣并将虚构世界真实化，使得不同层次的叙事之间意义上形成对比。此外，他们之间的交流促成了两重叙事之间的时空转换，并且推动着叙事层层展开。

小说的前三章是打开整个故事情节的一把钥匙。故事从 1801 年的冬天开始，洛克乌德作为房客出现在呼啸山庄。透过他惶惑的眼睛，读者接触到了阴冷倨傲的希剌克厉夫，阴郁恶毒的小凯瑟琳，粗野蛮横的哈里顿，以及阴森森的凯瑟琳鬼魂。奇特的家庭组合加上匪夷所思的噩梦，像谜一样缠绕着洛克乌德，更缠绕着读者，使读者迫切地想去了解呼啸山庄，了解希刺克厉夫的一切。至此，由第一叙述者洛克乌德以顺序的方式撑起了小说的第一层框架。第二重框架从第四章至三十一章以丁耐莉的叙述行为开始，基本上是对过去的回忆，采用的是倒叙手法。丁耐莉的讲述把读者逐渐带进了希刺克厉夫和凯瑟琳的世界之中，展开了那个惊心动魄的故事，从而解开了前三章中缠绕着洛克乌德更是缠绕着读者的谜团。这个叙述框架到第三十章暂时中断，因为此时它的叙事时间已经从过去时回到了洛克乌德拜访山庄的现在时，与第一重叙事重合。可是故事还欠缺一个大结局，因此有了洛克乌德二度拜访山庄，见证了希刺克厉夫情绪的变化、小凯瑟琳和哈里顿的相爱，为希刺克厉夫的自我解体和第二代的幸福结合埋下伏笔。1802 年 9 月，洛克乌德再次拜访山庄，两重框架于第三十二章才再次平行出现，丁耐莉应洛克乌德的要求讲述这段时间内发生的故事。小说的最后四章，基本上是顺叙，也是整个故事的高潮：希刺克厉夫在对凯瑟琳的极度思念和"顿悟"中接受了自己的死亡——化作那个从利物浦捡回的吉卜赛野孩子所源自的神秘的原始元素；小凯瑟林和哈里顿即将结婚搬到画眉山庄，爱的光辉、人性的光辉又重新照耀大地。最后，小说以一种光明的意象而结束：

> "我在那温和的天空下面，在这三块墓碑前流连！望着飞蛾在石楠丛和兰铃花中扑飞，听着柔风在草间吹动，我纳闷有谁能想象得出在那平静的土地下面的长眠者竟会有并不平静的睡眠。"
> （321）

两层叙述衔接得丝丝入扣，从中可以看出艾米莉细致入微的叙事技巧。为了保证故事的衔接，在故事情节线中断的地方，或是在故事跳跃过去的地方，艾米莉还巧妙地运用了多重第一人称视角进行插叙和补叙。如凯瑟琳的日记，伊莎贝拉私奔后写给丁耐莉的信，山庄女仆向丁耐莉讲述的山庄情形等。有时艾米莉甚至采用多视角、前后呼应地对同一时间进行多层次叙述，如希刺克厉夫和凯瑟琳最后一次见面后他的那近一周的行踪状况，就是由丁耐莉、伊莎贝拉和希刺克厉夫本人先后分别叙述的。

这样前后相互照应，相互补充，一环扣一环，直至将全部疑惑稀释殆尽。如果不设计这样多重叙述层次，而采用全知全能的视角让丁耐莉知道所有的事情，无疑会削弱整个故事的可信度，小说的艺术震撼力也会因此黯然失色。

（2）二元对立结构。

《呼啸山庄》中叙述者的叙事框架还构成了不同层次叙事之间的对比，形成了作品意义上的二元对立结构。

艾米莉的二元特点是比较明显的。例如，"1845 年在她刚开始写《呼啸山庄》的时候，就写了两首相反的诗并把它们称作'两个孩子'，认为不同的两个或许只是一个。两个孩子中的一个是男孩，另一个是保护他的天使；两者也许是同一体的两个方面。她的这个思想一直延伸到小说中第二代两个男女的身上。艾米莉把自己也看作可以分开的两个部分，这两个孩子正是艾米莉自己人格对立的两个方面的象征。在她的诗中她拥抱二者，说：'我热爱十二月的微笑，正如七月的笑容。'十二月是寒冬，七月是酷夏，两个多么不同的季节，然而她都热爱。这个思想在《呼啸山庄》里有着深刻地体现，也是该作品最强的特点之一"（张耘，2002）。不仅思想，作品的结构也呈现着二元特点。丁耐莉和洛克乌德的双层叙事在结构上平行存在，在意义上既对立又统一。丁耐莉所叙述的希刺克厉夫和凯瑟琳与林惇三人之间的感情纠葛，催生了最激烈的爱情篇章。最猛烈的感情也具有摧毁一切的力量，第一代的幸福结局只能是死者灵魂携手漫游荒野。洛克乌德见证的第二代凯瑟琳与哈里顿的爱情，色彩上趋于柔和，感情上归于冷静，人性上也回归温暖。第二代最终收获了人世间的幸福。死者完成了灵魂的结合，生者满足于人间的安宁。爱与恨、生与死的对照如同奇特的二重奏，创造出一种奇特的气氛。

这种别具匠心的叙述角度就这样把一个跨度三十多年、涉及几代人的故事以这种既简单又复杂的方式呈现给了读者。维多利亚时期的大多数作家都采用传统的全知全能视角叙述故事，如当时的萨克雷、狄更斯就喜欢用插话的方式，随时以作者的身份出现在小说情节发展过程中和读者进行对话，发表议论。艾米莉所关注的是爱与恨、情与仇的强烈程度，如何取得最好的艺术效果，使故事既真实可信又不落俗套，由谁来讲这个故事就显得非常重要。艾米莉设计的这种多角度的叙事方法对主题和作品深层意蕴的揭示提供了很好的平台。整个故事层次分明，悬念迭出，吸引读者去想象、经历、体验小说展示的神秘、狂风暴雨般的激情世界，使小说呈现出一种扑朔迷离的色彩。

2. 情节结构的戏剧化

艾米莉的创作深受民间故事和传奇的影响，除了民间故事和传奇，其他一些作家对她也有影响，如雪莱、拜伦、莎士比亚等。《呼啸山庄》结构严谨，完整，颇像莎士比亚的戏剧，整个情节结构呈现出明显的戏剧化特色。

（1）故事场景的直接呈现。

《呼啸山庄》的前三章担当着戏剧"序幕"的功能，开篇关于呼啸山庄的描写说明，给人一种阴森恐怖的感觉。山庄的主人性情怪僻，住在呼啸山庄的人们一个个彼此间充满了敌意：女主人眼睛所表现的"只是在轻蔑与近似绝望之间的一种情绪"，年轻人则举止古怪，"用眼角瞅着我，简直好像我们之间有什么未了的死仇似的"，希刺克厉夫说到他的儿媳妇时，"掉过头以一种特别的眼光向她望着：一种憎恨的眼光"。就连他们养的狗也都凶恶之极。洛克乌德睡觉的房间窗台上被刻得乱七八糟，但是那些字迹只是用各种字体写的一个名字，有大有小——凯瑟琳·恩萧，有的地方又改成凯瑟琳·希刺克厉夫，跟着又是凯瑟琳·林惇。

半夜里，洛克乌德一直被噩梦所缠绕，凯瑟琳的鬼魂忧郁的声音在窗外哀哭着："让我进去！让我进去！"；山庄主人希刺克厉夫的反应更是令人揪心："进来吧！进来吧！"。古老阴郁的住宅，傲慢古怪的山庄主人，忧郁冷漠的年轻寡妇，粗鲁易怒的似仆非仆的年轻人，令人毛骨悚然、不寒而栗的噩梦，尤其是希刺克厉夫那反常的举止和痛苦的疯话般的内心独白，让人禁不住去问：这个与尘世的喧嚣完全隔绝的山庄里，到底有着怎样的故事？这一切都给读者留下了巨大悬念，同时也为后面爱情故事的上演做好了铺垫。

（2）接连不断的故事冲突。

冲突是文学作品情节中两种对立力量之间的斗争，冲突是小说、戏剧的主干。《呼啸山庄》是一部高潮迭起的小说，冲突也是接连不断。从第六章到第九章是第一个冲突：凯瑟琳移情别恋，背叛了自我，背叛了希刺克厉夫，要嫁给与她门当户对的林惇，她对丁耐莉的真情吐露却被希刺克厉夫听到了。这一冲突的"解结"——"解结"是冲突的结局和解决方法——是希刺克厉夫愤而出走，凯瑟琳和林惇结婚了。第二个主要冲突是凯瑟琳在她深爱的两个男人中间的抉择：一个是性情温和、对她体贴入微的好丈夫；另一个是她狂热地爱着的、灵魂和她一模一样的人。舍弃其中任何一个对她都是致命的打击，而不断然作出抉择所付出的便是生命的代价。这一冲突从第十章一直持续到第十四章，其中故事的"高潮"——希刺克厉夫丧心病狂的复仇——还伴随其中。第十五、十六章是这一冲突的"解结"——凯瑟琳在生完孩子两个小时后死去，神志根本没有完全恢复，不知道希刺克厉夫离去，也不认得埃德加。第三个冲突是希刺克厉夫对两个山庄下一代的复仇和他对凯瑟琳的爱的冲突。这一冲突从第十章希刺克厉夫离家出走三年后重返呼啸山庄开始，与第二个冲突纠缠在一起，螺旋式共同发展，一直持续到第三十二章：对凯瑟琳的爱变成对他人的恨，他加紧了疯狂的报复。小说的最后两章，冲突得到了解决：希刺克厉夫主动放弃了复仇，默许了两个山庄下一代之间的爱情。

接连不断的故事冲突，震撼人心，扣人心弦。可见，《呼啸山庄》一书的特殊艺术魅力也体现在其"多重叙述模式"与"戏剧化结构"相结合的非传统的叙述模式上。正是这多重的艺术手法，才让作品中的主人公在作者设置的舞台上活灵活现，演绎了繁复的人性内容。《呼啸山庄》的这种非传统的叙述模式，在当时英国小说中可以说是一个大胆的创新。纵观《呼啸山庄》，其强烈的引人入胜的魅力，其带给读者心灵世界的空前震撼力量，均与它别具一格的叙事方式紧密相关。艾米莉在叙事艺术上的匠心独运，从艺术的层面说，成就了她的《呼啸山庄》。

本书从艾米莉对哥特小说的超越、象征手法的大量运用、小说非同寻常的叙事结构，对艾米莉·勃朗特的艺术创新作了一番探究，不难看出，艾米莉确是一位富有创新精神的小说家。

首先，艾米莉对哥特小说创造性地利用，把哥特形式与激情内容完美结合起来，深化了小说的主题：小说超越了传统的争夺财产和复仇的哥特主题，刻画了希刺克厉夫和凯瑟琳之间那种猛烈而狂热的爱情，揭示了小说关于人类悲痛与渴望的强烈主题。在小说中，艾米莉对主人公的心理进行了深度挖掘。凯瑟琳的人格发展大大超越了以前的哥特式女主人公。她背叛了她的真爱，也背弃了深层的自我，她只能从此遭受自我失落的痛苦。希刺克厉夫是极端化的拜伦式英雄，他不愿受一切道德的束缚以及社会惯例的制约。当凯瑟琳接受林惇的求婚后，他的人格便开始走向扭曲和分裂：他决心报复。复仇导致了病态的心理，别人越痛苦，他越是感到痛快。艾米莉对凯瑟琳被两个爱人分裂的心理状态的描写以及对希刺克厉夫撒旦式魔鬼性格的哥特式创作风格的深化，使得人物变得立体丰满，栩栩如生，令人难忘。艾米莉对环境的刻画也不同于哥特小说。她把故事发生的背景由遥远的中世纪切换到了她所生活的时代，这种有别于哥特传统的新颖手法凸现了作品的现实意义和时代感。《呼啸山庄》远远超越了哥特传统，展现出了独特的艺术魅力。

《呼啸山庄》的另一个独特之处就在于它在艺术表现方法上使用了大量象征。艾米莉的小说来自她孤独的想象力，"她的想象力充满了无比的力量"。艾米莉将自然界的景物如荒原、暴风雨与人物的内心世界结合起来，来揭示人性的冲突；通过两个山庄的名字和两代人的名字的象征意蕴，展现了席卷人物心灵、撕裂人物内心的两股力量以及两种自然力冲突后达到的平静和谐。丰富深邃的意象意蕴使小说充满了野性而感人肺腑的美，极大地增添了作品的艺术感染力。

《呼啸山庄》的伟大之处就在于它独特地结合了激情与次序。艾米莉在叙事方法上别出心裁，采用了当时罕见的"多角度叙述模式"——从不同的时间和几个截然不同的角度来叙述故事，而且整个故事情节的结构呈现出明显的戏剧化特色。多角度叙述模式使得整个故事一波三折、充满悬念，同时从多层次、多角度展示了人物的性格特征。戏剧化的故事情节使得故事扣人心弦，震撼人心。可以说，这种非同寻常的多角度的叙事方法与戏剧化结构相结合的非传统叙述模式为主题和作品深层意蕴的揭示提供了很好的平台。《呼啸山庄》的这种非传统的叙述模式，在当时英国小说中可以说是一个大胆的创新。

走进充满巨大想象力的《呼啸山庄》，任何人都会不由被艾米莉那狂野忧郁的气质和独创力量所深深感染。约克郡荒原上的激情和仇恨成就了勃朗特姐妹中最伟大的艾米莉·勃朗特，艾米莉·勃朗特将永远是世界文坛上那颗熠熠闪光的明亮的星。

8.2　文学伦理学批评个案研究：《儿子与情人》

8.2.1　文学伦理学批评理论

1. 文学伦理学批评的定义

"文学伦理学批评是一种从伦理视角认识文学的伦理本质和教诲功能，并在此基础上阅读、分析和阐释文学的批评方法"（聂珍钊，2014：12）。这一方法是由我国聂珍钊教授于 2004 年在"中国的英美文学研究：回顾与展望"全国学术研讨会上提出的，目的是解决我国文学批评中理论脱离实际和伦理缺场的倾向。聂珍钊教授是文学伦理学批评的创始人和奠基人，2018 年因其对文学伦理学批评的巨大贡献，当选为欧洲科学院外籍院士，被誉为"文学伦理学批评之父"。

聂珍钊教授认为，"文学伦理主要指文学作品中虚构的人与人之间以及社会中存在的伦理关系及道德秩序。它也包括人与自然、人与宇宙之间的道德关系，即道德秩序。在具体的文学作品中，伦理的核心内容是人与人、人与社会以及人与自然之间形成的被接受和认可的伦理关系，以及在这种关系的基础上形成的道德秩序和维系这种秩序的各种规范。文学的任务就是描写这种伦理关系和道德秩序的变化及其引发的各种问题和导致的不同结果，为人类文明进步提供经验和教诲"（聂珍钊，2014：12）。文学伦理学批评主要是对针对文学文本的解读和阐释。文学文本存在一个或数个称之为伦理线（ethical line）的伦理结构，把文本中的一个个伦理结（ethical knots）串联在了一起。文学伦理学批评就是通过解析伦理结，形成对文学文本的理解。

不同于其他文学批评方法，"文学伦理学批评重在对文学本身进行客观的伦理阐释"，"利用自己的独特方法对文学中各种社会生活现象进行客观的伦理分析和归纳"。文学伦理学批评的任务就是"阐释文学的伦理功能，从伦理的视角解释文学中描写的不同生活现象及其存在的伦理原因，并对其作出价值判断"（聂珍钊，2014：16）。文学伦理学批评建立了自己的批评术语和话语体系，如伦理价值、伦理环境、伦理悖论、伦理秩序、伦理身份、伦理混乱、伦理两难、伦理禁忌、伦理选择、伦理语境、人性因子、兽性因子、斯芬克斯因子等，文学伦理学批评主要运用其批评术语对文学作品进行分析和阐释，"挖掘人物和事件之中蕴藏的伦理价值以及道德倾向，揭示文学作品对于社会和读者的道德警示和教诲作用"（聂珍钊，2014：99）。

2. 文学伦理学批评与道德批评

聂珍钊教授认为，文学伦理学批评（ethical literary criticism）同文学伦理学（ethics of literature）联系紧密又有区别。文学伦理学批评"重在批评和阐释文学作品描写的伦理问题"，而文学伦理学"重在探讨作家创作作品、读者阅读文学作品和批评家评价文学作品的道德价值问题"。伦理学以道德作为自己的研究对象，以善恶的价值判断为表达方式，运用逻辑判断和理性推理的方法研究社会，"把处于人类社会和人的关系中的人和事作为研究对象，对现实社会中的伦理关系和道德现象进行研究，并作出价值判断"。在文学伦理学批评体系中，文学批评同阅读结合，经过"欲望""阅读""鉴赏"和"批评"四个阶段。读者阅读文学作品的"欲望"，是文学作品价值的体现；对文学作品的"阅读"，是阅读欲望的实现；阅读时，读者在文学认知过程中产生的审美感受便是对文学作品的"鉴赏"，文学鉴赏属于个人阅读文学作品后的自我情感与道德体验；在文学鉴赏基础上进行文学"批评"是阅读文学作品的高级阶段，它超越个人功利，不受个人感情支配，对作品作出理性评价，使文学作品有益于集体、社会和整个人类发展。文学伦理学批评主要运用辩证的历史唯物主义的方法，在历史的客观环境中去分析、理解和阐释文学中的各种道德现象。它"不仅要对文学史上各种文学描写的道德现象进行历史的辩证的阐释，而且要坚持用现实的道德价值观对当前文学描写的道德现象作出价值判断"（聂珍钊，2014：123）。聂珍钊教授认为，"今天的文学批评不能背离社会公认的基本伦理法则，不能破坏大家遵从的道德风尚，更不能滥用未来的道德假设为今天违背道德法则的文学辩护"。

3. 文学经典的文学伦理学批评

文学伦理学批评作为一种方法论具有其独特的研究视野和内涵。运用文学伦理学批评理论来解读文学经典具有重要意义，文学经典是培养文学修养的必读之书，是"文明社会中人类构建知识结构、学习文化知识和培养道德修养的必读之书"（聂珍钊，2014：139）。文学经典不仅需要我们去阅读，更需要我们不断地去阐释，让后人能够不断地了解和理解文学经典，不断地发现文学经典的新价值。与布鲁姆观点相左，聂珍钊教授认为，"文学经典的价值在于其伦理价值，其艺术审美是其伦理价值的一种延伸，或是实现其伦理价值的形式或途径。因此，文学是否成为经典是由其伦理价值所决定的"（聂珍钊，2014：142）。

劳伦斯是英国著名小说家，也是 20 世纪英国最有天赋、最具争议的作家。他的作品包括小说、短篇故事、诗歌、戏剧、散文、游记和信件等。他的小说《儿子与情人》（1913）、《彩虹》（1915）和《恋爱中的女人》（1920）使他成为 20 世纪最有影响力的英国作家之一。《儿子与情人》是劳伦斯的半自传体小说，出版于 1913 年，是他的第一部成熟小说，是对英国一个工人阶级家庭的家庭和爱情关系的心理研究。1999 年，《儿子与情人》位列现代图书馆（Modern Library）推出的"二十世纪百佳小说"第九位。今天它被许多评论家认为是劳伦斯最杰出的成就，甚至被认为"在整个文学史上都是独特的"。劳伦斯以生动的现实主义手法描绘了伊斯特伍德和哈格斯农场——他心灵的故乡，这种现实主义是由个人隐喻、神话元素所支撑的，最重要的是，他试图用语言来表达那些存在于意识之下而通常是无以言表的东西。整个故事可以看作是劳伦斯对自己案例的精神分析研究，一个年轻人努力挣脱母亲的过程。

时代的发展需要我们不断地去挖掘经典作品所蕴藏的道德和伦理价值，以期有益于社会和人类的向前发展。对经典作品《儿子与情人》的文学伦理学批评研究，无疑具有重要的现实意义，它不仅对人类命运共同体和人类和谐精神家园的构建，而且对文学的生态书写都具有重要的启示作用。

8.2.2　国内外研究现状

《儿子与情人》是一部反映 20 世纪英国社会乃至整个世界 20 世纪初社会全景的恢宏巨著。《儿子与情人》是劳伦斯的成名作，为他赢得了广泛声誉。诚如他给卡奈特的信中所言，"这是一部伟大的悲剧，我要对你说我写了一部大书。它是成千上万英国年轻男子的悲剧。"《儿子与情人》曾引发西方评论界关于"恋母情结"的巨大争议。小说主人公保罗的"恋母情结"（oedipus complex）同弗洛伊德的有关学说十分吻合，不少批评家认为，《儿子与情人》是英国文学史上"第一部弗洛伊德式的英语小说"。20世纪60年代以来，劳伦斯在评论界的声望有所下降，这主要是由于女性主义对他对女性形象描写的批评。尽管它缺乏他同时代更激进的现代派的创造力，但他的作品通过对让一代作家和读者摆脱维多利亚时代的社会、性和文化规范的种种成见的描述，为深入了解英美现代主义的社会和文化史提供了至关重要的视角。

1. 国外研究现状

《儿子与情人》的出版在西方文学界引起了褒贬不一的反应。有些批评家对其进行了公开的批评，如英国女作家艾略特，她认为《儿子与情人》的出版标志着一种人类堕落的逐步深化过程。在1961年美国俄克拉荷马发起的禁书运动中，《儿子与情人》列在不宜阅读的书籍首位。但同时《儿子与情人》也得到很多西方学者的极度欣赏。"这是一部字字珠玑的文学名著……出自一位禀赋比任何一位年轻的英国小说家更丰富多彩、更为特殊的天才之手的杰作。"约翰·迈赛（John Macy）在《儿子与情人》出版前言中指出。1999年，英国诗人兼小说家理查德·奥尔丁顿（Richard Aldington）出版《劳伦斯传》，第一部分研究了劳伦斯的《儿子与情人》，认为劳伦斯追求的是一种真实、张扬人性的生命取向，批判了工业时代道德规范的虚假伪善。英国女作家弗吉尼亚·伍尔夫也给予它极高的评价："《儿子与情人》却显得令人惊讶的鲜明生动，就像雾霭突然消散之后，一个岛屿浮现在眼前。它就在这儿，轮廓鲜明、果断明确、炉火纯青、坚如磐石……劳伦斯那种清晰流畅、从容不迫、强劲有力的笔调一语中的随即适可而止，表明他心智不凡、洞幽烛微"（弗吉尼亚·伍尔夫，2009：219）。

国际劳伦斯研究专家凯斯·萨加（Keith Sagar）博士出版了十几本关于 D. H. 劳伦斯的书籍，包括《D. H. 劳伦斯的艺术》，《D. H. 劳伦斯：作品日历》，《D. H. 劳伦斯生平》，《D. H. 劳伦斯：从生活到艺术》，《D. H. 劳伦斯的绘画》，《为生活而艺术：D. H. 劳伦斯论文集，1962 – 2008》等。除了书籍，他还发表了一系列关于劳伦斯的文章，2005 年他获得了哈里·T. 摩尔劳伦斯研究终身成就奖（Harry T. Moore Award for Lifetime Achievement in Lawrence Studies）。在他的第一本书《D. H. 劳伦斯的艺术》中，维维安·德·索拉·平托（Vivian de Sola Pinto）教授写道，该书标志着英国严肃的劳伦斯研究的开始。

2. 国内研究现状

我国对劳伦斯的研究始于 1922 年胡啸先生的《评〈尝试集〉》，然后这种研究持续了近 20 年，但此后直至 70 年代末却几乎成为一片空白。20 世纪 80 年代以来，随着国家的改革开放政策和东西方文化交流的不断加强，劳伦斯的许多作品被陆续翻译出版，包括他的十部长篇小说和绝大部分中短篇小说以及诗歌、散文、随笔、文论、书信和研究劳伦斯的传记等，从而激发了劳伦斯在我国的研究热潮。2004 年周洁在《山东外语教学》发表《近期中国劳伦斯研究一览与国外研究动态》一文，对劳伦斯的近期中国研究进行了梳理：认为中国近期对劳伦斯的研究（包括对《儿子与情人》的研究）基本围绕四个方面：（1）对劳伦斯生平的研究；（2）对劳伦斯哲学社会观的研究；（3）对劳伦斯性爱观的研究；（4）对劳伦斯文体风格的研究。

当代学者注意到《儿子与情人》揭示了造成保罗父母婚姻危机和保罗"恋母情结"的社会根源，并对莫雷尔太太、米丽安和克莱拉为代表的普通妇女当时面临的道德的、经济的和社会地位上的不平等作出了女性主义的解读。如韩笑的《男性·女性·自然——生态女性主义视角下的〈儿子与情人〉》，从生态女性主义的视角探索了作品中女性和大自然复杂而紧密的联系，展现了自然与文明和男性与女性的双重对立。认为只有承认自然与人类的平等权利，尊重女性的地位和价值，才能重建自然与人、人与人、男人与女人之间相互依存、和谐均衡的精神家园。《儿子与情人》不仅描写了个人同家庭、社会、等级、宗教和道德等方面的冲突，而且还具有"成长小说"的特征。如湖南师范大学谢争艳的硕士论文《从自我缺失到自我实现：作为成长小说的〈儿子与情人〉》，探讨了小说的成长主题。我国劳伦斯研究专家黑马，翻译研究劳伦斯二十多年，出版多部译著和论著，对劳伦斯有独特的理解。

215

他认为 1915 年第一次世界大战风起云涌之时，劳伦斯小说《虹》因有反战倾向而惨遭禁毁，"此时的他从《儿子与情人》声誉的顶峰遽然跌入失业与生活的谷底。"

进入 21 世纪，对《儿子与情人》的研究开始转向生态批评和文学伦理学批评，相关研究论文已多达 20 余篇。杜隽的《论 D. H. 劳伦斯的道德理想与社会的冲突》，通过对劳伦斯道德理想的阐述，论证劳伦斯在小说中性爱的描写是以匡正社会道德对人性的异化为目的呼唤人性的自然回归。张建佳和蒋家国在《论劳伦斯小说的性伦理》中，阐述了小说反映的当时英国社会性伦理的嬗变和劳伦斯自己的性伦理观。2008 年许展的《生态批评角度下劳伦斯的〈儿子与情人〉》，从生态批评的角度解读了《儿子与情人》。马晶晶 2009 年的硕士论文《生态与人性：论劳伦斯〈儿子与情人〉的生态伦理意蕴》，遵循着文学伦理学批评的研究方法，从生态伦理的角度分析了《儿子与情人》的生态伦理意蕴。耿潇的硕士论文《〈儿子与情人〉的伦理思想与道德理想》也是以文学伦理学为批评方法，从伦理学的角度分析劳伦斯在作品中表现出来的伦理思想。范晓红的《从〈儿子与情人〉解读劳伦斯的生态哲思》采用生态批评相关理论，从自然生态、社会生态、精神生态等几个维度对《儿子与情人》进行重新审视，发掘其中蕴涵的生态思想和劳伦斯对人类生存前景的终极关怀。庞炜在《在现实主义和现代主义的视野里寻求和谐生存之道——论 D. H. 劳伦斯的〈儿子与情人〉》，认为劳伦斯在小说中，揭示了英国工业文明对自然环境及人类和谐生存状态的破坏。2011 年耿潇发表论文《追寻血性生命回归和谐自然——论劳伦斯道德理想实现之路》，指出劳伦斯在作品中提出了建构自己道德理想的完美世界及其途径：人类必须建立同性及异性之间的完美关系、建立人与自然的统一关系，才能逐步实现心中理想的道德世界。

总之，在 21 世纪，文学伦理学批评不仅在中国得到接受、肯定、取得勃兴，而且随着时代的发展，也出现了时代的变化："一是国际化特征更加显著，二是研究领域和视角更加广泛，三是体现出更加鲜明的问题意识和探索精神"（聂珍钊，2014：168）。研究者对劳伦斯《儿子与情人》的文学伦理学批评研究越来越重视，也越来越深入。但"我们也应该看到，迄今为止国内发表的一系列有关文学伦理学批评的论文中，相当一部分都把'伦理道德'的讨论虚空化了，往往只注重对作家作品的伦理思想、观点和倾向进行论证和评价，缺乏对文学作品深入细致的客观分析。目前有一些所谓的运用文学伦理学批评方法的论文，往往只是属于道德批评的范畴"（聂珍钊，2014：171）。因此，运用文学伦理学批评的方法，通过对文本深入细致的客观分析，挖掘《儿子与情人》蕴藏的伦理价值以及道德倾向，揭示作品对现实社会的道德警示和教诲作用，便是本书要做的工作。

8.2.3 《儿子与情人》的伦理思想

作为一部经典作品，《儿子与情人》所蕴含的伦理价值在今天尤显出其不朽的品质。在小说中，母亲与儿子是相互的情人，又是彼此的受害者，他们在爱与恨中扭曲着、挣扎着……现代工业对乡村的渗透、人类与自然伦理关系的破坏、传统宗教的束缚、不可逾越的阶级鸿沟等，像隐形杀手一样潜伏在人们身边，异化着人的心灵，摧残着自然的人性，给人们带来精神上的灾难，把人们围于浓重的伦理困境之中。

1. 不幸的莫雷尔太太

劳伦斯曾说"现代生活中的不幸至少有四分之三可以归咎于婚姻"（劳伦斯，1999：234）。莫雷尔太太的不幸就是由于她婚姻的不幸。莫雷尔太太娘家属于中产阶级。她出身于一个古老的市民家庭，祖上是有名的独立派，坚定的公理会教徒。她的父亲是个工程师，白皮肤蓝眼睛，身材魁梧、相貌英俊，性情高傲，为人正直。母亲身材娇小，温柔善良，生性诙谐。莫雷尔太太——格特鲁德·科珀德从小是个又娇弱又高傲的孩子：宽阔的前额，一双清澈而大胆的蓝眼睛。人们对她百般喜爱，百般爱抚。后来她成了私立学校里女教师的助手。十九岁那年，她常常与约翰·费尔特，一位曾在伦敦上过大学即将投身商界的富商的儿子，在一起：

> 她一直能清清楚楚地回忆起那年九月一个星期天下午，他俩坐在她父亲家后院的葡萄藤下。阳光透过葡萄叶的缝隙，洒下美丽的图案，像条花边织的披肩似的披在他俩身上。有些叶子是纯黄色

的，就像朵朵平展的黄花。①

后来，因为健康原因她离开了他。再后来，他娶了一位年过四十的富媚。可至今，她仍然保存着当初约翰·费尔特给她的那本《圣经》。她把对他的怀念永远藏在了心里。

莫雷尔是劳动阶级。二十三岁那年，莫雷尔太太在圣诞节聚会上遇见了莫雷尔，一个给她异样感觉的矿工。当年二十七岁的莫雷尔也是体格健壮，身材挺秀，风度翩翩。一头闪闪发亮的黑发，浓密的黑胡子，红彤彤的脸庞，嘴巴红润，笑口常开，甚为引人注目。他吸引住了她。他生机勃勃，有声有色，一开口总是妙语解颐，与人相处随和。这是一个与她父亲不一样的男人：在她心目中，父亲就是男人的典范。他的父亲——乔治·科珀德英俊而自豪，为人相当厉害。他富有幽默，但往往带有讥讽。他只喜欢研读神学，只跟圣徒保罗一个人有思想共鸣。她像她父亲一样，是高风亮节的清教徒。而莫雷尔性情和气，待人热诚，不带书卷气，还爱嬉戏。他善于跳舞，跳起舞来欢跃无比，那张红彤彤的脸加上乱蓬蓬的发，使他的舞姿有股微妙的魅力。"这个人生命里那股情欲之火不断散发出幽幽的幸福的柔情，就像蜡烛冉冉发光似的从他那血肉之躯中自然流露出来，不像她生命里那股火花受思想和精神的压抑和支配，发不出光来。因此，对她来说，这股火似乎是某种不可理解的奇妙东西。"（14）"格特鲁德·科珀德眼睁睁地看着他，简直入了迷。"（13）她甚至觉得眼前这个矿工很高尚，每天冒着生命危险在地下辛辛苦苦干活，却还是这样乐观，热爱生活。他让年轻、天真、柔情且具有爱心的她感到震惊，以致眼前突然展现出一种全新的生活。

当然，格特鲁德·科珀德也让瓦尔特·莫雷尔心醉神迷。在莫雷尔眼里，格特鲁德·科珀德又神秘又迷人：

> 从她的容貌来看，她长得娇小玲珑，宽阔的额头上披着几缕棕色的卷发。那双蓝眼睛十分坦率真诚，目光敏锐。一双漂亮的手一看就知道是科珀德家的人。衣着总是素雅宜人。她穿着藏青色的绸衣，加上一条独特海扇贝形银链，还有一只沉甸甸的螺旋形金扣花，这就是她仅有的饰物。她当时还是个白璧无瑕的少女，为人也

---

① D. H. 劳伦斯：《儿子与情人》，陈良廷、刘文澜译，人民文学出版社 2011 年版，第11 页。以下只在文中注明页码，不再一一做注。

极虔诚，而且坦率得可爱。(13)

尤其是她那带有南方口音的纯正英语，听得他心里扑扑直跳，使得他对她温柔有加，毕恭毕敬。第二年圣诞节他们便结了婚。婚后三个月，莫雷尔太太极其幸福；婚后六个月，莫雷尔太太非常幸福。尽管左邻右舍的女人们爱取笑她的小姐气派，可她认为只要有丈夫在身边，完全可以自立门户，日子也会过得挺不错。

但是，随着新婚激情的消退，随着现实生活的入场，莫雷尔太太便开始了她的不幸。信仰、文化、阶层的差异使两人之间的鸿沟开始显现。她向他倾吐衷情，他却不明其意，致使她想要相亲相爱而更加亲昵无间的努力落空，她感到阵阵不安。"阶级是一道鸿沟，人与人之间最美好的交流让它给阻断了"（劳伦斯，2012：223）。他们之间的关系日益疏远。他开始很晚回家，在外面跳舞喝酒。他跟她说他们住的房子和隔壁的一幢都是他自己的，还跟她说他攒下很多钱，可事实上这都是谎言。这一切使她那高傲、正直的心灵里的一些感情结成坚冰，她改变了对他的态度。她感到了寂寞，甚至他在家只能使她感到更寂寞。她感到伤心，感到幻想破灭，甚至对做人的信念开始动摇。在她心灵感到寂寞而凄凉的时候，她生下了漂亮的大儿子威廉，她的爱从丈夫转移到孩子身上。莫雷尔夫妇之间展开了一场可怕、残忍、你死我活的斗争。

莫雷尔是一个被现代工业异化了人物。莫雷尔生活的地区原是"青山巷那条小河边的一片茅草盖顶、墙面鼓鼓囊囊的村屋。"后来诺丁汉郡和德比郡在这发现了煤矿和铁矿，成立了一家卡逊—魏特公司后，这里就突然变了样。河谷地带被接连开发了六个新矿，"六个矿井就像几枚黑钉子分布在乡间，由一条弯弯曲曲的细链——铁路线——连接起来。"矿区的开发不仅破坏了美丽而又生机勃勃的乡村田园，也加剧了对自然人性的摧残。莫雷尔干活的矿坑是个苦地方，他总是干到副手歇手才收工。有时，"活儿没干完，自己却疲劳过度，累得快发狂了"。回到矿井上来的矿工们个个灰不溜秋，浑身肮脏，脸色苍白，神情忧郁。莫雷尔回到家便会变得粗暴可憎，搅得家里不得安宁，屋前的老大白蜡树，也在夜里尖声呼啸，工业化的侵入给生态和人类造成的危机就淹没在这一片乱糟糟的尖啸声中。在大工业和机器的奴役下，本来神采奕奕的莫雷尔变得哈腰曲背，渐渐憔悴了。

异化了的人必然导致异化的家庭。莫雷尔太太希望自己的丈夫能像个男子汉一样，承担起他的责任，履行自己的义务，可他做不到。她不断努力矫正自己的丈夫，让他讲道德，信宗教，可他想要的不过是感官上的享受，这是他的天性，正如道德感是她虔诚的本能一样。她让他面对现实，却使他发狂，不堪忍受，脾气变得急躁易暴。她仍抱有清教徒世代相传的崇高道德感，力求使自己的丈夫为人更高尚，能更有作为。可这无异于毁了他，他非但满足不了她这种让他一步登天的期望，他的自尊心、道德感反而随着他憔悴的身体一起缩小了。他不仅一仍旧贯、平庸无为，而且自甘堕落，在外借酒浇愁，在家酗酒滋事。还在莫雷尔太太肚子里怀着保罗时，他就把她打出了家门。生下保罗后，他一如既往，醉醺醺地回到家对谁都没好气，连孩子们看了都痛恨他。有一次，他甚至用抽屉打在她的眉骨上，鲜血直流。他已经毫无道德感可言，他心中背弃了上帝。他们之间的鸿沟不断扩大，以致两相决裂。莫雷尔太太对他的爱情越来越冷淡

> 生下第三个孩子，她的心再也不向着他了，真是毫无办法，就像一阵永不再涨的落潮，离他远去。此后她几乎不想他了，老是离他远远的，她再也不觉得他是她的一部分，只觉得他是她周围环境的一部分，她对他干了些什么毫不在乎，可以把他扔在一边了。（56~57）

从此，莫雷尔在家成了个没用的空壳，退场让位给了孩子们。从此，莫雷尔太太开始了她"从来没有丈夫——没有真正的丈夫"的生活，儿子们就是她的男人，她的情人，保罗的悲剧从此也开始了。

2. 悲剧的保罗

在小说中，保罗是"一个现代工业社会中性意识混乱不堪的青年人形象"（李维屏，2008：271）。按照劳伦斯的生命哲学，人活着，就要做完整的活人："完整无缺的男人，完整无缺的女人，生龙活虎的男人，生气勃勃的女人"（劳伦斯，1999：24）。而保罗就是一个不完整的活人，这也是他的悲剧所在。

当保罗还在娘胎里时，就已经处于莫雷尔夫妇的战争中了，而且"战争"给他留下了阴影。由于对丈夫没感情，莫雷尔太太曾把怀着的保罗视作洪水猛兽，想让他从哪里来回哪里去。出生后，保罗便皱着眉头，眼神忧郁，仿佛正在努力领会痛苦的滋味，仿佛他已经明白心灵中

受到了什么打击。还好，他得到了应有的母爱。莫雷尔太太在孩子们身上倾注了她所有的爱和希望。尤其是颇有出息的大儿子威廉，是她的自豪，她的依靠。之后，威廉去伦敦开始了他新的生活，莫雷尔太太便把保罗作为她感情上的寄托，潜意识中把保罗也视作了爱恋的对象，母爱发生了畸变。

保罗的道德情感遭受扭曲。保罗从小似乎就少年老成，对母亲有什么想法，他能完全清楚；她有什么不顺心的事，他也能理解。他的心灵好像总在关注着她。母亲也把保罗当成伴儿，对他几乎无话不谈。娘儿俩一起外出，莫雷尔太太会很激动、很快活，带着情人一起外出历险时的那种兴奋心情。保罗十四岁时就常常高高兴兴地对母亲说："现在我就是家里的男人了。"他像家里的男人一样帮着妈妈分担烦恼，减轻痛苦。

> 如今莫雷尔太太牢牢守着保罗。他性格恬静，才貌并不出众。不过他仍旧坚持画画，也仍旧守着他的母亲。他一切事都是为她而做。她晚上等他回家，总把白天她心里想的，或碰到的事向他和盘托出。他认认真真坐在那儿听着。娘儿俩就这么同甘共苦过日子。（138～139）

他们拥有的不仅仅是母爱和亲情，似乎还有恋人般的甚至夫妻般的感情。在这个畸形的家庭中，道德情感在伦理选择中变成一种非理性情感。

渐渐长大的保罗有了他的爱情——米丽安。十六岁的米丽安长得很美，脸色红润，仪态端庄，富于幻想。米丽安和她妈妈一样生性耽于神秘，内心蕴藏着信仰，而且总是透过信仰的迷雾看人生。在她眼里保罗机警灵敏，潇洒文雅，见多识广。她对保罗简直心向神往。她欣赏他对事物的理解，好多在她看来毫无意义的东西经保罗一说都变得栩栩如生，借助于保罗的话她才能清楚地领悟她所心爱的许多事物。她似乎需要事物激发她的想象力，鼓舞她的心灵，然后她才会感到自己掌握了这些事物。保罗仿佛就是一团火焰，点燃了她心中的热情。同时她和她的家人对保罗的画极为欣赏，几乎变成了他的信徒，鼓舞着他，使他对画画满腔热情。和米丽安接触，使保罗增强了洞察力，使他对事物领悟的更深。她的激励带给他创作上白热化的激情。在这种因对大自然某种事物具有同感而产生的情投意合中，两人逐渐萌发了爱情。米丽安渴望学习，渴望出人头地，渴望受人尊敬。于是保罗教她学习数学、法语。不过"要说她和米丽安之间滋长了爱情，他们俩都不会承认。他认为自己为人老成持重，不止如此多情，她却认为自己高傲过人。他们俩都成熟得很晚，而且心理方面比肉体方面还要晚熟得多。"（200）米丽安是一个敏感的人，像她母亲一样非常小心眼儿。而且她也很淳朴，淳朴得哪怕听到人家稍微暗示一下两性关系都会感到十分厌恶。因此，他们之间完全是一种纯洁的关系。

米丽安是一个被传统宗教束缚的虔诚的基督徒，"是社会道德、宗教道德的牺牲品"（聂珍钊等，2007：655）。由于她一心信教，导致她跟现实生活脱了节，对她而言，"这个世界要不能成为既无罪又无性关系的修道院或者天堂乐园，那就是个丑恶的地方。"与保罗在一起，米丽安需要的是花前月下的心心相印，需要的是一种令她心醉神迷、圣洁的境界！其实她非常想念保罗，常常梦见他，梦中保罗的形象栩栩如生，令她难忘。并且这些梦境后来一再重现，发展到一个更微妙的心理活动阶段。"她觉得这好像总有点不正经似的，她充满复杂的心情，生怕自己真是在想他。她自觉有罪地呆站着，随后内心又突然感到羞愧难当，在苦恼的纠缠中，紧缩成一团。她到底想不想保罗·莫雷尔？他知道她在想他吗？这岂不叫她丢人现眼！她感到自己整个心灵都陷入重重羞辱之中。"（210～211）她就这样自我挣扎，自我折磨。她明明爱着保罗，但同时又为此感到羞愧。不胜困惑中，她跪下祈祷上帝，别让她爱上保罗·莫雷尔。她认为爱保罗是她和上帝之间的事。她要成为一个牺牲品，上帝的牺牲品。"主啊，如果您的意愿是我应该爱他，就让我爱他吧——正如基督一样，他为拯救人类的灵魂而死。让我堂堂正正地爱他，因为他是您的儿子。"（211）她把她对保罗的爱看作是一种自我牺牲。正是这种所谓的纯洁作梗，弄得他们连初恋的吻也不敢尝试。

保罗深感苦恼。他们之间的亲密关系一直保持着十分超然的色彩，好像纯粹只是一种精神上的事，一种念头，一种力求保持清醒的斗争，保罗把它看作一种柏拉图式的友谊。他知道米丽安是爱他的，可她爱的是他的心灵。跟米丽安在一起，他总是处于极端超然的状态，把他那股自然的爱火转变成为一连串微妙的思绪，使他不得不对她产生冷酷之情。米丽安二十一岁时，保罗给她写了一封信，道出了他心中的苦闷：

恕我最后一次谈谈我俩过去那段旧情。这种爱情也在起变化，是吗？就说那段爱情吧，躯壳不是已经死亡，只留下一个不可磨灭的灵魂给你吗？要知道，我可以给你精神上的爱，我早就把这种爱给了你；但绝不是肉体上的爱。要知道，你是个修女。我把给圣洁修女的爱给了你——犹如神秘的修士把爱献给神秘的修女一样。你确实很珍视这份爱。然而你又在惋惜——不，曾经在惋惜——另外一种爱。在我们的全部关系中没有肉体的关系。我不是以情理同你说话，而是以精神。这就是我们不能按常理相爱的原因。我们的爱不是日常的恋情。我们目前还是难免一死的凡胎，要在一起过日子可就糟了。因为不知怎的，有你在身边，我就不能长时间平凡度日，可你知道，要经常超脱这种凡人的状态也就是失掉凡人的生活。人要是结了婚就必须像彼此相亲相爱的常人那样生活在一起，彼此日常相处，丝毫不感到别扭——而不是像两个灵魂。（309～310）

他俩之间不过是一种精神上的圣洁之爱，是两个灵魂的爱，缺乏凡人之情。在米丽安那里，保罗心头那股旺盛的欲火和野性的热情，丝毫得不到缓和，也丝毫得不到放纵。劳伦斯曾说：性是宇宙中阴阳两性的平衡体，吸引、排斥、中和、新的吸引、新的排斥，常变常新……四季的节奏变化而在男男女女的身上不停地变化。太阳律动的节奏就是人跟大地的关系。当人割断了他与岁月的节奏的联系，破坏了他与太阳和大地的和谐，那可是灭顶之灾啊。当爱被当成了一种纯属个人的情感，与日出日落脱离了关系，与季节变化失去那种神秘的联系，那该是什么样的灾难，对爱来说又是怎样的残害啊！这正是我们身上出现的问题。我们的根在流血，因为我们失去了与大地、太阳和星星的联系；爱变成了龇牙咧嘴的嘲讽，因为我们把可怜的花朵从生命之树的躯干上拔了下来，还满以为它会在桌子上我们那只文明的花瓶里长开不谢呢（劳伦斯，2012：238）。

经历了八年的友谊和爱情以后，米丽安准备虔诚地作出牺牲，让保罗神圣地占有她，可那是一种怎样的体验：她躺在那儿，不过是准备作出牺牲。保罗体验的不是爱情的快乐之感，幸福之感，而是一种失败之感，死亡之感。他与米丽安的爱情是缺乏生命力的，彼此缺乏身心的交融，是一种残缺的爱。

如果说保罗爱情的不幸是由于虔诚的基督徒米丽安的圣洁情结造成

223

的，那么违背伦理的畸形的母爱也是导致保罗爱情失败的灾难。保罗和米丽安相爱，母亲认为米丽安勾走了保罗的魂，抢走了她的"情人"，这使她痛苦不堪，内心苦苦挣扎。母亲的痛苦又让保罗痛恨米丽安，使他一次又一次地疏离米丽安。长期相依为命的生活使保罗产生了浓重的"恋母情结"，保罗把母亲视作他的命根子，他的主心骨，他唯一至高无上的东西。每当回到母亲这里来，面对母亲的挖苦、抱怨、痛苦，他都会立即抛却米丽安，告诉妈妈他根本不爱米丽安。而母亲两臂搂住他的脖子把脸藏在他肩膀上，像孩子似的啼哭起来，她忍受不了米丽安从她这里夺走保罗的爱，不给她留下任何余地，她告诉保罗她从来没有丈夫，她从来没有真正的丈夫。保罗一边抚摸着母亲的头发，亲吻着她的喉颈，一边似情人一般地低下头跟妈妈喃喃地说他不爱米丽安，与此同时，母亲立即给了他一个充满了强烈爱的、火热的长吻，以至于不知不觉中，保罗轻轻摸起了母亲的脸。

这完全是一种扭曲的、变态的母子之情。母亲想死死霸占儿子的感情，不肯放手。她把一生都寄托在他身上，不管他上哪儿，她都感到她的心灵伴随着他。不管他做什么，她都感到自己的心灵站在他一边，她要拼命把保罗留在她身边。强烈的霸占欲使得保罗产生了严重的心理失衡和性意识混乱。和米丽安在一起时，他喜欢想他的母亲，母亲才是他的最爱，母子情才是他一生中最看重的。别人谁也无关紧要。米丽安的形象可以退缩，别人可以在他心目中变得模糊虚幻，但世上有一块地方却始终不变，不会成为虚无缥缈：这就是他母亲所在的地方。

劳伦斯曾对保罗产生"恋母情结"的原因做过如下解释：

一个既有性格又有修养的女人步入了更低一层的阶级，并对自己的生活极为不满意。她曾经爱过自己的丈夫，……但当她的儿子们长大后，她选择他们为自己的情人……当儿子们步入成年后，他们失去了爱的能力因为母亲成为他们生活中一股最强的力量，始终支配着他们（李维屏，2008：272）。

这种变态的"恋母情结"实际上犯了大忌——伦理禁忌，而违反伦理禁忌不可避免地带来严重后果。保罗失去了真爱的能力，他告诉他母亲他患了什么毛病，他不会真爱。她向母亲坦承，他爱克莱拉还胜过米丽安，可她们都抓不住他的心。原因就是"你在世一天，我就一天不会遇上合适的女人。"他也意识到，母亲成了他生活的羁绊，只要母亲在，他就无法独自去生活，他就无法爱上别的女人。保罗成了一个不完整的活人，而恋母情结可以说是保罗的悲剧根源。

3. 母与子的伦理冲突

（1）母亲伦理身份的越位。

伦理要求身份同道德行为相符合，即身份与行为在道德规范上相一致。伦理身份是道德行为及道德规范的前提，并对道德行为主体产生约束。莫雷尔太太婚后发现丈夫只是一个平庸粗俗、没有作为的贫穷矿工，便开始看不起他、厌恶他，直至鄙弃他。丈夫在家唯一的作用便是挣钱养家。于是他只能从酒吧里找安慰，经常酩酊而归，乱发脾气。当母亲对丈夫完全绝望以后，便把注意力从丈夫身上转移到儿子身上。此时，莫雷尔太太的伦理身份便出现了越位。从家庭伦理来说，符合道德规范的选择应是做妻子的责任和义务——照顾丈夫，抚养孩子。但丈夫的自甘平庸、自甘堕落使得莫雷尔太太把一切希望寄托在儿子身上。儿子成了家里的"男人"，母亲的"情人"。伦理身份的转变，势必导致伦理身份的混乱，引起伦理冲突，最终酿成悲剧。

一开始莫雷尔太太把大儿子、保罗哥哥威廉当作家里的男子汉。她喜欢为他做种种事情；她喜欢为他端茶杯，喜欢为他熨烫衬衣硬领，她坚决不让他步他父亲的后尘下矿挖煤。威廉十分聪明，学习刻苦，十六岁那年已经成了当地数一数二的速记员兼簿记员了，后来又在夜校教书。他为人坦率，身材高大，有着一双真正北欧人有的蓝眼睛。莫雷尔太太对威廉非常自豪，"凡是男子汉做的事——正经事——威廉都会。"他跟贝斯伍德的中产阶级来往，而且参加贝斯伍德的各种娱乐活动。十九岁那年，他在诺丁汉找了个差事。二十岁时他不负母亲的期望，在伦敦找了份年薪一百二十英镑的工作，开始了他伦敦的新生活。这似乎是一个令人振奋的结局，然而，事情远没有想象的那么美好。莫雷尔太太那不符合家庭伦理的爱对威廉的影响就像一座潜伏的火山，在爆发前，它是平静的，一旦爆发，便是致命的。尽管威廉去了大工业中心——伦敦，"但在英国这个等级森严的社会里，一个矿工的儿子混迹于中产阶级之间是很难完全适用而不遭白眼的。他生活得并不愉快，最后，年纪轻轻地客死他乡"（王佐良和周珏良，2006：198）。其实，威廉的死也

225

不仅仅是由于阶级这道鸿沟，莫雷尔太太对家庭伦理秩序的破坏也难辞其咎。很难想象，一个在父亲失去地位的家庭长大的孩子能够真正地像男子汉那样在世上独立生存。一旦脱离了母体，他必死无疑。

威廉去世后，莫雷尔太太便把她那种强烈而富有彻底占有性质的爱完全集中到了保罗身上，从而使母亲与儿子在潜意识中产生一种互相依恋感。这致使十四岁的保罗把自己当成家里的男人，把妈妈也当成自己的情人、爱人。由于保罗年幼无知，缺乏生活经验，其家庭角色的错位非但无法使他获得阳刚之气和男性的魅力，反而使他精神困惑，心理障碍日趋严重。

（2）保罗的伦理困境。

畸形的母爱，使保罗在观念上出现了伦理混乱。保罗从童年时代起便对母亲有种奇特的依恋，母亲是他最深的爱，母亲是他的"小宝贝""小鸽子""心肝儿"。这种有违伦理的母子之情，"凌驾于一个当儿子的人的一切感情之上，支配着他的灵魂，使他在精神上、感情上永远处于窒息性的母爱的包围之中，永远不能得到正常的独立发展，不能建立和谐的两性关系"（王佐良和周珏良，2006：199）。在与米丽安和克莱拉的交往中，他一度陷入了肉体与精神分离的伦理困境中。

是的，米丽安爱他，爱他的心灵，他也把精神的爱给了她，但他们缺乏肉体的爱。固然，这主要由于米丽安虔诚的圣洁情结长期净化着他那股性的本能，使他不敢逾越，但正如米丽安所说："难道这错误是我的吗？"他不也曾告诉米丽安他不能在肉体上爱她吗？米丽安猜得没错，影响着他的人就是他的母亲。母爱无时无刻地影响着他，束缚着他。他明明知道米丽安爱他，他也爱米丽安，但是跟米丽安在一起，他害怕肉体上的接触，他感到心理上有某种障碍，他感到内心里有什么捆住他的手脚，他无法睁开手脚去爱她。他心里老有什么在挣扎，可是他却不能去接近她。这种障碍是什么？捆住他手脚的是什么？这就是他的母爱，是他的母亲在作梗。保罗在与米丽安的交往中，不得不"竭力抵抗着他的母亲，几乎就像抵抗米丽安一样。"莫雷尔太太对米丽安从来没有好感，坚决反对保罗与米丽安的爱情，就是因为她意识到米丽安占有了保罗的心灵，勾走了保罗的魂，从精神上夺走了她的保罗。莫雷尔太太之所以不反对保罗与克莱拉的交往，那是因为保罗与克莱拉只是肉体上的吸引，她知道她仍独占着保罗精神上的爱！多么可怕的母爱啊！它牢牢地横亘在儿子与他的爱情中间，致使保罗与米丽安维持了八年的精神之恋在灵与肉的分离中夭折，与克莱拉缺乏精神上融合和交流的爱情也戛然而止。

> "不过妈妈呀，我甚至还爱着克莱拉，我也爱过米丽安。不过要我结婚，把自己完全献给她们我却办不到。要我属于她们可办不到。她们看来一心想要我，可我不能把自己交给她们。"
> "你还没遇到合适的女人。"
> "你在世一天，我就一天不会遇上合适的女人。他说。"（432）

母爱——这股强烈的力量，裹挟着保罗，使他难以在母亲与爱情之间做出伦理选择，始终处于迷惘的爱情困境之中。后来，他的伦理意识日渐强烈，极力想摆脱母亲的束缚，他用过量的吗啡变相地"谋杀"了濒临死亡的母亲，却又使他走向了伦理犯罪的深渊。伦理犯罪必将带来惩罚。对保罗的惩罚那就是成为一个被遗弃的人，遭受心灵上的痛苦，在生死困境之中挣扎。没了母亲，他彻底垮了，他想结束自己的生命，随她而去，可内心的生命意志又不甘心，"他猛地转过身来，朝着城市那片灿烂金光走去。"对保罗来说，这是获得生命之举。

《儿子与情人》留给我们的是深深的悲凉，是令人心酸的不安，是沉重的生命反思和伦理追问。生命的道德是不可改变和战胜的，身体和精神的和谐才是生命的本质。美好的生活离不开对自然和家庭伦理的维护，自然生态平衡被打破，伦理秩序被破坏，势必造成人性的异化，家庭的灾难，使人们承受更多的人生负荷和心灵创伤。更加丰富和充实的人生在于我们对灵魂栖身的世界的尊重和对生命的敬畏！

8.2.4 《儿子与情人》的生态思想

20世纪90年代中期形成于美国的"生态批评"，作为一种文学和文化批评倾向，21世纪在世界许多国家广为传播。生态批评以反人类中心主义为第一要义，它所追求的最终目标就是达到人与自然和谐共生的生态和谐格局。中国学者鲁枢元在《生态文艺学》一书中，把生态批评分成三个层次：自然生态、社会生态和精神生态。自然生态是指以相对独立的自然界为研究对象；社会生态是指以人类社会的政治、经济生活为研究对象；精神生态则是指以人的内在情感生活为研究对象。三者既相互独立，又相互依赖。一般来说，自然生态总是处于相对主导的地位，人类对于生态自然的破坏势必会影响整个社会生态和精神生态状况。

劳伦斯之所以能在20世纪上半叶的英国文坛引起震动，他以社会批判和心理学探索相结合书写资本主义工业文明对自然和人性的摧残也是原因之一。《儿子与情人》表达了劳伦斯对人类自然生态、社会生态和精神生态失衡的关注，蕴涵着他深刻的生态哲学思想。

1. 《儿子与情人》的自然生态思想

自然生态是生态批评的核心内容。它是以相对独立的自然界为研究对象，探讨人与自然的关系。

（1）失衡的自然生态。

劳伦斯说："人并非独自地过着生活，而是与旋转的日月星辰生活在一起"（劳伦斯，1999：243）。"我们的生命就是存在于为我们自己和我们周围生机勃勃的世界之间建立一种纯粹关系的奋斗之中。我就是通过在我与万事万物之间建立起一种纯粹关系而'拯救我的灵魂'的。我与另一个人，我与别的人们，我与一个民族，我与一个种族，我与动物，我与树木或花草，我与地球，我与天空、太阳、星星，我与月亮，这中间就像大大小小的满天繁星之间一样，有着无数种纯粹关系，这些纯粹关系使我们共同获得了永恒……但愿我们早就懂得，这就是我们的生命和我们的永恒：我与我的周围世界之间的这种微妙的、完美的关系……对人类而言，这种人与周围世界的完美关系就是生命的本质"（劳伦斯，1999：26）。

《儿子与情人》一开始便向我们展示了资本主义工业文明造成的生态失衡。原先矿工住的贝斯伍德村是小河边的一片村屋。后来，随着煤矿铁矿的开发，铁路的修建，建起了好几个矿工居民区。

> 日常住人的房间、厨房都在屋子后部，面对两排屋子的里侧，看到的只是一个难看的后院，还有垃圾坑。在两排房子当中，两长行垃圾坑当中，是一条小巷，孩子们玩耍，女人们聊天，男人们抽烟都在巷子里。因此尽管房子盖得那么好，外表挺不错，洼地区的实际生活条件却非常恶劣，因为人们只能在厨房里过日子，而这一间间厨房却面对着那条有好多垃圾坑的臭巷。(4~5)

这就是矿工们的居住区，垃圾遍地，丑陋不堪。贝斯伍德曾经是风光秀丽、森林密布的农业地带，由于人们盲目地追求经济效益，无视自然的内在价值，变成了满目疮痍的工业化矿区。金融家们贪婪地接二连三地开发出了新矿，以获取高额利润。金钱至上的资本家不惜以破坏生态环境为代价对自然资源的无情攫取，使劳伦斯深感忧虑。面对大自然所受的创伤，他以其深邃的目光将批判的矛头指向人类中心主义。人类中心主义认为人类是世界的中心或最重要的实体，人类独立于自然，高于自然，认为人类的生命具有内在价值，而其他实体（包括动物、植物、矿产资源等）是可以为人类利益合理开发的资源。而且人类中心主义认为，自然世界只有在造福人类时才有价值。随着英国资本主义工业革命的进行，人类以空前的规模和速度作用于自然界，为自己创造了日益丰富的物质财富，同时也给人类带来了灾难。

《儿子与情人》中的主要人物几乎没有一个是真正幸福的，因为劳伦斯认为生活在这种社会中的人是不幸的，其不幸源于工业化的发展，人被机器所操纵，使人性离开了它生根的自然界而造成了人性的扭曲。

莫雷尔是不幸的，几乎全家人都与他为敌。"男人算是被撂倒了。一时间出现了繁荣，但那是以他们的失败为代价的，接踵而来的就是灾难。所有的灾难之根就是颓废。男人颓废了，英国男人，特别是矿工们颓废了。他们被出卖了，被打趴下了"（D. H. 劳伦斯，2012：387）。做矿工的莫雷尔喝酒浇愁，经常闹得全家不得安生。所有的孩子都特别反对父亲，都痛恨他，大家都跟母亲站在一边。威廉常常被父亲气得脸色发白，保罗则每天晚上祈祷"主啊，让我爸爸快死吧。""兴旺的维多利亚时代里，有钱阶级和工业家们做下的一大孽，就是让工人沦落到丑陋的境地，丑陋，丑陋，卑贱，没人样儿。丑陋的环境，丑陋的理想，丑陋的宗教，丑陋的希望，丑陋的爱情，丑陋的服装，丑陋的家具，丑陋的房屋，丑陋的劳资关系"（D. H. 劳伦斯，2012：389）。这就是人类中心主义所带来的危害，繁荣与丑陋并存。

莫雷尔太太也是不幸的。对她而言，这里的生活就是煎熬。这是个枯燥乏味的地方，她的日子就是天天跟贫穷、丑恶和粗俗打交道。即便是走到宅前园子里，她也迈不开步子，觉得身子沉甸甸的。肮脏的环境，闷热的天气，一切都跟她作对。展望未来，展望自己这辈子的前途，"她就觉得自己像是给人活埋了。"通过莫雷尔一家的不幸，劳伦斯对人类中心主义带来的危害进行了猛烈地抨击和谴责。

人类中心主义为资本主义的剥削提供了道德上的理由。人类应该对环境负有伦理义务。过分开发自然、破坏自然造成环境污染，可以被视为是不道德的，因为它消极地影响到其他人的生活，环境的污染给人类带来的是心灵的创伤。在劳伦斯看来，人与自然是统一的，是应该和谐的。他认为太阳律动的节奏就是人跟大地的关系，若是割断了人与岁月节奏的联系，破坏了他与太阳和大地的和谐，那就是灭顶之灾。当爱被当成了一种纯属个人的情感，与日出日落脱离了关系，与季节变化失去那种神秘的联系，那也是一种灾难，是对爱的残害。如若我们身上出了问题，我们的根会流血，"因为我们失去了与大地、太阳和星星的联系"（D. H. 劳伦斯，2012：238）。因此，劳伦斯警告人类，"我们必须一边往前走一边保持平衡"（D. H. 劳伦斯，2012）。

（2）人与自然的和谐。

劳伦斯认为大自然具有非凡的魅力和强大内在的价值。因此，他在作品中通过自然的"缺席"和自然的"在场"来消解人类中心主义所带来的破坏。在《儿子与情人》中，劳伦斯在揭露人类中心主义给人类带来丑陋的同时，也展示了自然的无限魅力和神奇的生命力。当莫雷尔太太与丈夫吵架被关在门外时，已有身孕的她感到极度委屈和无助，然而，自然力无处不在，她感受到了大自然的魅力：

> 附近有什么东西引起了她的注意，她勉强振作精神想看看究竟是什么。原来是高高的百合花在月光下摇曳，空气中充满了清香。仿佛有精灵鬼怪在侧似的。莫雷尔太太提心吊胆地轻轻喘了口气。她摸摸白色的大朵百合的花瓣，又哆嗦起来。月光下的花儿似乎正在伸展开来。……她就像这股香味一样，完全融化在晴朗苍白的夜空中了。过了一会儿，她觉得腹中的胎儿也跟她一起溶化在月光这熔炉里。她和群山、房子、百合花静静栖息在一起，一切都仿佛共同沉浸在一场昏睡之中。（30～31）

她不再生气，心情在大自然中平静下来，不再计较她丈夫的行为。大自然可以抚慰人们失落的心情，使人从中获得安慰和振作起来的力量。由于对丈夫没感情，莫雷尔太太本来不想生下保罗。保罗出生后，她对他还不免感到陌生。也是神奇的大自然荡涤了她的灵魂，使她母爱凸显。

太阳下山了。每当晴暖的傍晚，德比郡的群山都被火红的夕阳映得闪闪发光。莫雷尔太太眼望太阳从绚丽的天空沉下，当空只留下一抹柔和的吊钟花一般的蓝色，西面天际却染成了红色。就像所有的火都汇集在那下面一样，让吊钟花径自发出明净的蓝色。……对莫雷尔太太来说，眼前这种寂静的时刻，琐碎的烦恼全消失了，万物的美也显示出来了。只有这时她才能有这份宁静和这份力量来清醒地自省……娇弱的娃娃躺在她怀里。他那暗蓝色的眼睛老是一眨也不眨地望着她，好像要把她心底的念头勾出来。……她又一次意识到一轮红日落在对面山头上了。突然她双手抱起了孩子。……她几乎怀着欣慰的心情，把婴儿朝正在搏动的、红艳艳的落日推过去……（44 ~ 45）

劳伦斯笔下的大自然是神奇的，是美丽的，是我们生命的一部分，我们的生命就是存在于与周围和谐完美的关系中的。

自然不仅能给人以安慰，还可以给人以圣洁。米丽安让保罗一起去看她在林边发现的野玫瑰，他们要在花前心心相印——要享受一种令她心醉神迷的、圣洁的境界。来到林边，天空的颜色宛如珍珠母，大地已经暮色苍茫。高高的野玫瑰花树静静地伫立着，枝叶蔓生。带刺的花梗披挂在山楂树上，密密层层的长长枝条垂在草地上，纯白色的花朵大颗大颗地盛开着，野玫瑰犹如满天星斗，在暗沉沉的簇叶、花梗、青草上闪闪发光。保罗和米丽安挨在一起，默默无言，站着观看。从容自若的玫瑰花的光一点一点地罩没了他们，似乎点亮了他们心灵的某个角落。暮色四合，宛如烟雾，但仍掩不住那些野玫瑰。（197）米丽安深深地沉浸在圣洁的夜色中，感到心满意足。

威利农场由于远离矿区，没有受到工业文明的入侵，那里的人们过着宁静祥和的生活。天刚亮，梨花刚刚绽开，保罗就搭乘送牛奶的那辆马车一直来到了威利农场。一路上只见白云朵朵，往小山后面涌去。"这条路长达四英里半。只见路边树篱上朵朵小小的花蕾，像点点铜绿似的触目耀眼，正开出玫瑰似的花朵。画眉声声，山鸟聒噪。这儿真是一个迷人的新世界。"（177）

生物中心主义（biocentrism），是一种认为所有生命都应得到平等的道德考虑或具有平等的道德地位的伦理观点。20 世纪，约翰·缪尔（John Muir）等保护主义者认为，自然的内在价值赋予人们尊重和保护自然物体的义务。阿尔伯特·史怀哲（Albert Schweitzer）是另一位 20 世纪早期的思想家，他认为生活本身是决定道德价值的决定性因素。史怀哲在非洲最偏远的地区工作，经历了工业化社会中罕见的植物和动物生活形式的复杂性和多样性。史怀哲用"敬畏生命"这个词来表达他认为对所有生物最恰当的态度。生命本身，需要尊重、崇敬和敬畏。以敬畏和谦卑的态度对待任何一个生物，可以使人类的生活更有意义。

劳伦斯描写的花、树，农场里动物如马、牛、鸡等，就体现了"生物中心主义"的生态哲学思想。由此可以看出，劳伦斯生态思想的深度远远超出了他自己的时代。在小说中，通过对大自然充满情感的描写，劳伦斯表达了对美好田园生活的向往，体现了他对自然生态的关注，表达了他的人与自然和谐相处的生态思想。

2. 《儿子与情人》的社会生态思想

社会生态关注的是人与他人的关系，以人类社会政治、经济生活为研究对象。男女婚姻问题是小说探讨的重要问题之一。在劳伦斯看来，自然生态遭到破坏，人与自然的关系被割裂，其结果便是人与人之间的关系不和谐，便是男人与女人之间的争斗，便是家庭的不和、婚姻的破裂。在劳伦斯看来，和谐的两性关系是世界上最美好、最有生气的东西。

保罗一家是劳伦斯向我们展示的 20 世纪初英国工业社会中的一个问题家庭。"从表面上来看，莫雷尔与妻子不幸的婚姻是由于门户不当、文化差异所造成的，这仅是造成莫雷尔失败婚姻的浅层次原因。究其根本，应该是资本主义制度及其工业文明对人性造成的破坏导致了莫雷尔婚姻家庭生活的失败"（周志高，2012）。

莫雷尔夫妻关系的破裂就是资本主义制度及其工业文明异化的结果。资本主义工业的发展使得大批劳动力成为产业工人，采矿业的迅速发展给资本家带来巨大的经济利益的同时，也破坏了生态环境，使矿工的人性异化。诚如小说所描述的，莫雷尔本是一个身材挺秀，风度翩翩，性格和气，待人热诚，心灵手巧的人，什么都会做，什么都会修。可是婚后慢慢堕落到遭全家人鄙弃的地步。"他并未意识到自己的不幸是资本主义工业文明所造成的，也没有意识到自己沦丧为机器牲畜与赚钱工具的阶级地位，更没有意识到资本主义剥削制度是造成工人生活贫困的社会根源"（周志高，2012）。劳伦斯在小说中对矿工悲惨的生活和不幸的命运进行了充分的揭露。莫雷尔所遭受的心灵上的痛苦，充分表现了资本主义工业文明对工人肉体上和精神上的严重摧残，不可否认的是，正是资本主义社会和工业文明的异化作用、资本主义社会不同阶级的不可融合导致了莫雷尔夫妻关系的彻底破裂。

保罗就是这个问题家庭的畸形儿。莫雷尔太太在同丈夫的感情破裂后，将其全部爱心倾注在儿子身上，使母亲与儿子在潜意识中产生一种相互依恋感，从而使保罗出现严重的心理变态。他既怀有恋母情结，又先后与米丽安和克莱拉两个女人发生关系。然而，母亲对他感情的长期支配不仅使他在潜意识中将父亲作为竞争对手，而且也使他无法与别的女人建立起正常的爱情关系。

毫无疑问，保罗的情感障碍同父母的婚姻危机密切相关，也是现代资本主义工业对人性摧残的结果。保罗生活世界里的男女似乎在无休止地争夺互相占有权，而保罗身边的女人似乎表现出一种扭曲甚至疯狂的欲望，想要支配男性情感。先是莫雷尔太太想要驾驭她的丈夫，然后她想要驾驭她的儿子，继而米丽安又试图驾驭保罗。"劳伦斯似乎向读者暗示：由于以往那种自然和谐的两性关系遭到了严重破坏，因此他笔下的人物都有意无意地违背了人的自然本性，踏错了人类固有的生物节奏，从而无奈地陷入了激烈的两性冲突之中"（李维屏，2008：273）。

3. 《儿子与情人》的精神生态思想

精神生态是以人的内在情感生活为研究对象的。在劳伦斯看来，英国工业机械化的后果是人类自己"毁灭"了自己。在现代机械文明的重压下，人类变得毫无生气、残缺不全、精神崩溃。劳伦斯洞察到了人们错位的精神生态，他以细腻、犀利的笔触向我们呈现了一幅幅在失衡的精神生态下的悲剧性人物画面。

（1）现代机械文明的受害者莫雷尔。

曾经的莫雷尔，生气勃勃，黑发闪闪发亮，笑声洪亮爽朗。曾经的莫雷尔让莫雷尔太太着迷，让她感到生活快活。但是，为生活所迫他不得不起早摸黑，做牛做马。他必须一大早下到煤矿下挖煤，晚上才能走上地面，这样没命地工作仍然不能挣得足够的钱来养活家人，繁重的劳动不断消磨着他的机体、他的灵魂。慢慢地，生机不再、笑声不再，婚姻出现了裂痕。婚姻危机又使他在外借酒浇愁,在家酗酒滋事。那个身材挺秀的莫雷尔逐渐消失,颓变为在家被人人憎恨的人。他就这样被工业机械所操控的生活极端异化了,最终失去了自我,破罐子破摔,成了家中被遗弃的人。到最后他对大儿子威廉的死甚至妻子的死也如同局外人一般,茫茫然,一片木然,也是像极了一个"活着的死人"。莫雷尔性格的转变便是资本主义工业文明导致人类精神生态异化的典型例子之一。

(2)精神困惑心理变态的保罗。

保罗从童年时代起便对母亲有着奇特的依恋。他的孩童的心灵被对受到生活欺凌的母亲的爱和对蛮横的父亲的恨所占据。威廉死后母亲把所有的爱和希望寄托在保罗身上,并设法从精神上控制保罗。这种强烈的带有占有性质的畸形的爱使保罗产生了严重的病态心理,他深深地依恋着母亲,以至于长大后他仍被母亲那种无形的精神枷锁牵引着,找不到自我,内心精神生态失去了平衡。他悲伤地承认,只要母亲活着,不可能有别的女人占有他的感情。保罗感到母亲的这种爱阻碍了自己精神上、感情上的正常成长,但他又无法摆脱这种爱的束缚,这使他处于极度矛盾痛苦之中。最后目睹身患癌症的母亲深受病痛折磨,感到精神无法再忍受下去,便给母亲喝下了加入过量吗啡的牛奶,使母亲解脱了肉体的痛苦。死亡使母亲得到了肉体的解脱,使保罗得到了精神的解脱,但同时又使他哀伤无助,心中充满对死的怀念。

(3)拼命奋斗而凄凉早逝的威廉。

在小说中,同样遭受资本主义工业文明摧残的还有威廉。为了出人头地,威廉拼命工作,不断奋斗,终于在伦敦找到一份很好的工作,并且有了女友。但是,他们的爱情可是建立在金钱之上的。一次他从伦敦带女友莉莉回到家里告诉妈妈:"她现在是很爱我,可是万一我死了,不出三个月就会把我忘了。"回伦敦后,威廉为了满足他的爱情不得不夜以继日地拼命工作。整个夏天,他的信都充满狂热的语气,热情的反常。后来年轻的威廉累死在了工作岗位。临死之前他还在说:"由于该船货舱进水,糖已受潮,凝结成硬块,必须凿碎。"这就是威廉的工作,在伦敦港检验船上装载糖。

作为一名矿工的儿子,他不满足于自己的阶级,他渴望脱离自己的阶级而进入另一个阶级,他相信中产阶级具有他所没有的东西。他太过诚实,他不知道中产阶级拥有的优越条件不允许他们忘却那些环境的压力。他作为一个矿工的儿子要想在中产阶级立足艰难可想而知。没有钱，哪有什么真正的爱情。莫雷尔太太在圣诞节收到了莉莉寄来的信。信中说她昨晚参加了一个舞会，玩得非常痛快，而且每曲必跳。此后，莫雷尔太太再也没有听到过她的消息。威廉就这样匆匆结束了短短的一生。为了名，为了利，为了实现自我，他疲于奔命，他的精神生态也是始终处于失衡的状态，最终的消亡也是其必然的归宿。

这便是劳伦斯呈现在我们面前的一个精神生态失衡的家庭，一个个精神生态失衡的人物。通过对小说中人物的刻画劳伦斯一针见血地指出，这一切都是资本主义工业文明造成的。工业社会不仅破坏了外在的自然，也破坏了人性内在的自然，使工业文明与人内在的自然之间出现了尖锐的对立。

劳伦斯认为我们应该摈弃人类中心主义，代之以生态中心主义（ecocentrism）。生态中心主义认为，生态系统、栖息地、物种和种群等生态集合是环境关注的中心对象。在环境方面，保护生态系统的完整和物种和种群的生存比保护生态系统中个别元素或物种成员的生命更为重要。劳伦斯的生态中心主义体现在他所倡导的人与自然的和谐关系中，这种关系就是他所说的"道德本质"，那是一种"在自我和客体之间保持完美关系的最基本的欲望"。这样的道德无疑也是一种深刻的生态伦理道德。

8.2.5 《儿子与情人》的道德探索

劳伦斯敏锐地看到了现代英国社会中旧的陈腐的道德习俗带来的种种弊端：人性扭曲，人性异化，自我丧失，本性丧失。他认为这种生存状态是不道德的，为了改变这种现状，他在作品中进行了积极有意义的探索。

1. 恪守生命道德

劳伦斯认为，人活着就必须好好生活，活着的原因就是生命本身，要做"完整无缺的男人，完整无缺的女人，生龙活虎的男人，生气勃勃的女人。"我们要活出完整的自我，保持自己的本性，"因为生命的道德，也就是大道德，是永远不可改变和不可战胜的"（劳伦斯，1999：30）。

劳伦斯在作品中要揭示的是人性中最深邃的本能。可是，英国社会中传统的宗教道德、陈腐的社会习俗、工业文明的发展却束缚着人性、压抑着人性、扭曲着人性、摧残着人性，使人失去了自我，失去了本性。生命的缺失，带给人们的是一种令人心酸、怅惘的悲剧，是空灵、荒芜和悲凉的寂寥。

在小说中，残缺的婚姻，导致了畸形的家庭；畸形的家庭，导致了变态的人与人的关系；变态的关系导致了人的生命的不完整。

莫雷尔就是一个变形异化的人物。在工业文明的奴役下莫雷尔变成了劳动工具、挣钱的机器，没有了个性，没有了男子气。保罗更是一个生命残缺的人物。人性的压抑导致他心理变态，性意识混乱。即使是最自然、最富有激情的男女性爱，也常常被羞辱感和罪恶感所笼罩。由这样一种精神状态下的人组成的社会，必然是死气沉沉、没有生机的社会。这是一个不道德的社会。"举凡活生生的、开放的和活跃的东西，皆好。举凡造成惰性、呆板和消沉的东西皆坏。这是道德的实质"（劳伦斯，2012：119）。

劳伦斯认为，要彻底改变社会现状，首先要做的是解放人自身，也就是让人回归自然本性。而回归人的自然本性之关键就是去除各种偏见、束缚，恢复纯洁、真诚、淳朴的人性，使人类过上一种自然的、道德的、情感的生活，这就是劳伦斯推崇的自然人性的道德观。"对人类来说，男人与女人之间的关系将永远是主要关系，男人与男人，女人与女人，父母与子女之间的关系永远是次要关系"（劳伦斯，1999：30）。"男女之间永远都有一种微妙而不断变化的联系，根本就不需要什么'纽带'将他们纽在一起。唯一的道德就是让男人忠于他的男人本性，女人忠于她的女人本性，让那种关系堂堂正正地自己去形成。因为对双方来说，它都是生命的本质。"（劳伦斯，1999：31）

劳伦斯本人是矿工的儿子，父亲没有什么文化，承担着整个家庭的生活重担，母亲出生于一个濒于破产的资产阶级家庭，受过教育，是个清教徒。婚后不久，母亲就发现自己在精神上与矿工出身的丈夫格格不入，无法沟通，夫妻感情从此破裂。她把希望全寄托在儿子们身上，发誓不让儿子们成为丈夫那样无知、没有精神生活的劳动工具，所以十分注重对孩子们的教育。母亲对劳伦斯影响非常大，既培养了他对文学艺术的爱好，又培养了他对大自然的浪漫激情以及生活的能力。但她的道德观、宗教观及变态的母爱，也制约了劳伦斯作为男子的本性，致使他到 23 岁时，仍无法正确对待两性关系，在与初恋情人吉西·钱伯斯的关系中备受痛苦，直到母亲去世。同时，他意识到吉西·钱伯斯实际上也是社会宗教道德的牺牲品。吉西受她母亲清教教义的影响，"一提及性，便不寒而栗"。她总是自觉不自觉地利用环境和一切道德风尚使劳伦斯对情欲感到羞耻。劳伦斯渴望的是一种充满激情的、能唤醒生命力量的爱情，但劳伦斯不愿欺骗自己的感情，尽管是吉西发现了他的文学才能并把他推上文坛，他最终还是痛苦地与吉西分手。这是他听从生命中人性道德呼唤的结果。

因此劳伦斯认为，只要人类摆脱了工业文明的束缚，恢复了自然本性，两性关系和谐自然，道德理想就自然存在。

2. 追寻身心和谐

劳伦斯认为人应该彻底抛开虚伪的传统宗教道德的束缚，成为真实、自然、纯洁的人，这才是合乎自然的人性化道德。宗教道德使人变得虚假，形成双重人格，它把人类的本性撕裂成互相斗争的两个方面，并且把精神的东西凌驾于肉体的东西之上，使人类疏远了自然，泯灭了智慧。人除了性本能之外，还应有精神生活。只有精神与肉体的和谐与完美，才是生活的最高境界。劳伦斯在作品中就是通过批判现存宗教来表现他的道德观的。

米丽安就是一个被宗教道德所束缚的形象。米丽安的母亲是个谨小慎微、虔诚的清教徒。受母亲影响，米丽安生性腼腆，形成了拘谨、羞怯的性格。她从小就笃信宗教，她的宗教热忱使她把世界看成是天堂，与现实生活格格不入。她总是想把自己留在无欲、无冲突的金色童年，终日以读书、绘画、交谈、花朵来装饰自己的感情生活。在精神上，她与保罗是相通的，但在性爱上却是保守的，是被宗教道德的躯壳包裹着的。她鄙视肉体生活，心醉神迷地生活在宗教的梦幻之中。在社会道德、宗教道德各种观念的拘束下，米丽安失去了她的本性。她把爱情的任何热烈表示都视为不轨与低下，她拼命地抵制保罗在肉体上的要求，只追求精神上的恋爱。尽管她最终在肉体上屈从了保罗，但她是作为等待屠宰的牲口为他作出牺牲的，带有浓烈的宗教献身色彩，这对追求性爱激情的保罗来说，是无法忍受的。这最终导致了两人的分手。

劳伦斯曾说："一个女人，她越是因循守旧、处处规规矩矩，她就越是害人。"米丽安与保罗的爱情悲剧正是传统的宗教道德造成的，这是劳伦斯青年时与初恋情人吉西·钱伯斯爱情悲剧的艺术再现，也是他对宗教道德窒息人性的反抗。既然传统的宗教道德毁了人与人之间真挚的爱情，那么，寻找一种新的、理想的道德也就成了劳伦斯孜孜以求的目标。

劳伦斯认为性是人类的一种自然现象，任何健康的人都会有这种欲望，这是不争的事实。性也是人们生活的基础，是维系生命的纽带。而传统的道德却扭曲了它，宗教又禁止它，使人成了"无性别的社会动物"。没有自然的性的人"对人冷漠、专制、武断"，人们一方面敌视性、丑化性，不敢公开、自然地谈性，另一方面谁也离不开性，因而不得不各个带着虚假的面具，过着一种非人道的生活。人的本质，也不可避免地被异化。在劳伦斯看来，如果连这最自然的行为都不敢承认，那么，在这种精神状态下，即使进行社会改革，仍是虚假的，因为它不能从根本上解放人的思想、解放人性。要从根本上变革社会，首先要做的工作就是唤醒人心、唤醒人性，让人能真正认识自我，回归自我的本性。只有达到灵与肉完美的结合，人类才会有新生，正如他所说，"只有当精神和肉体取得和谐、自然而然地彼此尊重，生活才会不是受罪。"这就是劳伦斯的自然人性的道德观。

3. 敬畏自然道德

人类文明的进步、工业化、机械化的发展往往伴随着人类生存生态环境的恶化。劳伦斯认为我们应该认清人类和大自然休戚与共的关系，人类不过是"自然之子"。大自然是神圣的，万事万物都从那隐秘强大的源泉获得生命，并将永远继续从那里获得生命，在搏斗中长生不衰。

劳伦斯在作品中盛赞原始生态的自然美景，赞美一切自然生命的神圣美好。红艳艳的落日赋予了婴儿保罗生的力量。那些像蝴蝶一样会飞的野玫瑰花是米丽安对保罗爱情的象征。劳伦斯的笔端流淌出的不仅有对自然界中各种各样景物和植物的赞叹和描写，更有对各种生态自然中动物的描写。路边树篱上鸣叫的画眉和山鸟，园子里吃玫瑰花的马儿，在食槽沿上觅食的母鸡，从屋顶飞冲下来的燕子，栩栩如生的画面表达了劳伦斯对他们的敬畏和爱。

劳伦斯所描写的大海是神秘的、超然世外的。它仿佛是一个超然世间、时间之外的非凡巨人，一尘不染。"一天晚上，他和她到瑟德素浦附近的大沙滩去，层层碎浪涌到岸边，形成嘶嘶响的泡沫。那天傍晚天气暖和，偌大一片沙滩除了他们两人之外，空无一人，除了海涛声声以外，万籁俱寂。保罗喜欢浪花拍打着大地的声音。他喜欢体会深处浪花的喧闹和沙滩的寂静之间的那种滋味。"（219）字里行间充满了劳伦斯对大海的敬畏和喜爱之情。大海是如此的辽阔而又亲切，令人遐思万千，向往不已。

劳伦斯笔下的月亮是美丽的，也是非凡的；是超然的，也是与人息息相通的。当保罗和米丽安从海边走过沙丘时，"一轮巨大的橘红色的月亮正从沙丘边缘上凝视着他们。他一动也不动地站着，看着月亮。……他仍旧站在那儿不动，盯着那又大又红的月亮，这是茫茫一片黑暗中唯一的东西。……他的热血犹如一股火焰在胸中燃烧。……他浑身热血沸腾……"（218~219）这一刻，这一瞬间，人与自然形成了一种生机盎然的关系。

"劳伦斯对自然的崇尚，绝不仅仅是对大自然和自然美的崇尚，更主要的是对人的自然本性的尊重与推崇"（苗福光，2007：81）。保罗也可以说是劳伦斯笔下"自然人"形象的代表。他本有着淳朴自然的个性，只是由于畸形的家庭和畸形的母爱使他性格受到了扭曲。莫雷尔太太去世后，尽管保罗无法承受失去母亲的现实，但他还是鼓足了勇气，走向了新生：

> "妈妈！"他悄声叫道，"妈妈！"
>
> 举世滔滔，她是支撑他的唯一力量。如今她去了，和夜色融成一片。他希望她抚摸他，带他一起走。
>
> 可是不行，他不愿就此罢休。他猛地转过身来，朝着城市那片灿烂金光走去。他握紧拳，抿紧嘴。他绝不走那条路，绝不步她后尘，决不走向黑暗，他加快步伐，朝着隐约中热气腾腾、生气勃勃的城市走去。（516）

保罗摆脱了黑暗，走向了那片金光，走向了一种自然而非扭曲、异化的生活。小说的结尾是光明的。这也是劳伦斯对一个新的、充满生机的和谐世界的向往。

基于聂珍钊教授的文学伦理学批评理论，本部分通过文本细读，对

239

劳伦斯的《儿子与情人》进行了文学伦理学批评研究。本研究主要从《儿子与情人》的伦理思想，生态思想和道德探索三个方面进行了分析、阐释和探讨。

首先，文学伦理学批评视野中的《儿子与情人》蕴含着丰富的伦理意蕴。阶级差异导致了莫雷尔太太婚姻的不幸，工业化的入侵又给人类和生态带来了严重危机：莫雷尔太太与丈夫两相决裂，情感转移，母子之情嬗变。伦理身份的越位导致了家庭伦理秩序混乱，大儿子威廉英年早殇，小儿子保罗失去真爱的能力，陷入爱与恨的伦理冲突之中。当伦理意识日渐强烈，他变相地"谋杀"了母亲，这又使他堕入了生与死的伦理困境。

其次，《儿子与情人》表达了劳伦斯对社会生态、自然生态和精神生态失衡的关注，蕴涵着他深刻的生态哲学思想。资本主义工业的发展给资本家带来巨大的经济利益的同时，也破坏了生态环境，造成了生态失衡。小说中的主要人物几乎没有一个是真正幸福的，其不幸源于工业化的发展，人被机器所操纵，使人性离开了它生根的自然界而造成了人性的扭曲。通过莫雷尔一家的不幸，劳伦斯对人类中心主义带来的危害进行了猛烈抨击和谴责。劳伦斯的生态中心主义也体现在他所倡导的人与自然的和谐关系中，这是"道德本质"，这样的道德无疑也是一种深刻的生态伦理道德。

最后，劳伦斯在作品中对道德的人生进行了积极的探索。第一，要恪守生命道德。劳伦斯认为，人活着就要活出完整的自我，保持自己的本性，因为生命的道德是永远不可改变和不可战胜的。第二，追寻身心和谐。劳伦斯认为人只有达到精神与肉体的和谐与完美，才是生活的最高境界。这也是劳伦斯推崇的自然人性的道德观。第三，敬畏自然道德。劳伦斯认为我们应该敬畏大自然，人类不过是大自然之子。大自然是神圣的，万事万物都从那隐秘强大的源泉获得生命，并将永远继续从那里获得生命，在搏斗中长生不衰。

《儿子与情人》蕴含着丰富的伦理意蕴和深刻的生态哲学思想，劳伦斯在作品中所探索的道德人生具有积极的意义。从文学伦理学批评角度看，美好的生活离不开对自然和家庭伦理的维护，伦理秩序被破坏，必定造成人性的异化，家庭的灾难，使人们承受更多的人生负荷和心灵创伤。从生态哲学角度来看，资本主义工业的发展造成的生态失衡是不道德的。人离开了它生根的自然界便会产生人性的扭曲和异化。道德的本质是回归人与自然的和谐。劳伦斯所探索的理想道德无疑具有进步意义：恪守生命道德，追寻身心和谐和敬畏自然便是劳伦斯推崇的自然人性的道德观。

8.3 走向生命的和谐——《金色笔记》个案研究

英国女作家多丽丝·莱辛（Doris Lessing，1919～2013）的小说和短篇故事主要关注 20 世纪社会和政治动荡中的人们。2007 年，她以代表作《金色笔记》（*The Golden Notebook*，1962）摘取诺贝尔文学奖桂冠，获奖评语称该书"以具有史诗般磅礴气势的女性经验，以怀疑的精神，强烈的使命感，透视心性的想象力，审视分崩离析的现代文明。"

女性意识与男权文化的冲突是 20 世纪女性文学的重要题材，女性命运则是大多女作家共同关心的问题，是她们作品中重要主题之一，莱辛的作品更多地探讨的是妇女取得独立后生命的意义和方式。《金色笔记》深入探讨了当代女性自我认识、自我解放的道路，这部小说是莱辛婚姻生活、政治活动、文学创作多重危机的产物。它探讨了在英国独立生活的一位女作家所面临的个人、婚姻、政治、社会诸方面的问题。她和作者莱辛一样，在一个男人统治的父权、夫权社会中奋斗拼搏，不得不面临各种各样的挑战。莱辛特别关注有创造力的知识女性在当代西方社会中进退维谷的困境。莱辛摄取女主人公小说家安娜·沃尔夫生活中的主要事件加以剖析对比，从横向剖析了一位当代女性的精神世界，使读者们在安娜各个思想层面的交替显现之中，逐步透视到她的内心深处，从而对当代西方社会和女性的生存困境获得较为透彻的认识和理解。

在莱辛出生的时候，她的家人住在波斯，但后来搬到了罗得西亚（现在的津巴布韦）南部的一个农场，她从 5 岁开始一直住在那里，直到 1949 年她在英国定居。她出版的第一本书《野草在歌唱》（1950）讲述了罗得西亚的一个白人农场主和他的妻子以及他们的非洲仆人的故事。她最重要的作品之一是《暴力的孩子们》系列（1952～1969），由五部小说组成。《金色笔记》主要讲述的是一位女作家试图通过她的艺术来适应她那个时代的生活，呈现了女小说家安娜·伍尔夫遭遇写作障碍的危机，是她的小说中最复杂、最广泛阅读的一部。

莱辛在《金色笔记》中展示了一个四分五裂的文明，但又不仅如此，她在追寻着对人类存在的审验与揭示的同时，探讨了生命的意义与方式这一永恒的主题：世界是不完美的，但仍需要我们不懈地奋斗，要想获得生存的意义感，和谐是重要的价值选择。本部分将从精神崩溃、两性和谐、和灵魂和谐三个角度切入，来揭示作品中的和谐主题，探讨莱辛在作品中表达的对人类命运，尤其是女性命运的关切。

8.3.1 精神崩溃

《金色笔记》是一部被高度建构的书籍，它以其独特的艺术魅力为我们展示了英国 20 世纪 50 年代现代知识女性真实而又普遍的生存状态。小说主人公安娜是一位在一个四分五裂的世界中经历了个人意识异化和分裂的小说家，她遭遇了写作障碍的危机。她和女友摩莉是两位追求独立和情感的自由女性，都离开了男人，独自抚养孩子，都有自己的生活方式，拒绝按书本上的教条生活，一句话，过着"自由女性"的生活。但是，安娜渐渐在挫折中开始承认她生活的失败，她追寻的自由因爱而受损，因爱而残缺。男人和女人，束缚和自由，善和恶，是和非，资本主义和社会主义，性和爱情……一切都变得一团糟，令安娜几近疯狂。"一切都开始崩溃了。"[①]"世界上根本不存在什么新女性。"（4）她和摩莉过着的不过是"东飘西荡""不安定"的生活。正如摩莉的儿子汤姆所指出的："你们所有的人似乎都陷入了困境，我想那一定是比困境更糟糕的一种局面。"（39）生活的破碎，意识的分裂，给安娜带来的是难以忍受的痛苦和苦闷。

20 世纪 50 年代是一个异常的时代，一个疯狂的年代。朝鲜战争，美、英、苏扩军备战，氢弹试验，冷战爆发。人们的心在破碎，濒临崩溃的边缘，从而纷纷转变自己的宗教信仰，信仰之塔倒塌……"度日如年的 20 世纪 50 年代的生活确实像是从坑穴里缓慢地向外蠕动"（多丽丝·莱辛，2008）。"这个时期是自人类记得住的历史以来，第一次不

---

① 多丽丝·莱辛：《金色笔记》，陈才宇、刘新民译，译林出版社 2000 年版，第 3 页。以下只在文中注明页码，不再一一做注。

被大众接受的公共秩序的时期"（多丽丝·莱辛，2008：280）。"一切都是无序混乱的"莱辛告诉人们，"我们最好承认这个事实：我们和我们所认识的人们似乎都在抱怨英格兰，我们就生活在这片抱怨声中。"（51）安娜既是个艺术家，也是个理想主义者。她开始满腔热情，胸怀无限理想。五十年代初在非洲加入共产党组织，回到欧洲后，仍然热衷于政治活动，在英国共产党的某个外围组织里参加一些工作。可现存的社会制度与价值观念令她失望，她从根本上怀疑斯大林主义。斯大林去世后她曾振奋一时，但赫鲁晓夫的行为令她再度陷入迷惘之中。她认为入党是有意义的人生承诺，但现实使得承诺过于狭隘，个人很难实现自己的抱负，她最终退出组织。生活又将走向何处？这个不安宁、不和谐的年代所造成的必然是个体的自我迷失，对未来充满不安和恐惧必然加剧个体的自我异化和自我分裂。

置身于混乱之中，安娜感到惶恐不安而又心力交瘁，"我感到自己内心的变化，一种渐渐滑离自我的倾向，我明白这变化便是混乱的先兆。"（629）她越来越陷入迷惘和苦恼，在这种感觉里，对于她纸上的文字变得全无意义。语言的囚笼牢牢地困住了身为作家的安娜，一切挣扎都已成为徒劳。太阳被悬浮在空中的尘土遮暗了。安娜陷入了多重危机之中。她感到她的自我在四分五裂，像干涸龟裂的土地的裂口。她的生活被分割成了多种角色——女人、母亲、情人、作家、政治活动家。她用黑、红、黄、蓝四种不同颜色的笔记本记录下她的多个自我，从不同角度以自省的视角观察她自己的生活，审视她的经历，检验她的反应，探察她相互纠缠的意识的各个层面。黑色笔记记述了作家安娜的情况，她在二战之前和期间激发她写出畅销小说《战争边缘》的中部非洲经历；红色笔记和政治有关，记录了她作为一名共产党员的经历；黄色笔记是安娜根据自己已结束的一段痛苦恋情写的故事；蓝色笔记则是她的日记，记录了她个人生命旅程中的记忆、梦想和感情精神生活。每一本笔记本对应她自我的一部分，四本笔记本代表了她四分五裂的自我，分崩离析的精神世界，动荡不安的灵魂。正是通过对这种分解的自我的"检阅"，安娜最终在金色笔记里实现了一个新的完整自我的整合。

243

8.3.2　两性和谐

和谐是《金色笔记》的最终主题，主题通过作品的结构体现出来。《金色笔记》从传统小说"自由女性"开始，其中"自由女性"被分割为五部分，中间依次插入黑、红、黄、蓝四种笔记，在最后一部分"自由女性"之前，是四本笔记本合而为一的"金色笔记"。分裂的笔记象征着安娜分裂的内心世界，最后合四为一的"金色笔记"又代表了她走向完整的精神状态，走向自我和谐。

两性关系是人与人关系中最基本的关系。两性和谐是自我和谐、人类和谐的基础。与男性相处的屡次失败是导致安娜内心痛苦和矛盾的最根本原因。第一次与乔治的婚姻是一桩不幸的婚姻。她从未爱过乔治，她是在被他追得疲惫不堪的情况下才答应嫁给他的，婚后不久便厌恶跟他发生性关系，而且这种感情变得无法抑制和隐瞒。他们之间存在着某种无可救药的精神隔阂。与乔治在一起对安娜来说是一场噩梦，乔治背叛她，她自贬自贱，情绪反常，直到离开了这个窒息她、囚禁她、剥夺了她意志的男人。

与情人迈克尔在一起的五年，是安娜生命中最认真的爱情，比合法婚姻更像婚姻。她投入了全部的身心，无所保留，对他忠贞不渝。她的生活中充满了爱、欢欣和愉悦，她体会到了做女人的幸福。爱着这个已婚男人成了她生活中最重要的事情。他的任何建议她都一股脑儿地听从，她从未把写作置于他们的爱情之上，为了他，她甚至可以放弃任何写作计划。但迈克尔既不喜欢她的母亲角色，也不喜欢好思辨的、善于思考的作家安娜。在他眼里，他们之间的共同点不过是性。安娜不得不在作家、母亲和情人的角色中挣扎、抗争。一方面，她难以割舍她与迈克尔如夫妻般的幸福爱情；另一方面，她对自己在这五年中失去的由天真所激发的创造力而感到无限的遗憾。多元的身份使她失去了自我，在性别关系中异化，失去了主体性。两性关系若只建立在性的相互吸引而缺乏思想的交流和心灵的沟通也是不可能持久的。他们之间出现了巨大的隔阂。他们之间畅意的爱走向了糟糕的结局，迈克尔背弃了安娜真正的爱离她而去。

遭迈克尔遗弃严重影响了安娜，甚至改变了她的全部个性，使她的精神和能力衰竭，自我之墙摇摇欲坠。她的安全感和幸福感被迈克尔带走了，她变得担惊受怕、软弱无能，感情上一片虚无。她变成了一眼干枯的井，并由此患上了写作障碍症。生活中的一切感情饥渴日积月累也造成了她强烈的性饥渴。世界是一个矛盾对立统一的整体，任何事物都一分为二结合为一个整体："你中有我，我中有你，自由中有束缚，束缚中有自由"（翟世镜、任一鸣，2008）。谁也无法真正摆脱对方。男人少不了女人，女人也少不了男人，绝对自由的女性是不存在的。"自由女性"要想在政治、事业、家庭生活中取得成功，缺少男性的合作，缺乏与男性的和谐是不可能的。冷酷的现实迫使她重新思考性与男人、与责任、与家庭的关系。安娜意识到，她需要自我拯救，她需要一个彼此相合，趣味相似，思想相通的男人。

之后，美国流亡作家索尔·格林出现在她的生活中。他们的经历有颇多相似之处。索尔是一个紧张多疑、孤独而缺乏幸福的人，"这是我，索尔·格林，我并不幸福，也从来没有感到过幸福。"（599）索尔也是个自我分裂的人：从小父母离异，悲惨的童年，破碎的家庭造成了"一个极为自怜、冷漠、工于心计而又毫无感情的人"，他因为"过早反对斯大林"而被开除出党，随后又因是赤色分子而在好莱坞被列入了黑名单。"他是那种常见的集苦恨哀伤于一身，并决心保持某种平衡的人。"（593）与安娜一样，一个在寻求自我的人。处于同病相怜，安娜爱上了索尔，她深感除了迈克尔之外，她还从未遇到过一个人能够如此迅速洞察一个女人的心灵。与索尔既爱又恨，既憎又怜的情感纠葛中，安娜恍然顿悟：一个疯狂的时代造就了人的人格分裂，"这都该归咎于我们生活的这个时代。"（609）人必须接受疯狂，才能在疯狂中获得心灵的治愈，只有通过崩溃，才能达到对自己和时代的认识。在这个世界上，他们都是孤独的，需要对方的关爱、抚慰和支持。他们倾听彼此的心思，在他们自己身上认出了彼此。

"我明白我已经洞悉他为什么会疯狂痴迷了：他是在寻求这样一位明智温柔、慈母般的角色，此人同时又是性伴侣和姐妹；而因为我已成了他的一部分，这样一位角色也正是我在寻求的，既为他也为我自己，因为我需要她，因为我盼着成为她这样的角色。我明白自己和索尔再也分不开了。"（624）

安娜深深地爱上索尔而无法自拔。爱把两个孤独的人糅合在了一起，安娜感到了两情相悦的幸福。安娜与索尔打破各自身上封闭狭隘的外壳，消融在彼此的思想和精神领域之中。"安娜进入了全新的精神状态，完成了人格的整合"（李维屏，2008）。"人与人之间的关爱是个人与社会和谐发展的根本保障，而爱的缺失正是人类社会各种危机和悲剧的根源"（夏琼，2009）。人与人之间的同情和关爱可以消融人与人之间的冷漠和隔阂，让人们在无序和混乱中重新找回失落的价值追求。正如汤姆所说："你知道人们真正需要的是什么吗？我说的是每一个人。这世界上的每一个人都在想：但愿世上能有哪怕一个人我能真正对他说心里话，他能真正理解我，他能真正待我好。那就是人们真正，真正需要的，如果他们说心里话的话。"（553）在各自的帮助下，安娜和索尔共同走出了精神分裂，恢复了自我。索尔成为一个独立成熟的男人，安娜也达到了她的理想状态，俩人又开始了正常的写作。索尔为安娜的小说写下了第一句："两个女人单独待在伦敦的一套住宅里。"预示着安娜写作事业的再次成功。安娜也为索尔的小说写下了第一句："在阿尔及利亚一道干燥的山坡上，有位士兵看着月光在他的枪上闪烁。"小说发表了，颇获好评。"一个男人和一个女人——是的。两人都到了山穷水尽的地步。由于企图超越自己的极限，两人的精神和健康都垮了，而在克服了这一片混乱之后，他们又获得了新的力量。"（496）男女的世界是一个相辅相成的整体，两性之间不是互相对立的，而应是相互依存而又各自独立的。

莱辛认为人和事物都一分为二，两个部分既对立又统一，它们结合才成一个整体。世界是一个矛盾对立统一的整体，这是一种辩证的世界观。人类本来就是你中有我，我中有你，自由中有束缚，束缚中有自由，两者结为整体。自由女性试图摆脱家庭的束缚，这是一种大胆的实验，但它是片面的。人生是不完美的，世界是由各种混乱的因素组合而成的，要想寻找完整的自我，首先需要实现内心的和谐。

8.3.3 灵魂和谐

也正是通过对分解的自我的审视，对生活中经历的场景的回顾，安娜领悟了生命的意义：我们都是推大圆石上山的人，在一座巍巍高山的低低山坡往上推动一块巨石，我们将竭尽全力，耗尽才智，将这块巨石往上推一寸，这便是我们毕竟并非毫无用处的缘由。

人类文明的发展历程中充满了各种混乱因素，有高尚、明智、欢乐和美丽，也有忌妒、愚昧、仇恨和谋杀。作为个体的我们都是推圆石上山的芸芸众生，我们的责任就是推石上山——在人类文明化的进程中尽自己的微薄之力。但有时战争或荒唐的革命，又会使人类文明的发展停止甚至倒退，推上去的石头又会滚落下来，使我们的这个小小地球的某一部分陷入寒冷和黑暗。但是，滚落的石头并非滚落到底，总能停在比原来位置高几寸的地方，我们的努力总能使人类文明向前推进几步，这便是使我们生命有意义的缘由。人类的发展总是处在不断上升的过程当中，整个世界都在不断走向繁荣，人类文明的进程离不开我们这些推圆石的人，尽管我们无法把圆石推上山顶，尽管我们所推的圆石甚至倒退了，但我们仍不是失败者。"要让生命有意义，我们就必须锲而不舍。"人生的意义就在于坚持不懈的努力中。

代表安娜失重迷乱灵魂的黑、红、黄、蓝四种笔记最终归于统一，产生了代表"真理"的"金色笔记"。安娜不安宁的灵魂趋向和谐，自我和谐的最高境界便是灵魂的和谐。金色几乎总是与太阳相联系，象征着活力、生命、健康、辉煌、智慧、清澈、统一、美德和光明。金色代表完美，也象征着人类对自身完善的追求。在基督教文化中，金色被用来转达神圣的爱。"金色笔记"代表了安娜经历了痛苦的身心分离、无所归依、精神崩溃、失去时间概念等巨大打击后悟出的人生真谛：世界是不完美的，人生充斥着荒谬，由于陈规陋见和其他险障的阻碍，所有敏感而充满激情的女性难以追寻到真切而完整的人生；知识女性要实现自我价值保持独立的人格尊严，一方面要勇于直面人生，不断地奋斗、奋斗、奋斗；同时也要学会接受生活深处存在的不公和残忍，接受心灵深处那份大于一切的伴随着痛苦的小小忍耐力。"当环境恶劣的时候，可以有意识地以消极或忍耐待之。你不能急，你只能等待情况发生变化。会发生变化的。等待具有非常强大的力量"（李维屏，2008）。要具有草叶的意志力：草叶虽小，但在氢弹爆炸地壳熔化之后一千年，它会顶开许多生锈的钢片铁屑而冒出地面。不要苛求世界来适应你，要调整好自己去适应它，去适用这个不完美的、混乱的世界，在混乱中求生存，学会与之和谐共处。只有与这个世界达成妥协，实现两性和谐，自我和谐，就会实现整个人类的和谐。和谐意味着相互尊重，相互关爱，相互依存，共生共长。

　　莱辛是一位敢于把性别平等和其他问题提上日程的非凡女性。她以怀疑、激情和远见审视人类分裂的文明，以良心、责任和智慧关切人类命运。通过剖析当代女性的心灵和情感世界，展示当代西方社会和女性生存困境，莱辛正视了有头脑的知识女性在英国的社会处境，探索了现代女性自我实现之路，表达了人类只有和谐相处才能共同发展的生态思想。

参 考 文 献

［1］［英］D. H. 劳伦斯：《儿子与情人》，陈良廷、刘文澜译，人民文学出版社 2011 年版。

［2］［英］D. H. 劳伦斯：《劳伦斯论美国名著》，黑马译，上海三联书店 2013 年版。

［3］［英］D. H. 劳伦斯：《鸟语啁啾——劳伦斯散文精粹》，黑马译，中国致公出版社 2012 年版。

［4］［英］E. M. 福斯特：《印度之行》，冯涛译，上海译文出版社 2016 年版。

［5］［美］M. H. 艾布拉姆斯：《镜与灯：浪漫主义文论及批评传统》，郦稚牛等译，北京大学出版社 2015 年版。

［6］［美］M. H. 艾布拉姆斯：《以文行事：艾布拉姆斯精选集》，毅衡等译，译林出版社 2010 年版。

［7］［英］艾米莉·勃朗特：《呼啸山庄》，杨苡译，译林出版社 1990 年版。

［8］［英］班福德：《如何设计课堂泛读活动》，外语教学与研究出版社 2009 年版。

［9］［美］布朗：《学会提问——批判性思维指南》，赵玉芳、向晋辉译，中国轻工业出版社 2008 年版。

［10］［美］布鲁克·诺埃尔·摩尔、理查德·帕克：《批判性思维——带你走出思维的误区》，朱素梅译，机械工业出版社 2013 年版。

［11］蔡基刚：《全球化背景下外语教学工具与素质之争的意义》，载于《外国语》2010 年第 6 期。

［12］蔡小文：《〈老人与海〉：描述永恒的精神》，载于《中国社会科学网》2017 年 12 月 4 日。http：//www.cssn.cn/wh/wh＿whsp/201712/t20171204＿3767051.shtml。

[13]［英］查尔斯·狄更斯：《双城记》，宋兆霖译，作家出版社2015年版。

[14] 陈红梅：《〈金色笔记〉的空间叙事与后现代主题演绎》，载于《外国文学研究》2012年第3期。

[15] 陈婕：《〈儿子与情人〉中的生态批评》，载于《山花》2009年第24期。

[16] 陈婧、杨薇：《〈儿子与情人〉的文学伦理学解读》，载于《语文天地》2012年第8期。

[17] 陈雷：《殖民主义与节制的美德——斯宾塞笔下的爱尔兰，兼及〈黑暗的心〉》，载于《外国文学评论》2021年第1期。

[18] 陈众议：《经典重估》，载于《江南大学学报（人文社会科学版）》2016年第6期。

[19] 程朝翔：《文艺复兴时期的英国伟大剧作家不只莎士比亚》，载于《新华网》2018年9月30日。http：//www. xinhuanet. com/book/2018－09/30/c_129963177. htm。

[20] 崔小清：《回归生命的本源——从〈野性的呼唤〉看杰克·伦敦的人生哲学》，载于《西安外国语大学学报》2014年第2期。

[21]［美］戴卫·赫尔曼：《新叙事学》，马海良译，北京大学出版社2002年版。

[22]［英］丹尼尔·笛福：《鲁滨孙漂流记》，张雷芳译，人民文学出版社2013年版。

[23] 邓颖玲：《在希斯克利夫形象的后面——〈呼啸山庄〉中希斯克利夫创作模型考证》，载于《外语与外语教学》2003年第6期。

[24] 邓颖玲：《注重英语专业的人文性——国家级教学团队"读议写"模块课程建设例析》，载于《外语教学与研究》2013年第3期。

[25] 董元兴、李慊、刘芳：《大学生的批判性思维技能：评估与培养》，载于《外语电化教学》2010年第5期。

[26] 杜隽：《论D. H. 劳伦斯的道德理想与社会的冲突》，载于《外国文学研究》2005年第2期。

[27] 杜平：《畸人心态录——〈小城畸人〉的思想内涵与艺术特色》，载于《四川师范学院学报（哲学社会科学版）》1997年第6期。

[28]［英］多丽丝·莱辛：《金色笔记》，陈才宇、刘新民译，译

林出版社 2000 年版。

［29］［英］多丽丝·莱辛：《影中漫步》，朱凤余译，陕西师范大学出版社 2008 年版。

［30］范晓红：《从〈儿子与情人〉解读劳伦斯的生态哲思》，载于《吉林广播电视大学学报》2011 年第 9 期。

［31］［美］菲茨杰拉德：《了不起的盖茨比》，姚乃强译，人民文学出版社 2004 年版。

［32］冯新平：《詹姆斯·乔伊斯的精神原型》，载于《中国社会科学网》2015 年 4 月 10 日。

［33］［英］弗吉尼亚·伍尔夫：《论小说与小说家》，瞿世镜译，上海译文出版社 2009 年版。

［34］［英］弗吉尼亚·伍尔夫：《书和画像：伍尔夫散文精选》，刘炳善译注，译林出版社 2008 年版。

［35］［英］弗吉尼亚·伍尔夫：《达洛卫夫人》，孙梁、苏美译，上海译文出版社 2011 年版。

［36］高继海：《马洛的"寻觅"与库尔茨的"恐怖"——康拉德〈黑暗的心〉主题初探》，载于《河南大学学报（社会科学版）》1992 第 2 期。

［37］高万隆等：《艾米莉·勃朗特研究》，中国社会科学出版社 2010 年版。

［38］高深：《你永远也无法打败他——重读〈老人与海〉》，载于中国社会科学网，2015 年 11 月 6 日。http：//www. cssn. cn/index/sy_sqrd/201511/t20151104_2558204. shtml。

［39］高文兵：《掀起全民终身学习新热潮——在 2020 年全民终身学习活动周全国总开幕式上的致辞》，载于《中国成人教育》2020 年第 22 期。

［40］高永红：《艾米莉·勃朗特对哥特小说的创造性应用》，载于《集美大学学报（哲学社会科学版）》2008 年第 4 期。

［41］高永红：《艾米莉·勃朗特小说中的意象意蕴》，载于《世界文学评论》2008 年第 2 期。

［42］高永红：《艾米莉·勃朗特小说中名字的文化意蕴》，载于《文学教育（上）》2009 年第 2 期。

[43] 高永红：《〈金色笔记〉和谐主题阐释》，载于《东岳论丛》2010 年第 8 期。

[44] 高永红：《论成人教育中批判性思维的培养》，载于《中国成人教育》2017 年第 22 期。

[45] 高永红：《文学伦理学批评视野中的〈儿子与情人〉》，载于《世界文学评论（高教版）》2015 年第 2 期。

[46] 高永红：《终身学习视域下文学经典阅读的价值审视》，载于《中国成人教育》2021 年第 8 期。

[47] 高志敏：《终身教育、终身学习与学习化社会》，华东师范大学出版社 2005 年版。

[48] ［英］戈尔丁：《蝇王》，龚志成译，上海译文出版社 2014 年版。

[49] 葛丽娟：《劳伦斯和他的〈儿子与情人〉》，载于《天中学刊（驻马店师专学报）》1997 年第 1 期。

[50] 耿潇：《〈儿子与情人〉的伦理思想与道德理想》，华中师范大学硕士论文，2006 年。

[51] 耿潇：《追寻血性生命　回归和谐自然——论劳伦斯道德理想实现之路》，载于《四川师范大学学报（社会科学版）》2011 年第 5 期。

[52] 辜鸿铭：《辜鸿铭英译经典：论语》，辜鸿铭英译，王京涛评述，中华书局 2017 年版。

[53] 顾明远：《人文教育在高等学校中的地位和作用》，载于《高等教育研究》1995 年第 4 期。

[54] 顾悦：《回归经典阅读：英语专业的人文性与基于阅读经验的文学教育》，载于《外语教学理论与实践》2016 年第 2 期。

[55] 管建明：《〈蝇王〉人性恶主题中隐含的赎救主题》，载于《广西社会科学》2007 年第 6 期。

[56] 郭继德：《文学艺术的魅力超越国界——重读世界名著〈呼啸山庄〉》，载于《山东外语教学》2000 年第 1 期。

[57] 郭英剑：《文学经典在当今世界的价值重估》，载于《教育》2020 年第 16 期。

[58] 郭强：《亚里士多德的教育观与自由教育理念的形成》，载于

《大学教育》2012 年第 9 期。

［59］谢江南：《弗吉尼亚·伍尔夫小说中的大英帝国形象》，载于《外国文学研究》2008 年第 2 期。

［60］［英］哈代：《德伯家的苔丝：一个纯洁的女人》，张谷若译，人民文学出版社 2003 年版。

［61］［美］哈罗德·布鲁姆：《如何读，为什么读》，黄灿然译，译林出版社 2015 年版。

［62］［美］哈罗德·布鲁姆：《西方正典：伟大作家和不朽作品》，江宁康译，译林出版社 2005 年版。

［63］［美］海明威：《老人与海》，陈良廷等译，人民文学出版社 2013 年版。

［64］韩立娟、张健稳、毕淑媛：《情感瘫痪——评詹姆斯·乔伊斯〈都柏林人〉的主题》，载于《唐山学院学报》2006 年第 4 期。

［65］韩少杰、易炎：《英语专业写作教学与批判性思维能力的培养》，载于《外国语言文学》2009 年第 1 期。

［66］韩笑：《男性·女性·自然——生态女性主义视角下的〈儿子与情人〉》，载于《名作欣赏》2011 年第 32 期。

［67］何其莘、黄源深、秦秀白、陈建平：《近三十年来我国高校英语专业教学回顾与展望》，载于《外语教学与研究》2008 年第 6 期。

［68］何玉艳：《新媒体时代文学经典教育传播的反思与探索》，载于《出版广角》2019 年第 19 期。

［69］胡文仲、孙有中：《突出学科特点，加强人文教育——试论当前英语专业教学改革》，载于《外语教学与研究》2006 年第 5 期。

［70］胡亚敏：《理智与情感在现代文明中的撞击——读劳伦斯的〈儿子与情人〉》，载于《四川外语学院学报》1999 年第 3 期。

［71］［英］怀海特：《教育的目的》，庄莲平、王中立译，文汇出版社 2012 年版。

［72］黄梅：《〈傲慢与偏见〉：书名的提示》，载于《文学评论》2014 年第 6 期。

［73］黄敏：《从叙述者看〈呼啸山庄〉的叙事艺术》，载于《北京第二外国语学院学报》2003 年第 6 期。

［74］黄源深：《英语专业课程必须彻底改革——再谈"思辨缺

席"》，载于《中国外语》2010 年第 1 期。

[75] 惠海峰、申丹：《个人主义、宗教信仰和边缘化的家庭——重读〈鲁滨孙漂流记〉》，载于《外国语文》2011 年第 4 期。

[76] 季中扬：《文学经典危机与文学教育》，载于《江西社会科学》2007 年第 8 期。

[77]［英］简·奥斯汀：《傲慢与偏见》，张玲、张扬译，人民文学出版社 1993 年版。

[78] 江润洁、陈欣怡：《隐性叙事视域下〈傲慢与偏见〉中的阶级观建构研究》，载于《中国石油大学学报（社会科学版）》2019 年第 5 期。

[79] 姜红：《中国的多丽丝·莱辛小说研究》，载于《当代外国文学》2014 年第 3 期。

[80] 蒋洪新：《推动构建中国特色英语类本科专业人才培养体系——英语类专业〈教学指南〉的研制与思考》，载于《外语界》2019 年第 5 期。

[81] 蒋永国：《从〈呼啸山庄〉看艾米莉·勃朗特的哥特情结》，载于《西安外国语学院学报》2000 年第 4 期。

[82]［美］杰里米·里夫金：《同理心文明》，蒋宗强译，中信出版集团 2015 年版。

[83]［美］杰克·伦敦：《野性的呼唤》，刘荣跃译，上海译文出版社 2020 年版。

[84] 金永平：《国外艾布拉姆斯研究现状评述》，载于《中外文论》2017 年第 1 期。

[85]［美］德莱塞：《嘉莉妹妹》，潘庆舲译，人民文学出版社 2003 年版。

[86]［英］劳伦斯：《劳伦斯读书随笔》，陈庆勋译，上海三联书店 1999 年版。

[87] 李瑞芳：《外语教学与学生创造性和批判性思维的培养》，载于《外语教学》2002 年第 5 期。

[88] 李桂梅：《略论西欧中世纪基督教家庭伦理》，载于《湖南师范大学社会科学学报》2009 年第 4 期。

[89] 李莉文：《试析英语专业技能课程与批判性思维能力培养的

关系》，载于《中国外语》2010 年第 6 期。

［90］李莉文：《英语写作中的读者意识与思辨能力培养——基于教学行动研究的探讨》，载于《中国外语》2011 年第 3 期。

［91］李莉文：《英语专业写作评测模式设计：以批判性思维能力培养为导向》，载于《外语与外语教学》2011 年第 1 期。

［92］李维屏：《英国小说人物史》，上海外语教育出版社 2008 年版。

［93］李维屏：《英国小说艺术史》，上海外语教育出版社 2003 年版。

［94］李维屏：《英美文学研究论丛（第 8 集）》，上海外语教育出版社 2008 年版。

［95］李伟昉：《黑色经典——英国哥特小说论》，中国社会科学出版社 2005 年版。

［96］李晓燕：《匠心独运的召唤结构——〈呼啸山庄〉的叙事策略探析》，载于《四川师范学院学报（哲学社会科学版）》2003 年第 4 期。

［97］李兴洲、耿悦：《从生存到可持续发展：终身学习理念嬗变研究——基于联合国教科文组织的报告》，载于《清华大学教育研究》2017 年第 1 期。

［98］李渝凤、罗伟：《〈呼啸山庄〉的艺术结构评析》，载于《海南大学学报（人文社会科学版）》2003 年第 4 期。

［99］李源：《论〈蝇王〉中象征体系的构建》，载于《东北师大学报（哲学社会科学版）》2008 年第 5 期。

［100］［美］理查德·保罗、琳达·埃尔德：《批判性思维工具》，侯玉波、姜佟林译，机械工业出版社 2013 年版。

［101］联合国教科文组织：《反思教育：向“全球共同利益”的理念转变?》，联合国教科文组织总部中文科译，教育科学出版社 2017 年版。

［102］梁工、卢龙光：《圣经与文学阐释》，人民文学出版社 2003 年版。

［103］梁工：《圣经与文学》，时代文艺出版社 2006 年版。

［104］梁晓萍：《文学经典的核心价值究竟是什么？——兼与聂珍

钊先生商榷》，载于《文艺研究》2014 年第 3 期。

[105] 凌建英、梁晨霞：《读图时代文学经典审美教育的价值》，载于《黑龙江社会科学》2007 年第 1 期。

[106] 刘国枝、胡雪飞：《苏里泰：一场孤独的游戏——对〈人鼠之间〉主题的三重解读》，载于《湖北大学学报（哲学社会科学版）》2004 年第 4 期。

[107] 刘静：《〈呼啸山庄〉的寓意空间和双重结构》，载于《华北水利水电学院学报（社科版）》2001 年第 2 期。

[108] 刘梦溪：《今天为什么还要阅读经典》，载于《中国大学教学》2004 年第 3 期。

[109] 刘儒德：《论批判性思维的意义和内涵》，载于《高等师范教育研究》2000 年第 1 期。

[110] 刘儒德：《批判性思维及其教学》，载于《高等师范教育研究》1996 年第 4 期。

[111] 刘沙沙：《从文学伦理学角度解读〈简·爱〉》，载于《文学教育（上）》2010 年第 3 期。

[112] 刘伟、郭海云：《批判性阅读教学模式实验研究》，载于《外语界》2006 年第 3 期。

[113] 刘新民：《勃朗特两姐妹全集》，河北教育出版社 1997 年版。

[114] 刘永杰：《〈呼啸山庄〉的〈圣经〉解构》，载于《天津外国语学院学报》2003 年第 6 期。

[115] 刘永杰：《试论〈呼啸山庄〉的戏剧特点》，载于《天津外国语学院学报》2005 年第 1 期。

[116] 鲁枢元：《生态文艺学》，山西人民教育出版社 2000 年版。

[117] 罗譞：《在文学经典阅读中实现人的审美解放》，载于《文艺报》2014 年 7 月 14 日。

[118] 马晶晶：《生态与人性——论劳伦斯〈儿子与情人〉的生态伦理意蕴》，华中师范大学硕士论文，2009 年。

[119] 马坤：《自我的认同与回归——再读〈呼啸山庄〉》，载于《外国文学研究》2003 年第 3 期。

[120] ［美］马克·吐温：《哈克贝利·费恩历险记》，张友松译，人民文学出版社 2016 年版。

［121］马伟林：《英语专业学生批判性思维能力的培养》，载于《教育评论》2011 年第 3 期。

［122］马应心：《英语专业学生批判性思维培养研究》，中国社会科学出版社 2011 年版。

［123］［英］玛丽·雪莱：《弗兰克斯坦》，孙法理译，译林出版社 2016 年版。

［124］［美］玛莎·努斯鲍姆：《功利教育批判：为什么民主需要人文教育》，肖聿译，新华出版社 2017 年版。

［125］［美］迈可·斯奎尔：《深情的背叛》，石磊译，金城出版社 2013 年版。

［126］孟凡菊：《我国外语界批判性思维研究综述》，载于《吉林省教育学院学报（下旬）》2012 年第 3 期。

［127］苗福光：《从生态批评角度解读劳伦斯小说的主题》，载于《中国社会科学报》2014 年 6 月 27 日。

［128］苗福光：《生态批评视角下的劳伦斯》，上海大学出版社 2007 年版。

［129］缪四平：《美国批判性思维运动对大学素质教育的启发》，载于《清华大学教育研究》2007 年第 3 期。

［130］缪肖雨：《奴隶制下的压迫与爱——托妮·莫里森〈宠儿〉的主题分析》，载于《湖北教育学院学报》2007 年第 1 期。

［131］末之：《文学的都柏林》，载于《中国社会科学网》2017 年 5 月 4 日。http://www.cssn.cn/gj/gj_gwshkx/gj_wh/201705/t20170504_3508474.shtml。

［132］莫立民：《也谈文学经典教育的意蕴》，载于《光明日报》2016 年 5 月 2 日。

［133］［美］爱默生：《论自然·美国学者》，赵一凡译，生活·读书·新知三联书店 2015 年版。

［134］牟芳芳：《论纽曼对"文学"教育的辩护》，载于《外国文学评论》2010 年第 3 期。

［135］［美］纳撒尼尔·霍桑：《红字》，胡允桓译，人民文学出版社 1999 年版。

［136］聂珍钊、杜鹃等：《英国文学的伦理学批评》，华中师范大

学出版社 2007 年版。

[137] 聂珍钊：《文学经典的阅读、阐释和价值发现》，载于《文艺研究》2013 年第 5 期。

[138] 聂珍钊：《文学伦理学批评导论》，北京大学出版社 2014 年版。

[139] 聂珍钊：《文学伦理学批评及其它》，华中师范大学出版社 2012 年版。

[140] 欧阳康：《交流互鉴是文明发展的本质要求》，载于《中国社会科学网》，2019 年 9 月 12 日。http：//www. cssn. cn/zk/zk＿zz/201909/t20190912_4971461. shtml。

[141] 潘红：《外语专业学生思辨缺席症和批判性思维能力的培养》，载于《黑龙江教育学院学报》2010 年第 7 期。

[142] 庞炜：《在现实主义和现代主义的视野里寻求和谐生存之道——论 D. H. 劳伦斯的〈儿子与情人〉》，载于《学术界》2010 年第 12 期。

[143] 彭书雄：《文学经典教育的价值研究》，载于《中州学刊》2011 年第 1 期。

[144] 蒲若茜：《对〈呼啸山庄〉复仇主题的原型分析》，载于《四川外语学院学报》2002 年第 5 期。

[145] 蒲若茜：《〈呼啸山庄〉与哥特传统》，载于《外国文学评论》2002 年第 1 期。

[146] 钱青：《英国 19 世纪文学史》，外语教学与研究出版社 2006 年版。

[147] 乔修峰：《乔治·艾略特与维多利亚时代的责任观念》，载于《外国文学研究》2009 年第 4 期。

[148] [美] 乔伊斯·卡罗尔·欧茨：《直言不讳：观点和评论》，徐颖果主译，长江文艺出版社 2006 年版。

[149] 秦秀白、崔岭、肖锦银：《品味文学作品　提高阅读鉴赏能力——〈综合教程〉第七、八册简介》，载于《外语界》2011 年第 2 期。

[150] 秦秀白、蒋静仪、肖锦银、崔岭：《加强评判性阅读，提高学生的思辨能力——"新世纪大学英语系列教材"〈综合教程〉第五、六册简介》，载于《外语界》2010 年第 2 期。

［151］阮全友：《构建英语专业学生思辨能力培养的理论框架》，载于《外语界》2012 年第 1 期。

［152］［英］萨克雷：《名利场》，杨必译，人民文学出版社 1957 年版。

［153］［英］莎士比亚：《威尼斯商人》，朱生豪译，人民文学出版社 2016 年版。

［154］单继刚：《夏洛克的失败：是什么妨碍了全球正义的实现?》，载于《中国社会科学网》2014 年 6 月 5 日。http：//www. cssn. cn/zhx/zx_llx/201406/t20140605_1198059. shtml。

［155］单伟红：《劳伦斯研究述评》，载于《时代文学（下半月）》2011 年第 4 期。

［156］［美］舍伍德·安德森：《小城畸人》，刘士聪译，人民文学出版社 2011 年版。

［157］沈小茜：《论〈呼啸山庄〉中的情感与理智》，载于《西南民族大学学报（人文社科版)》2005 年第 5 期。

［158］石中英：《人文世界、人文知识与人文教育》，载于《教育理论与实践》2001 年第 6 期。

［159］束定芳：《外语课堂教学新模式刍议》，载于《外语界》2006 年第 4 期。

［160］孙力平：《人文教育应以师德建设为先导》，载于《中国高等教育》2003 年第 10 期。

［161］孙绍先：《论〈格列佛游记〉的科学主题》，载于《外国文学研究》2020 年第 4 期。

［162］孙有中：《贯彻落实〈国标〉和〈指南〉，推进一流专业和一流课程建设》，载于《外语界》2020 年第 3 期。

［163］孙有中：《思辨英语教学原则》，载于《外语教学与研究》2019 年第 6 期。

［164］孙有中、唐锦兰、蔡静：《英语专业人文通识教育混合教学模式研究》，载于《外语电化教学》2017 年第 1 期。

［165］孙有中：《突出思辨能力培养，将英语专业教学改革引向深入》，载于《中国外语》2011 年第 8 期。

［166］孙有中：《外语教育与思辨能力培养》，载于《中国外语》

2015 年第 2 期。

[167] 孙有中、文秋芳、王立非、封一函、顾佩娅、张虹：《准确理解〈国标〉精神，积极促进教师发展——"〈国标〉指导下的英语类专业教师发展"笔谈》，载于《外语界》2016 年第 6 期。

[168] 孙有中：《英语专业写作教学与思辨能力培养座谈》，载于《外语教学与研究》2011 年第 4 期。

[169] [美] 谭恩美：《喜福会》，李军、章力译，外语教学与研究出版社 2017 年版。

[170] 唐建怀：《回归自然天性的呐喊——生态伦理视域下的〈野性的呼唤〉解读》，载于《社科纵横》2018 年第 2 期。

[171] [英] 斯特拉·科特雷尔：《批判性思维训练手册》，李天竹译，北京大学出版社 2012 年版。

[172] 田刚健：《文学经典教育的三重意蕴》，载于《光明日报》2016 年 2 月 15 日。

[173] [美] 托妮·莫里森：《宠儿》，潘岳、雷格译，南海出版社 2013 年版。

[174] 王海铝：《荒原与风暴——〈呼啸山庄〉的意象研究》，载于《重庆大学学报（社会科学版)》2004 年第 3 期。

[175] 王利明：《人文主义和契约精神——〈威尼斯商人〉读后感》，载于《中国社会科学网》2018 年 1 月 8 日。http：//orig. cssn. cn/fx/201801/t20180108_3807004. shtml。

[176] 王琳：《沈从文与托马新·哈代》，载于《中国社会科学网》2013 年 3 月 29 日。http：//www. cssn. cn/wx/wx _ bjwx/201310/t2013 1026_599550. shtml。

[177] 王鹏：《谈如何培养学生文学欣赏能力促进大学校园文化建设》，载于《语文建设》2016 年第 12 期。

[178] 王守仁、方杰：《英国文学简史》，上海外语教育出版社 2006 年版。

[179] 王佐良、周珏良：《英国 20 世纪文学史》，外语教学与研究出版社 2006 年版。

[180] [英] 斯威夫特：《格列佛游记》，张建译，人民文学出版社 1962 年版。

［181］文秋芳、王海妹、王建卿、赵彩然、刘艳萍：《我国英语专业与其他文科类大学生思辨能力的对比研究》，载于《外语教学与研究》2010 年第 5 期。

［182］文秋芳、王建卿、赵彩然、刘艳萍、王海妹：《构建我国外语类大学生思辨能力量具的理论框架》，载于《外语界》2009 年第 1 期。

［183］文秋芳、周燕：《评述外语专业学生思维能力的发展》，载于《外语学刊》2006 年第 5 期。

［184］［美］文森特·鲁吉罗：《超越感觉：批判性思考指南》，顾肃、董玉荣译，复旦大学出版社 2011 年版。

［185］午荷：《简·奥斯汀和她开放的文本》，载于《中国社会科学报》2017 年 8 月 10 日。

［186］习近平：《我的文学情缘》，载于《人民网》2016 年 10 月 13 日。http：//culture. people. com. cn/n1/2016/1013/c1013 - 28777061. html。

［187］习近平：《习近平谈治国理政：第二卷》，外文出版社 2017 年版。

［188］习近平：《习近平谈治国理政：第三卷》，外文出版社 2020 年版。

［189］［英］夏洛蒂·勃朗特：《简·爱》，吴钧燮译，人民文学出版社 1990 年版。

［190］夏琼：《多丽丝·莱辛文学道德观阐释》，载于《外国文学》2009 年第 3 期。

［191］向晓红：《一个超现实文本——〈呼啸山庄〉的现代阐释》，载于《西南民族学院学报（哲学社会科学版）》2000 年第 6 期。

［192］肖伟胜：《幻象符号的政治经济学》，载于《外国文学研究》2002 年第 2 期。

［193］谢新水、李有增：《深刻理解构建人类命运共同体思想的重要内涵》，载于人民网，2019 年 10 月 23 日。http：//theory. people. com. cn/n1/2019/1023/c40531 - 31415125. html。

［194］谢争艳：《从自我缺失到自我实现：作为成长小说的〈儿子与情人〉》湖南师范大学硕士论文，2006 年。

［195］徐贲：《阅读经典：美国大学的人文教育》，北京大学出版社 2015 年版。

［196］徐昉：《英语写作教学与研究》，外语教学与研究出版社 2012 年版。

［197］徐锦芬：《外语类专业学生自主学习能力的构成与培养》，载于《外语界》2020 年第 6 期。

［198］徐哲：《文学经典教育的价值探析》，载于《才智》2011 年第 16 期。

［199］许晓琴：《一部欧洲殖民实践的帝国叙事文本——后殖民批评视野中的〈鲁滨孙漂流记〉》，载于《名作欣赏》2008 年第 10 期。

［200］许展：《生态批评角度下劳伦斯的〈儿子与情人〉》，载于《作家》2008 年第 22 期。

［201］薛家宝：《荒岛："文明人类"的透视镜——论〈蝇王〉对传统荒岛小说的突破》，载于《南京师大学报（社会科学版）》1999 年第 6 期。

［202］闫建华：《绿到深处的黑色：劳伦斯诗歌中的生态视野》，中国社会科学出版社 2013 年版。

［203］阎国忠：《美是上帝的名字》，上海社会科学院出版社 2003 年版。

［204］杨靖：《〈威尼斯商人〉原型考》，载于中国作家网，2018 年 9 月 7 日。http://www.chinawriter.com.cn/n1/2018/0907/c404092-30278033.html。

［205］杨奇、蒋承勇：《〈嘉莉妹妹〉与"颠倒"的美国梦》，载于《浙江工商大学学报》2020 年第 6 期。

［206］杨启华：《文学经典教育：价值选择及其合理性》，载于《教育导刊》2012 年第 1 期。

［207］杨叔子：《人文教育：民族之基，人才之础——兼谈要重视办好文科》，载于《中国高等教育》2000 年第 2 期。

［208］杨叔子、余东升：《文化素质教育与通识教育之比较》，载于《高等教育研究》2007 年第 6 期。

［209］杨秀丽：《舍伍德·安德森的〈小城畸人〉与沈从文的〈边城〉之现代主义主题的对比》，载于《湖北经济学院学报（人文社会科

学版)》2017 年第 11 期。

［210］杨周翰、吴达元、赵萝蕤：《欧洲文学史（上卷）》，人民文学出版社 1964 年版。

［211］杨周翰、吴达元、赵萝蕤：《欧洲文学史（下卷）》，人民文学出版社 1964 年版。

［212］叶继奋：《审美体验：提升文学欣赏能力的必由之路》，载于《名作欣赏》2019 年第 13 期。

［213］叶圣陶：《叶圣陶语录》，载于《西部》2020 年第 5 期。

［214］游燕平：《自然景物描写在〈儿子与情人〉中的作用》，河北师范大学硕士论文，2010 年。

［215］于承琳：《〈小城畸人〉的"瞬间"艺术与成长主题》，载于《浙江外国语学院学报》2018 年第 3 期。

［216］郁青：《〈雨王汉德森〉与〈黑暗的心〉》，载于《外国文学评论》1997 年第 3 期。

［217］袁海旺：《艾米莉·勃朗特及其〈呼啸山庄〉》，载于《重庆大学学报（社会科学版)》2005 年第 1 期。

［218］［英］约翰·亨利·纽曼：《大学的理念》，高师宁等译，北京大学出版社 2016 年版。

［219］［英］约翰·亨利·纽曼：《大学的理念》，中国人民大学出版社 2012 年版。

［220］［英］约翰·坎尼：《最有价值的阅读》，徐进夫、宋碧云、匡晓林译，天津教育出版社 2006 年版。

［221］［美］约翰·斯坦贝克：《人鼠之间》，王晋华译，人民文学出版社 2020 年版。

［222］［英］约瑟夫·康拉德：《黑暗的心》，人民文学出版社 2018 年版。

［223］曾洪伟：《文学编辑家哈罗德·布鲁姆论》，载于《河南大学学报（社会科学版)》2020 年第 5 期。

［224］曾艳：《超越者的悲剧——论〈呼啸山庄〉希斯克利夫的悲剧性》，载于《湖北民族学院学报（哲学社会科学版)》2003 年第 1 期。

［225］曾艳：《试论〈威尼斯商人〉中对种族歧视的批判》，载于

《作家》2012 年第 2 期。

［226］翟世镜、任一鸣：《当代英国小说史》，上海译文出版社 2008 年版。

［227］［爱尔兰］詹姆斯·乔伊斯：《都柏林人》，王逢振译，上海译文出版社 2016 年版。

［228］詹树魁：《乔伊斯〈死者〉中的精神感悟和象征寓意》，载于《外国文学研究》1998 年第 2 期。

［229］张国旺：《孤独个体的共同生活：自然社会的"自然"与"社会"》，载于《社会》2016 年第 6 期。

［230］张辉：《真爱永存——论〈呼啸山庄〉的主题意蕴》，载于《齐齐哈尔大学学报（哲学社会科学版）》2000 年第 2 期。

［231］张建佳、蒋家国：《论劳伦斯小说的性伦理》，载于《外国文学研究》2006 年第 1 期。

［232］张剑：《从文明隔阂到文明交流互鉴》，载于《中国社会科学网》2017 年 11 月 15 日。http：//phil. cssn. cn/zhx/zx_zhyj/201711/t20171115_3742657. shtml。

［233］张经鹏、马维骐：《劳伦斯作品〈儿子与情人〉的主题解读》，载于《辽宁师范大学学报（社会科学版）》2012 年第 1 期。

［234］张礼龙：《畸形母爱的社会和心理因素及其灾难性后果——劳伦斯长篇小说〈儿子与情人〉评析》，载于《山东外语教学》2000 年第 4 期。

［235］张龙海：《哈罗德·布鲁姆的文学遗产》，载于《外国文学动态研究》2020 年第 1 期。

［236］张岂之：《大学的人文教育》，商务印书馆 2014 年版。

［237］张岂之：《论大学人文教育与人文学术研究》，载于《中国高等教育》2000 年第 17 期。

［238］张同乐、毕铭：《〈呼啸山庄〉——一部具有现代主义意味的小说》，载于《外国文学研究》1999 年第 1 期。

［239］张炜：《〈儿子与情人〉的生态解读》，南京师范大学硕士论文，2011 年。

［240］张晓莉：《论〈鲁滨孙漂流记〉中的个人主义》，载于《语文建设》2017 年第 8 期。

［241］张旸：《羁绊、逃避、迷茫——〈了不起的盖茨比〉的时间之狱主题》，载于《名作欣赏》2015年第29期。

［242］张祎明：《M. H. 艾布拉姆斯人文主义阅读理论研究》，山东师范大学硕士论文，2016年。

［243］张耘：《荒原上短暂的石楠花：勃朗特姐妹传》，中国文联出版社2002年版。

［244］张志庆：《欧美文学史论》，科学出版社2002年版。

［245］张陟：《从海洋看陆地：斯威夫特与〈格列佛游记〉》，载《宁波大学学报（人文科学版）》2011年第1期。

［246］章汝雯：《托妮·莫里森〈宠儿〉中自由和母爱的主题》，载于《外国文学》2000年第3期。

［247］赵晓丽、屈长江：《生命的洪流——论劳伦斯的〈儿子与情人〉》，载于《外国文学研究》1989年第1期。

［248］郑燕虹：《论〈人鼠之间〉的象征意义》，载于《外国文学》2004年第3期。

［249］仲伟合、潘鸣威：《论〈英语专业本科教学质量国家标准〉的制定——创新与思考》，载于《现代外语》2015年第1期。

［250］周洁：《近期中国劳伦斯研究一览与国外研究动态》，载于《山东外语教学》2004年第5期。

［251］周庆贺：《反叛社会　返回自然——〈呼啸山庄〉的主题新论》，载于《河南师范大学学报（哲学社会科学版）》2003年第4期。

［252］周统权、徐晶晶：《心智哲学的神经、心理学基础：以心智理论研究为例》，载于《外语教学》2012年第1期。

［253］周颖：《想象与现实的痛苦：1800－1850英国女作家笔下的家庭女教师》，载于《外国文学评论》2012年第1期。

［254］周志高：《恋母：〈儿子与情人〉中伦理生态的异化》，载于《社科纵横》2012年第3期。

［255］［美］朱蒂·查坦德、斯图尔特·埃默里、拉斯·霍尔、希瑟·石川、约翰·梅克塔：《最佳思考者》，王蕙译，人民邮电出版社2013年版。

［256］朱光潜：《西方美学史（上卷）》，人民文学出版社1963年版。

［257］朱光潜：《西方美学史（下卷）》，人民文学出版社1963年版。

［258］朱雁芳、尹静：《戈尔丁的人性救赎之路——兼论〈蝇王〉透视下的"悲观的乐观主义"情怀》，载于《求索》2011年第1期。

［259］朱自清：《论百读不厌》，载于《语文教学通讯》2002年第24期。

［260］祝钰：《浅谈〈傲慢与偏见〉的主题思想》，载于《安徽文学（下半月）》2007年第5期。

［261］邹之萍、王文彦：《哥特式小说与〈呼啸山庄〉》，载于《齐齐哈尔师范学院学报（哲学社会科学版）》1997年第4期。

［262］左其福、钟雯杰：《文学经典教育的知识论域与审美重构》，载于《河北民族师范学院学报》2018年第1期。

［263］Britannica, The Editors of Encyclopaedia, Harold Bloom. *Encyclopedia Britannica*, 10 Oct. 2020. https：//www. britannica. com/biography/Harold – Bloom. Accessed 31 May 2021.

［264］Britannica, The Editors of Encyclopaedia, M. H. Abrams. *Encyclopedia Britannica*. 17 Apr. 2021. https：//www. britannica. com/biography/M – H – Abrams. Accessed 31 May 2021.

［265］Britannica, The Editors of Encyclopaedia, Robert Maynard Hutchins. *Encyclopedia Britannica*, 10 May. 2021. https：//www. britannica. com/biography/Robert – Maynard – Hutchins. Accessed 31 May 2021.

［266］Christine R. Junker and Stephen J. Jacquemin, How Does Literature Affect Empathy in Students？. *College Teaching*, Vol. 65, No. 2, January 2017, pp. 79 – 87.

［267］Cosby Matt, A Passage to India Themes. LitCharts. LitCharts LLC, 8 May 2015. Web. 6 Aug 2021.

［268］Cosby Matt, Mrs Dalloway Themes. LitCharts. LitCharts LLC, 11 Aug 2014. Web. 6 Aug 2021.

［269］Daniel Goleman, *Working with Emotional Intelligence*. Bantam Books, 1998.

［270］David Comer Kidd and Emanuele Castano, Reading Literary Fiction Improves Theory of Mind. Science, Vol. 342, No. 6156, October 2013, pp. 377 – 380.

［271］Djikic, Maja; Oatley, Keith; Moldoveanu, Mihnea C, Reading other minds: Effects of literature on empathy. *Scientific Study of Literature*, Vol. 3, No. 1, 2013, pp. 28 – 47.

[272] Emily Bronte. *Wuthering Heights.* Beijing: Foreign Language Teaching and Research Press, 2006.

[273] Eva Maria (Emy) Koopman and Frank Hakemulder, Effects of Literature on Empathy and Self – Reflection: A Theoretical – Empirical Framework. *Journal of Literary Theory*, Vol. 9, No. 1, March 2015, pp. 79 – 111.

[274] Eva Maria (Emy) Koopman, Empathic reactions after reading: The role of genre, personal factors and affective responses. *Poetics*, Vol. 50, 2015, pp. 62 – 79.

[275] Florman Ben, Frankenstein Themes. LitCharts. LitCharts LLC, 22 Jul 2013. Web. 6 Aug 2021.

[276] Fredericksen Erik, Robinson Crusoe Themes. LitCharts. LitCharts LLC, 5 Jan 2014. Web. 6 Aug 2021.

[277] Fyfe Paul, A Tale of Two Cities Themes. LitCharts. LitCharts LLC, 22 Jul 2013. Web. 6 Aug 2021.

[278] Fyfe Paul, Jane Eyre Themes. LitCharts. LitCharts LLC, 22 Jul 2013. Web. 6 Aug 2021.

[279] Fyfe Paul, Pride and Prejudice Themes. LitCharts. LitCharts LLC, 22 Jul 2013. Web. 6 Aug 2021.

[280] Irit Sasson and Itamar Yehuda and Noam Malkinson, Fostering the skills of critical thinking and question-posing in a project-based learning environment. *Thinking Skills and Creativity*, Vol. 29, September 2018, pp. 203 – 212.

[281] Jacob Buganza, Ethics, literature, and education. *Ethics and Education*, Vol. 7, No. 2, November 2012, pp. 125 – 135.

[282] Janina Levin, Productive Dialogues across Disciplines: Literature and Empathy Studies. *Journal of Modern Literature*, Vol. 39, No. 4, 2016, pp. 187 – 193.

[283] John J. McCreary and Gregory J. Marchant, Reading and Empathy. *Reading Psychology*, Vol. 38, No. 2, 2017, pp. 187 – 193.

267

［284］Junker, Christine R. ; Jacquemin, Stephen J. , How Does Literature Affect Empathy in Students? *College Teaching*, Vol. 65, No. 2, 2017, pp. 79 – 87.

［285］Kate Wilson, Critical reading, critical thinking: Delicate scaffolding in English for Academic Purposes (EAP) . *Thinking Skills and Creativity*, Vol. 22, December 2016, pp. 256 – 265.

［286］Keith Sagar, *Art for Life's Sake*, *Essays on D. H. Lawrence 1962 – 2008*, New Ventures, 2009.

［287］Keith Sagar, *D. H. Lawrence: A Calendar of His Works*, Manchester University Press, 1979.

［288］Keith Sagar, *D. H. Lawrence: Life into Art*, Penguin and Viking, 1985.

［289］Keith Sagar, *D. H. Lawrence's Paintings*, Chaucer Press, 2003.

［290］Keith Sagar, *The Art of D. H. Lawrence*, Cambridge University Press, 1966.

［291］Keith Sagar, *The Life of D. H. Lawrence*, Methuen, 1980.

［292］Kestler Justin, The Great Gatsby Themes. LitCharts. LitCharts LLC, 22 Jul 2013. Web. 22 Aug 2021.

［293］Kuiper, Kathleen, Mary Wollstonecraft Shelley. *Encyclopedia Britannica*, 28 Jan. 2021. https://www. britannica. com/biography/Mary – Wollstonecraft – Shelley. Accessed 31 May 2021.

［294］Kunkle Jenn, Winesburg, Ohio Themes. LitCharts. LitCharts LLC, 15 Mar 2019. Web. 6 Aug 2021.

［295］Lichtenstein Jesse, The Old Man and the Sea Themes. LitCharts. LitCharts LLC, 22 Jul 2013. Web. 6 Aug 2021.

［296］Lohnes, Kate, Mrs. Dalloway. *Encyclopedia Britannica*, 27 Mar. 2020. https://www. britannica. com/topic/Mrs – Dalloway – novel – by – Woolf. Accessed 31 May 2021.

［297］Lowne, Cathy, Beloved. *Encyclopedia Britannica*, 28 Jul. 2020. https://www. britannica. com/topic/Beloved – novel – by – Morrison. Accessed 31 May 2021.

［298］Maja Djikic and Keith Oatley and Mihnea C. Moldoveanu,

Opening the Closed Mind: The Effect of Exposure to Literature on the Need for Closure. *Creativity Research Journal*, Vol. 25, No 2. 2013, pp. 149 – 154.

［299］ Maja Djikic and Keith Oatley and Mihnea C. Moldoveanu, Reading other minds. *Scientific Study of Literature*, Vol. 3, No 1. 2013, pp. 28 – 47.

［300］ María José Bezanilla et al. , Methodologies for teaching – learning critical thinking in higher education: The teacher's view. *Thinking Skills and Creativity*, Vol. 33, September 2019, pp. 1 – 10.

［301］ Marjan Laal and Peyman Salamati, Lifelong learning: Why do we need it? *Procedia – Social and Behavioral Sciences*, Vol. 31, 2012, pp. 399 – 403.

［302］ Martinez, Julia, The Great Gatsby. *Encyclopedia Britannica*, 7 Aug. 2019. https://www. britannica. com/topic/The – Great – Gatsby. Accessed 31 May 2021.

［303］ Michael Fischer, Literature and Empathy. *Philosophy and Literature*, Vol. 41, No 2. 2017, pp. 431 – 464.

［304］ Nancy D. Goldfarb, The Value of Literature in Difficult Times. *The International Journal of the Humanities: Annual Review*, Vol. 8, No. 11, pp. 273 – 280.

［305］ Ogi Alyssa, The Joy Luck Club Themes. LitCharts. LitCharts LLC, 24 Jul 2015. Web. 22 Aug 2021.

［306］ Patricia Bauer and Vybarr Cregan – Reid, Gulliver's Travels. Encyclopedia Britannica, 27 May. 2020. https://www. britannica. com/topic/Gullivers – Travels. Accessed 31 May 2021.

［307］ Richard Paul and Linda Elder, *Analytic Thinking*, 外语教学与研究出版社 2016 年版。

［308］ Richard Paul and Linda Elder, *Critical Thinking Competency Standards.* 外语教学与研究出版社 2016 年版。

［309］ Richard Paul and Linda Elder, *Ethical Thinking*, 外语教学与研究出版社 2016 年版。

［310］ Richard Paul and Linda Elder, *How to Read a Paragraph: The*

Art of Close Reading，外语教学与研究出版社 2016 年版。

［311］Richard Paul and Linda Elder，*How to Study and Learn a Discipline*：*Using Critical Thinking Concepts and Tools*，外语教学与研究出版社 2016 年版。

［312］Richard Paul and Linda Elder，*How to Write a Paragraph*：*The Art of Substantive Writing*，外语教学与研究出版社 2016 年版。

［313］Richard Paul and Linda Elder，*The Nature and Function of Critical and Creative Thinking*，外语教学与研究出版社 2016 年版。

［314］Showalter，Elaine，*A Literature of Their Own*：*British Women Novelists from Bronte to Lessing*. Beijing：Foreign Language Teaching and Research Press，2004.

［315］Suzanne Keen，*Empathy and the Novel*. New York：Oxford University Press，2007.

［316］Tanner Alexandra，Of Mice and Men Themes. LitCharts. LitCharts LLC，22 Jul 2013. Web. 6 Aug 2021.

［317］Teun J. Dekker，Teaching critical thinking through engagement with multiplicity. *Thinking Skills and Creativity*，Vol. 37，September 2020.

［318］Thomas O. Beebee，What the World Thinks about Literature：Beyond Euro – American Theory and Criticism. *Comparative Literature Studies*，Vol. 53，No. 4，2016，pp. 786 – 793.

［319］Todd Thexton and Ajnesh Prasad and Albert J. Mills，Learning empathy through literature. *Culture and Organization*，Vol. 25，No. 2，2019，pp. 83 – 90.

［320］Vybarr Cregan – Reid，Middlemarch. Encyclopedia Britannica，27 Mar. 2020. https：//www. britannica. com/topic/Middlemarch. Accessed 31 May 2021.

［321］Walters David，The mind，the heart and the joule in the crown：A holistic approach to lifelong learning. *Thinking Skills and Creativity*，Volume 39，2021.

［322］Weigel Moira，The Merchant of Venice Themes. LitCharts. LitCharts LLC，22 Jul 2013. Web. 6 Aug 2021.

［323］Wesley Hiler and Richard Paul，*Practical Ways for Promoting*

Active and Cooperative Learning，外语教学与研究出版社 2016 年版。

［324］ Wilson Joshua, Adventures of Huckleberry Finn Themes. LitCharts. LitCharts LLC, 19 Sep 2013. Web. 6 Aug 2021.

［325］ W. Somerset Maugham, *Great novelists and their novels*. Kennikat Press, 1972.

［326］ Yonghong Gao, Analytical Reading as an Effective Model for Enhancing Critical Thinking. 4th International Conference on Contemporary Education, Social Sciences and Humanities, 2019.

［327］ Yonghong Gao, Education of Literary Classics and Cultivation of Empathy. 6th International Conference on Education, Language, Art and Inter-cultural Communication, 2019.

［328］ Yonghong Gao, Value Review of Literary Classic Education at the Basic Stage of English Major in the New Era. 3rd International Conference on Culture, Education and Economic Development of Modern Society, 2019.

［329］ Zuzana Tabačková, Outside the Classroom Thinking Inside the Classroom Walls: Enhancing Students' Critical Thinking Through Reading Literary Texts. *Procedia – Social and Behavioral Sciences*, Vol. 186, May 2015, pp. 726 – 731.

271

结　束　语

　　教育部颁布的《普通高等学校本科专业类教学质量国家标准（外国语言文学类)》和《普通高等学校本科外国语言文学类专业教学指南(英语类专业教学指南)》，要求进一步强调英语类专业人才的人文素养提升，并以文学素养培养为主要抓手，打造英语类专业的人文情怀。培养学生具有积极价值导向和批判问题意识的思考能力，帮助学生探究并认识世界的丰富性、生存意义和人生价值，提升学生智慧，为学生的一生塑造完整人格是人文教育的核心所在。

　　思想深刻、富含想象力的文学经典作品，表达的是人类普遍的情感，传递的是人类共有的智慧。文学经典教育是培养思维能力和审美鉴赏能力的教育，也是赋予生命活力、提高终身学习能力的教育。本书探讨了新时代文学经典阅读的理论基础，审视了新时代文学经典阅读的价值所在，挖掘出了文学经典在外语人才培养中的教育功能，为实现高素质英语专业人才和复合型英语人才的培养目标奠定了良好基础，为《指南》的顺利实施提供了可操作性的策略和方法。

　　随着《国标》和《指南》的贯彻落实，我们的教育理念需要在实践中不断深化，教学策略和方法需要不断丰富。希望以此为契机，坚持立德树人，突出价值塑造、知识传授和能力培养，不断完善人才培养方案，不断探索智能教学，推动课堂革命，为实现中华民族伟大复兴培养更多德智体美劳全面发展的社会主义建设者和接班人。